企业竞争优势的构建与提升
理论及案例研究

杨荣 著

暨南大學出版社
JINAN UNIVERSITY PRESS

中国·广州

图书在版编目（CIP）数据

企业竞争优势的构建与提升：理论及案例研究 / 杨荣著. —广州：暨南大学出版社，2016.7
ISBN 978-7-5668-1817-1

Ⅰ.①企… Ⅱ.①杨… Ⅲ.①企业竞争—研究 Ⅳ.①F270

中国版本图书馆 CIP 数据核字（2016）第 091297 号

企业竞争优势的构建与提升：理论及案例研究
QIYE JINGZHENG YOUSHI DE GOUJIAN YU TISHENG：LILUN JI ANLI YANJIU
著　者：杨　荣

出 版 人：徐义雄
策划编辑：崔军亚
责任编辑：崔军亚
责任校对：李林达
责任印制：汤慧君　王雅琪

出版发行：暨南大学出版社（510630）
电　　话：总编室（8620）85221601
　　　　　营销部（8620）85225284　85228291　85228292（邮购）
传　　真：（8620）85221583（办公室）　85223774（营销部）
网　　址：http://www.jnupress.com　http://press.jnu.edu.cn
排　　版：广州良弓广告有限公司
印　　刷：佛山市浩文彩色印刷有限公司
开　　本：787mm×960mm　1/16
印　　张：16.25
字　　数：272 千
版　　次：2016 年 7 月第 1 版
印　　次：2016 年 7 月第 1 次
定　　价：39.80 元

前　言

获取企业竞争优势一直是战略管理领域研究的热点问题，而成为长寿公司则一直是企业的奋斗目标。日本大阪寺庙建筑企业金刚组成立于578年，传到第40代，已有1 400多年的历史。成立于1288年的瑞典斯托拉（Stora）公司已有700多年的历史。此外，还有一些企业能够历经百年而不衰，名列“百年企业”榜单上。比如，在国外，有劳力士、杜邦、高露洁、宝洁、麦当劳、埃克森、雀巢、奔驰、AT&T、可口可乐、强生、默克制药、通用电气、吉列、3M公司等；在国内，有六必居、陈李济、同仁堂、全聚德、太古集团等。

然而，对于更多的企业，其寿命并不如人所愿而成为“流星企业”。从德隆系、三鹿到香港合俊的陨落，从美国安然、世通到雷曼兄弟的破产，一个个曾经辉煌的企业，却突然间倒塌，令人唏嘘。“小霸王”从1992年起开发、生产学习机，企业迅速成为学习机行业的霸主，市场份额曾高达80%。1995年，小霸王的产值高达10亿元，品牌评估价值为5亿元。1997年，小霸王却跌入了黑暗的深渊，并黯然退出了家电第一梯队的竞争行列。从1992年发迹到1997年消退，不过5年。成立于1988年的“万家乐”是中国热水器行业的第一家上市公司，“万家乐、乐万家”曾是一句风靡全国、数次被评为中国十大广告创意的广告词，但1998年，万家乐由于亏损严重而落到被收购的地步。

1970年跻身美国《财富》“全球500强”之列的跨国公司，到1982年就有三分之一销声匿迹了。有位美国学者在分析了多数公司的兴衰历程后指出：在许多国家，40%的新公司存活不到10年便中途夭折，一般的公司寿命为7~8年，一个跨国公司的平均生命周期是40~50年。阿姆斯特丹斯特拉提克斯集团的爱伦·德·鲁吉所做的一项研究表明，在日本与欧洲，企业的平均寿命只有12.5年。在中国，根据工商管理部门的统计，新创办的企业平均寿命只有2.5年，80%的新企业不能通过第二年的年检。

这些事实及数据发人深省，究竟怎样才能使企业长命百岁呢？吉姆·柯林斯和杰里·波勒斯在其合著的《基业长青》中探寻全球著名公司能不断取得快速增长并长久保持旺盛生命力的缘由，以及它们与其他企业保持差异的秘密。结果发现，这些有活力的公司之所以能比它们的对手经营得更持久，原因就在于这些公司比竞争对手拥有更多优势。这表明竞争优势对企业发展的重要性，尤其在竞争异常激烈的环境中更是如此。

在学界，已有相当多的学者从不同角度对竞争优势问题进行了研究，并取得了丰硕的研究成果。可是，由于学术研究范式的局限，单个理论通常只能从某个角度对企业发展做出解释，或者既容易证实又容易证伪，或者是基于结果的判断导致难以与管理实践进行有效的对接，因而，单个理论即使具有很强的诉求力，但其应用价值的局限性也十分明显。其实，企业创造竞争优势不能仅依赖于某一要素，而是各种不同要素的综合体现。因此，企业获取竞争优势的问题十分复杂。美国著名战略管理教授提斯（Teece）曾说过："今天，在社会科学领域很可能没有什么项目比破解企业和国家竞争优势之谜更具野心了。"

本书从不同的视野探讨企业竞争优势问题，其主要特色在于理论与实践的紧密结合。同时，对发达国家在提升企业竞争优势方面的一些经验与做法进行了归纳分析，以获启迪。当中的成果除了笔者的一点学习心得外，很多成果引用了知名专家、学者和一些新闻报道的观点。本书的出版得到了惠州学院重点学科建设经费的资助，并得到了惠州学院、暨南大学出版社领导及相关部门的关心和支持。在撰写过程中，同事谢鸿飞博士提出了宝贵的建议。在此，一并表示衷心的感谢！

由于笔者水平有限，本书难免有不妥之处，望读者见谅。特别需提及的是，影响企业竞争优势提升的因素较多，书中的内容只探讨了部分因素对竞争优势的影响，其他影响因素有待继续探讨。另外，在研究深度上也有较大的发展空间。这些问题将成为笔者未来的努力方向。

杨　荣

2016 年 3 月

目　录

1 加强人力资本积累，提高企业竞争优势

1.1 人力资本的含义及其特征

1.1.1 人力资本的含义

人力资本概念于1960年被正式提出，经济学家舒尔茨（Theodore W. Schultz）和贝克尔（Gary S. Becker）被认为是人力资本理论的创始人和奠基人，他们先后荣获诺贝尔经济学奖。该理论的出现被西方经济学界视为20世纪经济理论的重大发展，美国经济学家鲍曼（M. J. Bowman）称其为“经济史上的革命”。舒尔茨指出：人的知识、能力、健康等人力资本的提高对经济增长的贡献远比物质、劳动力数量的增加重要得多。根据舒尔茨的观点，人力资本是通过对人力资源投资而体现在劳动者身上的，由知识、技能和体力所构成的资本。它的核心是智力，智力包括知识、见识、技能、创造力和创新力等。贝克尔指出：人力资本是通过人力投资形成的资本。用于增加人的资源、影响未来的货币和消费能力的投资为人力资本投资。因此，根据贝克尔的观点，人力资本是指人们在教育、职业培训、健康、移民等方面的投资所形成的资本。

相比之下，舒尔茨的人力资本含义强调了人力资本的内容，而贝克尔的人力资本含义强调了人力资本的投资性。综合分析，人力资本是指特定行为主体为增加未来效用或实现价值增值，通过有意识的投资活动而获得的，具有异质性和边际收益递增性的、依附于人身上的知识、技术、信息、健康、道德、信誉和社会关系的总和。①

---

① 姚树荣，张耀奇. 人力资本含义与特征论析. 上海经济研究，2001（2）：54－55.

1.1.2 人力资本的特征

1.1.2.1 人力资本的产权特征

作为一种产权形态，人力资本产权具有物质资本产权的一般属性：一是排他性。人力资本产权主体对其所拥有的人力资本具有的对外排斥性或垄断性，即当一个主体拥有人力资本后，就排斥了其他主体对人力资本的拥有和使用。二是可分解性。人力资本产权的各项权能具有可以分属于不同主体的性质，即人力资本的所有权、占有权、使用权和支配权可以分解开来，分属于不同的主体。三是可交易性，即人力资本产权可以在不同主体之间转移和流动。四是收益性，即人力资本产权主体可以凭借其拥有的人力资本产权获取经济收益或追求效用最大化。

1.1.2.2 人力资本的价值特征

一方面，人力资本具有增值性。物质资本会随着不断使用而消耗，如固定资本的自然磨损，效率和收益是递减的。而人力资本则不然，通过人力资本投资形成初始人力资本后，人力资本在生产活动中使用时，通过经验的积累和对已有的知识的运用熟练程度的提高，效率和收益是递增的。据美国经济学家测算，1900—1957 年，物质资本投资增加 4.5 倍，利润增加了 3.5 倍；而人力资本投资增加 3.5 倍，利润却增加了 17.55 倍，是人力资本投资的 5 倍。经济学家卢卡斯认为，高人力资本可以获得高收入，即劳动力的收益递增，可使家庭内生育成本上升，导致对儿童“质”的要求增加和“量”的要求下降，人力投资持续进行，人力资本存量不断增加。而资本和其他生产要素的收益都发生递增，可以使其他劳动者的收入增加，从而提高整个经济的效益。因此，人力资本就成为推进“经济增长的发动机”[①]；另一方面，人力资本具有变动性。人力资本的价值量永远处于变动之中，其可变性表现为它可以迅速升值，也可以迅速贬值，甚至瞬间变得荡然无存。人力资本的可变性主要体现在受三个方面因素的影响：一是自身自然条件，如年龄、健康等状况；二是外部环境的变化；三是所有者的主观努力程度。随着教育的投入，培训费用、保健支出的增加和不断使用（“干中学”），人力资本不断增加。但是，如果不能够经常运用、学习和更新，人力资本就会贬值，包括由于学习或使用的中断而造成的贬

---

① 乔德福．论人力资本的特征及其作用．中国人力资源开发，2003（3）：70－71．

值，或由于不经常更新知识和技能而造成的贬值。

1.1.2.3 人力资本的投资特征

物质资本的形成本身就是投资的产物，而人力资本也必须由一定的费用投资转化而来。这种投资，在货币形态上可以表现为教育支出、培训支出、医疗保健支出、健康投入、迁移费用支出等。任何人的能力都不可能完全靠先天获得，要形成、培育能力，就必须接受教育、培训，必须投入一定的时间、财富。人力资本投资具有物质资本投资的一般属性，包括：①营利性。人力资本投资理论假定人们的经济行为符合理性原则，投资的目的就是为了获取利润，根据人力资本投资的投入成本和未来收益进行分析权衡，并做出正确的决策。②风险性。人力资本投资与其他物质资本投资一样具有风险性。比如，企业对职工进行特殊培训和专业性教育之后，往往面临着职工跳槽的风险。③投资收益的多重性。人力资本的投资收益不仅在于货币收益，还包括心理收益和社会收益等。人力资本所有者从事人力资本投资，也许不在于获取更多的货币收益，而在于为了谋求某个职位（如教师），或者满足个人的虚荣心。

1.1.2.4 人力资本的组织特征

人力资本的组织特征主要表现在人力资本对组织的依赖性上。在现代经济条件下，人力资本产权主体通常需要加入特定的组织，与其他人力资本产权主体或物质资本产权主体分工协作。否则，人力资本的价值增值就不能实现。首先，人力资本与物质资本具有相互依赖性。威廉·配第的名言“土地是财富之母，劳动是财富之父”，形象地揭示了人力资本与物质资本在财富创造中相辅相成的作用。离开了人力资本，物质资本就难以保值、增值和扩张。同样，离开了物质资本，人力资本就丧失了“用武之地”，甚至可能丧失赖以谋生的“饭碗”。因此，二者只有有机地结合在一起，才能产生“协同增值”的双赢格局。其次，人力资本的专用性。威廉姆森（Oliver Williamson）将资产专用性分为三类：地理区位专用性、物质资本专用性和人力资本专用性。一个具有某种专用性人力资本投资的人若退出企业，不仅会给企业带来损失，而且会给自己造成损失，因为这种企业专有的特异人力资本在企业外部将得不到充分评价，难以进入市场交易。因此，人力资本的专用性客观上构成了人力资本产权主体退出企业的障碍。再次，人力资本的异质性。特质资本的同质性，决定了物质资本在现代信用条件下能够迅速集聚，实现“1+1>2”的效果。但人力资本的异质性，决定了每个人的个性、健康、知识等人力资本都是有差异的，这使得多个人力资本的简单叠加不仅不会取得“1+1>2”的效果，而且还可能产生“搭便车”“内耗”等问题，导致整体效率的损失。因此，当多个人力资本聚集在一起时，相互之间的协调就显得十分必要，即每个拥有人力资本的劳动者，必须同时知道什么时候和以什么方式与其他劳动者交流信息。人力资本的异质性，不仅决定了企业内协调的重要性，而且同人力资本的专用性一样也构成了人力资本产权主体退出企业的障碍。①

1.1.2.5 **人力资本的其他特征**

（1）人力资本具有时效性。人力资本与物质资本不同，它具有一维性，即人力资本的形成、使用都具有时间上的限制。这是由其生物基础决定的，人作为生物有机体，其自身有生命周期的特点。首先，人力资本的形成并非完全与生俱来，体能要靠后天的营养，智能要接受教育和培训，知识要经过一定时期的积累。其次，在生命历程的不同时期，已经形成的人力资本结构会有变化。例如，25~55岁，是人的生命力、记忆力、理解力、想象力、创造力等各种能力处于最佳水平的时期。60岁之后，体能明显下降，但丰富的经验、阅历又是一大笔财富。人自身时间的有限性，人力资本如果能及时有效地利用，就可以产生收益，发挥效用，否则，就会随着人自身时间的流逝而丧失。

（2）人力资本具有能动性。人力资本是经济发展过程中最具能动性的因素。一方面，物质资本、货币资本价值量的实现和创造必须通过人力资本的操作；另一方面，人力资本可以创造出超出自身价值量的经济效益。美国当代管理学家杜拉克说：“人是我们最大的资产，企业或事业唯一的真正资产是人，管理就是充分开发人力资源。”另外，人力资本不像物质资本那样容易受到破坏而损毁，在一个较长的历史时期内，尤其是经历了战争、较大自然灾害等事件，人力资本的遗传性要优于物质资本。美国著名企业家艾尔费雷德说：“把我的资产拿走吧，但把我公司的人才留给我，五年后，我将使拿走的一切失而复得。”IBM公司创始人沃森也曾说过：“你可以烧掉我的厂房，但只要留下我的那些人，我就可以重建国际商用机器公司。”

① 姚树荣，张耀奇．人力资本含义与特征论析．上海经济研究，2001（2）：55-56.

1.2 人力资本对企业获取竞争优势的影响

1.2.1 人力资本：持续竞争优势之源

舒尔茨认为，人力资本是通过对人力资源投资而体现在劳动者身上的，由知识、技能和体力所构成的资本。它的核心是智力，智力包括知识、见识、技能、创造力和创新力等。根据布莱克和博尔（Black and Boal，1994）的说法，可以判定人力资本是一种战略性资源。因为它具有价值点、稀缺性、难以模仿性和难以替代性等特性，所以成为持续竞争优势之源，为企业创造持续竞争优势。①

首先，人力资本是有价值的。

按照马克思的劳动价值论，价值是凝结在商品中的人类劳动。人力资本在形成过程中，必须花费一定量的投资，即社会必要劳动时间，因此，人力资本具有价值。另外，根据西方边际效用价值论，价值是人们对物品效用的主观判断，效用是价值的源泉。内在于人体内的脑力和体力，可以通过人的劳动为其所在的企业组织提供劳务，人力资本具有为企业组织带来经济效益服务的潜力。由此可见，无论从马克思的劳动价值论还是从西方效用价值论，人力资本都具有价值。事实上，人力资本的本质就是凝聚在人体中的知识和技能，是一种具有经济价值的生产能力，在与物力资本结合后，能够创造出价值，为人力资本所有者带来经济收益。它具有将投入转换成产出来增加企业收益的能力，这就是人力资本价值。现实中，它的价值性可以体现在通过有效的人力资本管理活动降低企业成本或增加企业收益。例如，成功地识别、吸引和挑选出优秀的员工，使其胜任工作，必然会带来良好的工作效率；对人力资本进行技术培训可以降低废品率，提高产品质量；开展有效的绩效评价体系能为员工报酬设计提供科学的依据，从而提高员工的工作满意度等。

其次，人力资本是稀缺的。

人力资本的稀缺性表现在多方面：

---

① BLAKl J A ，BOAL K B ．Strategic resources：trait，configurations and paths to sustainable competitive advantage．Strategic management journal，1994，15（2）：132．

第一，时间是稀缺的。一方面，人力资本的获得不仅要投入大量的有形的物质资源，而且更为重要的是无形的时间的投入。舒尔茨和贝克尔都曾探讨过时间对人力资本形成的影响问题，他们认为，随着经济的发展和收入的提高，人们对闲暇的需求不断增长，时间价值随之不断提高，致使时间成本不仅成为人力资本的主要部分，而且还使其有不断增大的趋势，因此，在做人力资本投资决策时必须考虑时间因素。另一方面，无论在何等优越的条件下，一个人所获得的人力资本及其维持的时间终究是有限的。

第二，制度是稀缺的。人力资本投资是在一定的制度环境中进行的，教育和培训制度、收入分配制度、医疗保健制度、劳动流动和迁移制度等都对人力资本的形成产生重大的影响。然而，制度的供给和创新受到多种制度因素的影响，如知识存量、技术、历史传统、意识形态、制度供给的收益与成本等。因而，制度是一种稀缺性资源。同样，影响人力资本形成的相关制度也是一种稀缺性资源。

第三，人力资本的供需关系是非均衡的。由于人力资本特性分布是非均质的，技能呈现一种正态分布，所以一般而言，在其他条件一定的情况下，人力资本水平越高，其拥有者的人数也就越少。[①] 此外，人力资本不仅意味着才干、知识和技能，而且还意味着时间、健康和寿命，所以，人力资本供应相对于对它的无限需求而言是非常不足的，因而是稀缺的。

再次，人力资本是难以模仿的。

一种资源能够被模仿，必须做到两点：其一，能准确地确认竞争优势的来源；其二，能准确地复制人力资源集合的相关因素和这些资源作用的环境。但由于特定的历史条件、因果关系模糊及社会复杂性等因素的存在，使得人力资本具有明显的难以模仿性。

人力资本的形成是一个连续、系统、长期的工程，每个组织都在独特的发展历史中形成独特的文化，并在推进业务发展的同时产生自己的日常行为规范，这些日常行为规范在企业系统的运行中往往表现为惯例（routine）。一个企业要想模仿竞争对手的人力资本及其惯例系统，不仅要模仿其现有的人力资本政策，而且还要复制其发展的历史环境，这是一件非常困难的事情。

---

① 吕媛，姜学民. 管理人力资本提升组织竞争优势. 集团经济研究，2005（11）：187.

阿尔钦和德姆塞茨（Alchian and Demsetz，1972）认为，企业是一种团队市场，团队生产是这样一种生产：不同类型的资源被使用；另外，产品不是每个合作资源的可分离结果之和。为此，难以计算出团队中每个参加者的边际产出，不能确认来自团队生产的竞争优势来源，这就是因果关系的模糊性。①

人力资本的社会复杂性是指在企业内部，人力资本管理系统与企业外部环境之间的嵌入性（embeddings）。这表现为两个方面：一方面，企业内部的背景性人力资本（context-oriented of human capital）与社会环境可能形成一种模糊的网络关系（network），如销售代表与客户之间的关系，企业家与社会网络之间的关系。② 这样一种人力资本管理系统嵌入社会环境中形成的复杂社会关系网络，可以为企业带来竞争优势，而竞争对手要了解这样一种嵌入关系并不是容易的。例如，人力资本管理系统与企业生产系统整合在一起就可以发挥出更大的竞争优势。又如，日本制造业的高竞争力，是因为制造现场的体力劳动者的高生产性，同时，是因为开发了简捷的生产方式，这些都是很难确定的。当人力资本系统与社会环境和企业内部管理系统形成了一种嵌入关系时，人力资本管理系统就成为企业竞争优势的来源。

最后，人力资本是难以替代的。

人力资本所具有的层次性、可变性、环境适应性、难以测度性及投资不可逆性决定了人力资本具有难以替代性。层次性是指人的能力大小不同。可变性表现为两个方面：一方面，人力资本随着教育的投入、培训和保健费用的增加而增加；另一方面，如果不经常学习、运用和更新知识，人力资本就发生贬值。环境适应性表明人力资本能迅速反映和适应环境变化，可随着技术产品或市场改变而变换其资源价值，促使组织产生更有效的应对环境变化的战略，并且能迅速有效地执行新战略。难以测度性是指人力资本的隐蔽性，即难以直接观察到一个主体人所拥有的人力资本数量和质量。人力资本的投资不可逆性是指人力资本投资的不可撤回性。正是由于这些特性的存在，笔者认为，至少从长期来看，没有一种资源能够完全替代人力资本形成的持续竞争优势。

或许有人会问，竞争者把竞争对手的部分员工或整个团队雇佣过来不是可

① ALCHIAN A，DEMSETZ H. Production，information costs，and economic organization. American economic review，1972，62（5）：777 -794.

② 背景性人力资本（context-oriented of human capital）是指专用性人力资本。

以达到了模仿或替代的目的了吗？该问题涉及人力资本的流动性问题。其实，人力资本并非一些人所认为的那样具有高度的流动性或完全流动性，而是不完全流动的。因为，从一种雇佣状态向另一状态流动存在许多阻碍因素。首先是搜寻成本，即由于劳动力市场上信息不对称而导致的成本，它既包括搜寻工作活动本身所花费的直接成本，也包括等待下一次工作机会所支付的机会成本；其次是工作成功的不确定性增加，即在加入一家新的企业之前，雇员不能确定自己的技能在新企业的有用性；再次是社会成本，即离开已有的社会关系网络的心理成本。此外，人力资本对组织具有黏性，它的有效性不仅取决于独特的历史环境、与其他团队的相互关系，还取决于它与物质资源及组织资本资源的匹配关系，这又在一定程度上增加了其移动的难度。

1.2.2 专用性人力资本、“干中学”与竞争优势

1.2.2.1 “干中学”、学习曲线的概念及其经济意义

早在20世纪30年代，美国经济学家赖特（Wright）对“干中学”（learning by doing）进行了开创性的研究。在对美国航空飞机制造业进行大量观察和深入分析的基础上，赖特发现：装配第4架飞机所需的直接劳动量是装配第2架飞机所需直接劳动量的80%，装配第8架飞机的直接劳动量是第4架的80%，第100架是第50架的80%，依此类推。如果用L表示装配飞机所需的直接劳动量，N表示装配飞机的序数，则$L_{2N}=L_N\times 80\%$。这表明，随着每一次产品生产经验的倍增，劳动力成本下降到前期水平的80%，即劳动力成本在原有的基础上下降了20%。如果从学习的角度来说，它表示：在双倍产量之间，装配飞机的学习比率是80%。这种随着生产经验增加而企业生产成本下降的现象称为“干中学”。

如果用横轴表示累积单位产量，纵轴表示每单位所需的直接劳动量，则它们的关系是一条从左上向右下倾斜的曲线。该曲线称为学习曲线（learning curve），表明生产的边际成本是如何随着经验（产量）的累积而下降的关系。传统的学习曲线公式可表示为：

$$C(X)=\alpha X^{-k}$$

其中，$C(X)$表示企业在获得了X单位产品生产经验以后的单位可变成本；α表示初始成本；X表示经验（累积产量）；k表示不变弹性的学习参数，

即学习曲线的斜率或进步比率，表明经验增加而导致劳动力成本减少的程度关系。

典型的学习曲线有这样的特点（见图1－1）：开始时，曲线下降速度较快，然后逐渐减弱，表明学习速度呈现“前期学习快，后期学习速度递减”的特点。虽然熟练程度随时间推移而提高，但当其到达一定程度后，增速趋于0。如果将累积产量及劳动量双倍乘积后再分别对其取对数，从图形上看（见图1－2），它们之间已成为一条向下倾斜的直线关系，这说明下降的比率是一个常数。

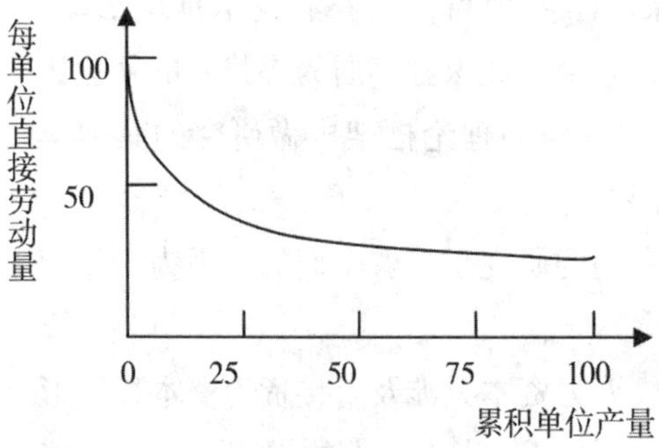

图1－1 算术形式关系曲线图

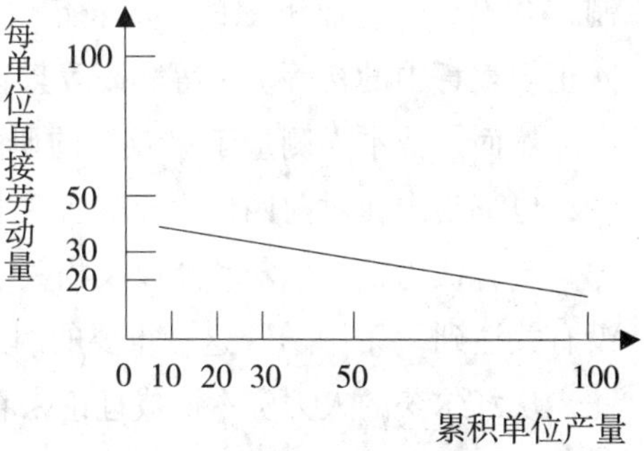

图1－2 双倍乘积后对数关系直线图

自赖特开创对“干中学”的研究后，有相当多的学者从不同的角度对不同的行业进行了这方面的实证研究，并且证明在其研究的行业中也存在同样的学习曲线。然而，当初，学习进步率假定为一个常数，但随着深入的研究和实际的考察，人们发现学习曲线的参数估计并不稳定。因为，学习效果要受许多因素的影响，如：操作者的熟练程度，管理技术水平，产品设计、生产设备的先进程度，原材料的供应状况，专业化分工，信息反馈效果，操作者个人的学习动机与责任心等。

1.2.2.2 **“干中学”对人力资本形成的影响**

对于人力资本形成的问题，虽然已有相当多的学者对其进行了研究，但仍然有些问题值得探讨。

马克思曾在《资本论》中探讨过提高劳动力价值因素的问题，他说，“这种教育费……对于普通劳动力来说是微乎其微的”，“要改变一般的人的本性，使他获得一定劳动部门的技能和技巧，成为发达的和专门的劳动力，就要有一定的教育或训练，而这就得花费或多或少的商品和等价物。劳动力的教育费随着劳动力性质的复杂和谐而不同。……包括在生产劳动力年耗费的价值总和中”。马克思在这里所说的是人力资本的劳动力因素，希望通过“改变人的本性”以及“一定的教育或训练”等途径来提高劳动力价值，但是，这些因素的作用在当时并不显得很突出。

经济学家舒尔茨认为，人力资本的形成是投资的结果，这些投资活动包括：①医疗保健，包括在提高寿命、力量和耐力、精力和活力等方面的支出；②在职培训，指由企业组织的、为在职职工举办的学习项目，如旧式的学徒制；③不是由企业组织的、无特定对象的学习项目，如农业技术推广活动；④正规教育中的初等、中等和高等教育；⑤个人或家庭移居为寻找新的就业机会。然而，他本人侧重于对教育的研究，在他的理论框架内做研究的其他学者，也都集中在对前四种途径的研究上。①

笔者认为，舒尔茨教授以及相关学者们的研究是不够全面的。因为，他们没有关注到“干中学”这一重要的因素。

从舒尔茨的人力资本形成理论来看，人力资本只涉及直接货币资本投资形式，却忽视了人力资本的间接投资形式。舒尔茨认为，人的知识、技术、能力、健康是资本的一种形态。但我们知道，知识、技术、能力不仅可以通过具有投资性质的教育和培训等获得，也可以通过不具有直接投资性质的自学或通过长期生产实践获得，这种生产实践活动即为“干中学”。舒尔茨以及其他一些学者在研究人力资本形成时忽视了“干中学”这个途径的原因，可能是因为“干中学”一般都会涉及个体以外的社会场域，而这恰恰是经济学视线以外的东西。但是，如果忽略掉“干中学”这条途径，我们对现实中的一些经济现象的解释就会受到限制。例如，在我国，很多乡镇企业家虽然缺乏物质资本及教育等资源，但他们都具有非凡的企业家才能。很显然，“干中学”的社会场域（例如，可以提供信任、可以运用非市场原则处理经济合作和冲突问题、可以承担转嫁的企业风险等）以及“干中学”对乡镇企业家人力资本的形成和积累具有重要的作用。

---

① 折晓叶，陈婴婴．资本怎样运作——对“改制”中资本能动性的社会学分析．中国社会科学，2004（4）：147－160.

马克思的劳动价值论告诉我们，劳动是价值的源泉。“干中学”是一种劳动，在劳动中要消耗人的体力和脑力，并且要花费一定的时间，所以，“干中学”可以形成人力资本。人力资本是劳动力的商品化，“干中学”花费的劳动时间凝结到劳动力商品上，成为人力资本价值的一部分。显然，人力资本这部分价值是投资的结果，但它不是直接的货币投资，而是以时间和精力进行的间接投资。

舒尔茨在探讨人力资本形成的理论时，从宏观上研究了人力资本投资与经济增长的关系问题，这时，他用投资来表示人力资本，我认为从方法上看是可以的。因为这时的人力资本量即为投资量。然而，从微观上来考察个体人力资本时，若也用投资量来表示人力资本量，我认为是不妥的。因为，这时的投资是直接投资，即人一生中为了获取知识、技术、能力而进行的教育、培训等形式的投资，但应该知道，直接投资所获得的知识多属显性知识，其份额仅占企业知识中很少的一部分（约10%），而通过“干中学”等形式所获得隐性知识占了较大的部分（约90%）。虽然这些隐性知识是通过间接投资获取的，但应该包含在投资里。显然，用（直接）投资量表示人力资本，必定大大低估了人力资本的价值量。因而，要正确地反映人力资本的价值量，必须包括“干中学”这部分的间接投资。

“干中学”对人力资本形成的投资形式具体包括：①职工个人对“干中学”的投资，比如学徒向师傅支付的学费。这种投资方式虽然包含实物投资，但更多的是时间和精力的投入。此外，个人为了适应环境，需要搜集与工作相关的信息而进行的投资。②企业对“干中学”的投资。指的是企业为员工提供“干中学”的学习条件而进行的投资，比如企业为个体使用而提供的生产设备、实验设备等。

“干中学”在形成人力资本时，是以一种边干边学的方式实现的，其中，企业的制度环境、企业员工的个人情况、企业所在行业的市场结构以及企业组织结构与学习氛围都是重要的影响因素。

“干中学”的制度环境包括宏观制度环境和微观的制度安排。从宏观制度环境而言，在一个以市场为资源配置基本手段的制度下，人们通过“干中学”累积知识、技能的创新行为就可以得到制度的支持和鼓励，也就为企业人力资本形成创造了条件。微观的制度安排，主要包括企业的组织制度和收入制度，它对企业人力资本形成（“干中学”）的影响更为直接。如果一个企业坚持职位的提升和报酬收入与人力资本存量对称安排的企业制度，企业人力资本“干中学”的热情一定会异常高涨，企业人力资本形成的速度也会随之增加。

一般来说，企业职员在“干中学”之前就已经形成了一定的人力资本存量。当他们在工作中碰到实际问题需要解决时，会尽可能运用已有的知识和经验，同时，还会运用在工作中学到的新知识、新技术加以解决。因此，个人在工作中的努力与悟性直接关系“干中学”的成效，努力与悟性程度高，“干中学”的效率就高。可以认为，“干中学”的学习效果与个人努力及悟性程度呈正相关关系。

企业所在行业的市场结构不同，对“干中学”及人力资本形成的影响效果是不一样的。一般来说，如果企业所处的市场竞争程度大，则企业面临的压力就大。反之，市场竞争程度小，企业的压力就小。当市场竞争比较激烈时，企业为了生存和发展，必须想方设法提高产品质量和服务质量、降低产品价格，在这过程中，员工学习的机会就相对多，为此，掌握的知识和技能就越多，“干中学”以及人力资本形成的速度就比较快。具体来看，垄断市场、寡头市场、垄断竞争市场、完全竞争市场的竞争程度是依次递增的，因此，企业在这些市场结构中的“干中学”及人力资本形成的速度也是依次递增的。

企业的产品结构、人事结构以及组织学习的氛围等因素也会影响着“干中学”，继而影响人力资本的形成。一般来说，如果产品结构复杂，则要求生产职工需要更多的产品知识和生产技能，要求经营者有更高的运作市场的经营能力，从而促进“干中学”。同样，如果人事结构比较完善，优秀人才较多，组织学习的气氛比较浓厚，则会更有利于“干中学”以及人力资本的形成。

1.2.2.3 “干中学”与竞争优势

阿罗（Arrow）于1962年发表的《干中学的经济含义》一文指出：任意给定厂商的生产力是全行业累积总投资的递增函数，随着投资和生产的进行，新知识将被发现，并由此形成递增收益。对于“干中学”很重要的行业来说，如飞机制造、汽车制造、金属制品、医药等行业，边际成本随着生产规模的扩大而下降。

通常，第一个进入该行业的厂商比其他厂商具有决定性的优势。因为，该厂商已掌握了相关知识，其成本将低于潜在对手的成本，这样，它可以通过降价来抢走对手的生意，从而战胜对手，所以，潜在对手往往不愿意进入那种“干中学”对成本有显著影响的行业。同样，一些公司如果能够找到一种可以从“干中学”获得显著效益的产品，它们所获得的利润将会有相对的保障。因此，就像为最先获得某一专利而竞赛一样，厂商们竞相争取第一个进入某一个学习曲线较陡的产品市场。这种行为明显地表现在为制造出新一代的计算机芯片所展开的竞争上。

美国经济学家斯蒂格利茨（Joseph E. Stiglitz）认为，在“干中学”较为重要的情况下，厂商的生产将超过边际收益与当前的边际成本相等这点上。因为现在生产得更多，具有额外的效益，它能够降低将来的成本，而厂商生产多少额外产品取决于学习曲线的倾斜程度。但经济学理论也同时告诉我们：无论市场是处于完全竞争或是非完全竞争状态，厂商为追求最大利润，其产量将决定于边际收益与边际成本相等这点上。可是，在“干中学”机制的影响下，厂商的产量决策却违背了这一规则，这正说明了“干中学”为企业创造竞争优势所起到的作用。

20 世纪 70 年代，波士顿咨询（Boston Consulting Group）公司提倡的通过赢得高市场份额便可获得竞争优势的战略，其依据就是那些有较高市场份额的企业，最终会由于累积产量增加，“干中学”机制发挥作用，使企业获得低成本和高利润。

在经过长期大量的理论研究和实证检验分析后，很多学者认为，“干中学”可以为企业创立竞争优势，途径主要有两个：其一是通过降低成本，获取成本优势；其二是形成进入壁垒，防止竞争者进入。①

然而，有些学者在经过研究后，却得出了与此不一致的结论：在实践中，企业往往没有能够实现这种预期的学习收益。② 这表明人们理解学习曲线在帮助企业获得竞争优势中的作用还存在着局限性。后来，在学者们的共同努力下，终于发现了导致这一现象的原因：企业通过“干中学”获得的知识收益

---

① LIEBERMAN M. The learning curve technology barriers to entry, and competitive survival in the chemical processing industry. Strategic management journal, 1989, 10 (5): 431 - 447.

② ALBERTS W W. The experience durve doctrine reconsidered. Journal of marketing, 1989, 53 (3): 36 - 49.

存在“外溢效应”（spills over），即知识向竞争企业扩散。[①] 由于“外溢效应”的存在，企业通过经验累积创造的价值就可能被缺乏经验的竞争者无偿占用。如果知识向外部扩散的速率足够高，甚至可将企业任何潜在的竞争优势侵蚀掉。

研究人员同时发现，尽管存在“外溢效应”，但只要在“干中学”学到的知识保有私有产权，“干中学”不仅仍然可以为企业获得成本优势，而且还能够形成较高的市场进入壁垒。[②]

笔者认为，企业不仅要注重产量累积经验的学习，而且还要注重提高对经验、知识学习成果的管理水平，这一点尤为重要。因为研究结果表明，当学习效果不是仅来自累积产量这个单一因素而是多个组合的要素时，那么即使在同一行业内的各个厂商的累积产量是相同的，但由于他们对“干中学”的知识管理水平不同，学习效率是不一样的。[③] 显然，学习效率高的企业对其获取竞争优势更为有利。

在实践上，企业只要具备了对知识、经验较高的管理水平，即使让渡部分市场份额，同样仍可获得成本优势，在竞争中战胜对手。例如，在1989—1999年间的美国汽车业里，克莱斯勒公司（Chrysler）所拥有的市场份额是最低的，但由于其比较成本也是最低的，最终成为获利最高的厂商；相反，通用公司（GM）虽然所拥有的市场份额是最高的，但因其比较成本也是最高的，最后所获得的利润却是最低的。同样，丰田公司（Toyota）主动地把降低成本的技术诀窍转移给美国的零部件供应商，在使供应商获得成本好处的同时，自己也获得了成本好处。[④] 克莱斯勒公司和丰田公司之所以能在竞争中获得竞争优势，就在于他们拥有较高的知识管理能力。

1.2.2.4 专用性人力资本与“干中学”及竞争优势

专用性人力资本是一种非常宝贵的稀缺资源，对形成企业的竞争优势有特

---

① IRWIN D A, KLENOW P J. Learning-by-doing spill-overs in the semiconductor industry. Journal of political economy, 1994, 102 (6): 1200－1227.

② HATCH N W, DYER J H. Hunan capital and learning as a source of sustainable competitive advantage. Strategic management journal, 2004, 25 (12): 1155－1178.

③ HATCH N W, MOWERY D C. Process innovation and learning by doing in semiconductor manufacturing. Management science, 1998, 44 (11): 1461－1477.

④ DYER J H, HATCH N W. Using supplier networks to learn faster. Sloan management review, 2004, 45 (3): 57－63.

别的作用。在对待“企业为何存在”以及企业竞争优势来源的问题上，契约理论的经济学家是从“机会主义”的角度来进行阐释的。他们认为，通过企业内部有管理的协调替代市场协调，为此可以防止机会主义的产生，并从这个意义上说明企业竞争优势的来源。然而，霍德格森（Hodgson，1997）认为，他们显然忽略了企业竞争优势的人力资本维度。① 事实上，由于人的能力是隐含的、独特的、不可测量的，不是所有的能力都可以用契约的形式表示，特别是那些与不确定情况下做判断的实际有关的能力。因此，“企业为何存在”不是由于人的机会主义导致的高昂的交易成本，而是由于企业家才能和管理才能的完全市场不存在，因而才会建立企业，进而形成企业的竞争优势。巴尼尔（Barney，1995）经过实证研究后指出，企业利润的增长直接地取决于对人力资本的运作，特别是有独特价值的异质人力资本是企业竞争优势的源泉。② 的确，在当今的市场，企业间的竞争异常激烈，市场竞争的加剧迫使企业努力降低成本、提高产品质量、增加灵活性以满足顾客要求。而改进产品质量、改善客户服务以及提高工作效率的知识就是与公司的时间、地点、流程、人际关系相关联的专用知识。就现代竞争而言，分散化知识和专用性人力资本具有重要意义。

按照威廉姆森的解释，专用性特指一种资产仅仅适合于某种用途，如果该资产被转为他用，其价值就会大大贬值。人力资本专用性是指雇员在某企业工作的过程中通过学习和经验积累形成了某些特殊知识，这些特殊知识仅仅适用于该企业的特定环境，一旦拥有这些人力资本的雇员被解雇，其拥有的特定知识就会贬值，这对企业和雇员双方都是损失。③

知识包括显性知识和隐性知识。其中，显性知识是指那些能够以系统化和规范化的语言、文本方式进行明确表达、记载和传播的知识，相当于经济合作与发展组织（OECD）分类的事实知识（know - what）和原理知识（know - why）。而隐性知识是建立在个人长期经验、教训积累的基础上并高度个性化的意会知识，相当于 OECD 分类的过程性知识（know - how）和人力知识

① HODGSON G M. Competence and contract in the theory of the firm. Journal of economic behavior and organization，1998，35（1）：179 - 201.

② BARNEY J B. Looking inside for competitive advantage. Academy of management executive，1995，9（4）：49 - 61.

③ 周业安. 人力资本、不确定性与高新技术企业的治理. 中国工业经济，2002（10）：56 - 63.

(know - who)。隐性知识的特点是难以明晰化，甚至无法用语言、图表、数据或公式来表达，同时，它具有独占性和排他性，并嵌入企业的惯例、人的技能（human skills）和关系（relationships）中，因此，隐性知识十分难以扩散，即使在企业内部也是如此，更不用说竞争对手对其进行模仿了。另外，据资料显示，在企业知识体系中，隐性知识占90%，而显性知识仅占10%，所以，在企业里，隐性知识明显大大多于显性知识。[①] 由此可见，隐性知识在企业竞争中的地位是多么的重要。

一般认为，人力资本可分为通用性人力资本和专用性人力资本。通用性人力资本所掌握的知识为显性知识，这些知识可通过学校教育、公司培训等方式获得；而专用性人力资本所掌握的知识为隐性知识，主要通过“干中学”、文化熏陶、组织学习的方式获得。

从深入的角度看，专用性人力资本可分为团队型人力资本和个人型人力资本。前者是一种蕴藏于团队（正式或非正式）成员之间的隐性信息和默示知识，其主要体现在一个团队中特有的价值共识、合作精神、环境氛围、集体声誉以及与此相关的信息渠道和信息符号等。从现有的理论来看，对个人型人力资本的研究主要集中在以下三类：企业家的专用性人力资本、专业技术人员的专用性人力资本及一般员工的专用性人力资本。有人认为：企业家的能力在相当程度上是一种“悟性”，甚至是一种“天赋”，且难以通过知识的积累来培养，但它的形成并不是完全与教育、培训以及“干中学”无关；在企业里，无论在设备使用、技术上的革新，还是在产品及服务技术上的进步，或是生产组织和管理方法的改进，都有很强的专用性。研究表明，专业技术人员的创新能力与其所受的教育程度、在岗培训机会以及在“干中学”的努力程度成正相关关系；对于一般员工的专用性人力资本来说，处在第一线的员工因拥有某些操作经验和技术诀窍具有不可替代的专用性。[②] 例如，他们能够根据机器设备的声音或气味上的轻微变化察觉到问题，并马上诊断出问题的来源。

① 可星，舒晓楠，沈路．基于人力资本的企业核心竞争力初探．经济问题探索，2003（7）：68 - 71.

② 牛德生．论人力资本的专用性与企业制度．学术月刊，2005（8）：27 - 33.

1.3 美、日、德企业人力资源管理的特点

1.3.1 美国企业人力资源管理的特点

1.3.1.1 在人力资源配置上，强调市场的调节作用

美国企业具有组织上的开放性，市场机制在人力资源配置中发挥着基础作用。作为需求方的企业，几乎任何时候所需任何人才，都可在劳动力市场上得到满足。企业过剩的人员，流向劳动力市场。作为供给方的劳动者，会根据自身条件选择职业，即使从业后对自己潜能有了新的认识，或有了更理想的工作，也能很容易地跳槽。无论是总经理、高层管理者、技术人员，还是生产工人，都是通过在市场上刊登广告，经过规范的筛选、招聘程序来进行聘用。劳动者则根据劳动力市场的动向，通过在专业、毕业学校、兴趣爱好、与人交往的能力等方面的竞争来获得相应的职位。各大企业或各州政府经常定期或不定期地向大学、社区学院、职业教育和培训机构以及社会劳动力市场公布人员需求信息，以供各级各类学校毕业生或拟转换工作的在职人员进行分析选择。而几乎所有的准劳动力从高中阶段起特别是在选择大学专业时，就十分重视分析劳动力市场的需求信息和变化动向，以使自己的所学既符合自己的兴趣特长和能力倾向，又与劳动力市场的需求变化及未来的就业价值有机结合起来。用人单位可以任意招聘或解聘雇员，雇员如对现有的工作不满意，或是发现有更好的就业机会，也可以毫不犹豫地另谋高就。因此，美国企业与员工的关系基本上是短期的市场买卖关系，员工的流动性很大。社会对经常变换工作的人员不歧视，反而认为他们是有能力和具有市场价值的人。

企业与职工之间是一种合同契约式雇佣关系。一方面通过合同契约形成明确的利益关系，另一方面也为职工流动提供了更多的机会。企业出现职位空缺，都要公开刊登广告，它们认为公开和面向公众的广告是最有效的招聘手段，另外，公开的招聘广告可扩大企业选才的范围，同时，让所有的求职者面对空缺职位展开竞争，充分体现了人人平等的原则，也反映了美国个人主义的价值观。企业对招聘员工的要求除重视职位的要求外，还注重人际技能和职业进取心。企业在招聘雇员时一般需经历以下步骤：①刊登招聘广告；②应聘人员提交工作申请报告；③根据资料对申请者进行初步筛选并且初试；④对初试

合格者进行主要包括犯罪记录和原工作情况的审查；⑤对初试合格者进行主要包括知识、能力、兴趣等方面的职业测试；⑥面试；⑦对面试合格者进行综合评价，择优选择。企业选择雇员的原则是：①求职者的特定技能与具体的工作要求相匹配；②注重个人成就（如教育、天赋、经验）而非群体联系，许多企业禁止雇佣亲属等；③企业选择雇员过程中收集的信息必须与空缺职位的工作有关。由于采用短期雇佣制，容易使员工产生短期行为。员工流动频繁，从而影响公司的长期培训计划，进而影响公司发展战略的实施。

1.3.1.2　在人力资源管理上，实行高度的专业化和制度化

美国企业的管理历来讲究制度化和程序化。在人力资源管理上也不例外，美国企业都会有一套严格而完整的规章制度，具体表现为分工明确，责任清楚，对常规问题处理的程序与政策都有明文规定。首先，大多数企业都对工作流程进行了精细、严密和高度专业化的分工，形成一个个明确、细致的工种。比如，美国一家汽车制造企业中蓝领工人的工种，有电工、机械工、清洁工、搬运工等，总计达数百种之多。其次，美国企业对于任何一个工作岗位都会形成一份《工作说明书》，详细规定该工作的任务、职责、绩效标准以及承担人所必须具备的资历与能力。不同位置和工种的工作人员是不能随便交叉使用和“侵权”的。这种手段的好处在于，工作内容简化，易胜任，即使出现人员“空穴”，也能很快填充，而且简化的工作内容也易形成明确的规章和制度，摆脱经验型管理的限制。同时，以《工作说明书》为基础，美国企业在招聘、培训、绩效评估以及薪酬等方面的管理实践都有了依据与标准，从而整体提高了人力资源管理的制度化与规范化水平。

1.3.1.3　人力资源使用上，企业奉行的是“能力主义”的用人政策

在人员使用上，美国企业重能力，不重资历，对外具有亲和性和非歧视性，表现出明显的“能力主义”特征。任何一个员工，只要他具有独特的能力，能在工作中做出成绩，就可能很快得到提升和重用，而不必熬年头、论资排辈。企业的中高层领导，可以从内部提拔，也可以选用别的企业中卓有建树者，企业在人员任用上坚持内外人员一律平等，所有人都凭能力参与竞争。因此，在美国企业的高级管理层中，我们经常可以看到朝气蓬勃、冲劲十足的年轻人。这种用人原则的好处在于，拓宽了人才选择面，增加了对外部人员的吸引力，强化了竞争机制，创造了能人脱颖而出的机会。

1.3.1.4 人力资源激励上，善于运用经济手段

美国企业很善于用经济手段来激励员工，它们普遍认为，员工工作的动机就是为了获取物质报酬，因此，高工资、高奖金、高福利能有效地调动员工的工作积极性。这种思想很好地体现在企业工资福利制度中，美国企业员工的工资是不断地改进和完善并且逐年变化的，同一职位的工资都有上限下限的幅度。刚进入同一职位的人，无论能力如何，都处于下限工资水平，每年根据员工个人的绩效上涨，但涨幅随绩效不同而各异，绩效好的涨幅大，反之则少，愈往上涨幅越大，只有晋升才可能达到工资上限，这样就能有效地激励员工向更高的职位挑战。美国企业也通过各种各样的物质奖励来激励员工，尤其是激励企业高层经理，CEO 和高级管理人员的年收入（包括奖金、股票）可以高达几千万甚至上亿美元，是普通员工工资的几百倍。这很好地激励了中高层管理人员通过努力工作不断增加公司的收入和价值，从而实现自我价值。美国企业除了物质激励以外，还辅以精神激励。例如，有的公司为了激励员工创新，员工一旦创新成功，它们会举行盛大隆重的表彰仪式，把员工的照片贴在企业的荣誉室，通过企业内各种媒体传播员工的事迹并且使其得到晋升等。

1.3.1.5 企业非常重视职工的培训与教育

美国企业视人才为公司发展的第一决定力量，它们非常重视职工的培训与教育，认为培训是一项回报率很高的投资而非消费。美国企业培训的内容具有针对性。企业在选择员工培训内容时很注意其与企业发展战略和所面临的问题的关联程度，培训的产生、运转和发展完全由企业发展战略和所面临的问题所制约、所决定。因此，美国企业培训是以能否增强企业竞争能力和适应市场需求为检验员工培训工作是否成功的唯一尺度。

通常，企业培训主要包括以下几个类型：①新员工培训（new employee training），主要由富有经验的辅导教师对公司的基本情况和规章制度进行言传身教。在美国企业，员工从录用时起首先需要接受系统的职前培训，以使新员工熟悉和适应新的工作环境，并使新员工在正式进入岗位之前完成自身的“社会化”教育，即其顺利接受企业的文化观、价值观、传统、标准、规范和未来发展趋势，了解企业对他们的要求和期望，解决新员工在企业内的基本交往能力等问题。②基本业务培训（on-the-job training，主要培训员工所在岗位所需的技术、技能等）和继续教育工程（continue education，主要帮助优秀雇

员再修学位、提高学历层次的学习），并由公司支付全部或部分费用。③职业发展（career development），主要帮助优秀雇员选择更好的职业。④特殊培训（special training），主要对一些特殊岗位上的雇员进行特别的培训。培训的途径与方式多种多样。美国企业的培训除常见的教学和辅导外，还通过研讨会（seminar）、案例研究（case studies）、角色扮演（role playing）、文件筛选（paper screening）、管理游戏（management games）、工作轮换（job rotation）等各种途径和方式，开展十分广泛的人力资源培训。

如在IBM公司，对所有新员工都要进行公司信念的培训。随后公司针对普通员工、各级管理人员和外籍人员分别进行相应的培训；随着职务的晋升，IBM公司会对各级各类经理人员实施专门的培训，第一线的基层经理在走上新岗位的第一年内要接受80小时的课堂培训，内容包括公司的历史、信念、政策、习惯做法以及对职工的激励、赞扬、劝告等基本管理技巧；部门经理则在公司专设的中层管理学校中接受有效的交往、人员管理以及经营管理和战略计划等方面的培训；公司对有经验的中、高层经理则安排学习社会和经济方面的课程，或学习哈佛大学高级管理课程，或麻省理工学院、斯坦福大学斯隆管理学院的有关课程，时间从一周到一年不等。

美国通用汽车公司则明确把员工培训放在重要地位。通用汽车公司认为员工技术水平和文化水平的高低对企业生产效率有直接影响。员工从进入公司起需要不断接受各种各样的培训。而对管理人员，通用汽车公司则采取在职培训、离职在企业内培训或派往大学及专门机构进行研究学习这三种形式进行系统培训。

1.3.2 日本企业人力资源管理的特点

1.3.2.1 用工形式以终身雇佣为基础

日本企业在用人制度上一个突出的特点是企业与员工之间的“终身关系”（life-time commitment），终身雇佣制是日本企业雇佣制度的核心。在终身雇佣制下，企业一般不轻易地解雇员工，对于不能胜任本职工作的职工，企业则通过内部职业培训提高其工作能力，将其安排在合适的工作岗位。即使在经济萧条经营困难时，企业内部也会通过缩短工作时间、调整工资水平等方式维持就业，或通过开发新产品和向新的产业领域发展等措施来吸收剩余人员。重视维持雇佣的稳定是日本企业的普遍倾向，它确保了企业在人力资源上的稳定性和高素质，使企业可以节约劳务管理费用，有助于对员工长期培训，提高企业的生产、经营及研究开发的效率，同时，也有助于职员就业的稳定性。

1.3.2.2 年功序列工资制

所谓年功序列工资是指将年龄和企业工龄作为职工工资决定因素的工资制度，职工的标准工资或固定工资的大部分取决于年龄和工龄，另一部分取决于能力。基本工资每年随着工龄的增长而增长。同时，工龄长短也是决定职务晋升的一个重要依据。如果员工中途退出企业，在新的企业年功要从头算起，从而加大了员工中途退出企业的成本。新职工进入企业后，其工资待遇按照资历逐年平均上升，没有明显差别，即初任职工资很低，相同工龄的职工工资收入相差很小，但随着每年的定期提薪，年龄越大、工龄越长，工资就越高。这种资历工资制与终身雇佣制相呼应，它有利于巩固长期雇佣制度和维持激励机制。一方面对企业长期发展产生积极作用，另一方面对稳定员工队伍、增加员工对企业的忠诚心起着重要作用。从晋升方面来看，职工每隔一定时间晋升一次，其职位的提升除了与资历条件密切相关外，还与其工作能力和工作业绩有关，它的差距会由于职工个人能力和贡献的不同而逐渐拉大。

1.3.2.3 企业工会制

企业工会制是以企业为单位设置工会组织的制度。由于企业工会的上传下达等作用，员工能及时了解企业经营情况以及本身对企业的依赖，使员工很愿意也很容易与企业合作，不轻易采取罢工等行为。通常，员工进入日本企业后自然成为工会会员，而员工一旦成为高级管理人员之后，必须办理脱离工会的手续，因为此时的身份已经由雇员转为雇主。对有必要脱离工会的管理职位，企业并没有明确的界定，大企业通常是部门经理（部长）以上，而中小企业可能是董事级管理人员。工会与管理层之间的和谐关系是企业内工会的重要特点之一。

1.3.2.4 重视对员工教育培训

日本企业家认为“人才开发的利益大得无穷”“企业教育训练投资的投入产出利益最大，是最合算的投资” “只有人才才是企业活力的源泉”，为此，日本企业一贯重视对员工的教育培训。培训的指导思想是以员工本身拥有的成长可能性为根本，挖掘其潜能，协助其成长。培训的内容非常丰富，包括业务技术、经营理念、价值观念、行为规范等各方面，既强调技术传授，又注重员工品德和敬业精神的培育。培训方式上，采取“职位轮换方法”进行培训，以培养“通才”。通常，员工的教育培训从员工进入企业的第一天就开始，新招的员工只有接受三个月或半年甚至更长的教育培训后，才被分配到具体的工作岗位。员工上岗后还可以申请到教育训练中心去学习。企业培训不仅实现了企业自身的利益，同时，也兼顾了员工自我实现的需要，使员工在接受教育中增长才干，增强成就感。

1.3.3 德国企业人力资源管理的特点

1.3.3.1 独特的职业教育和培训

德国企业独特的职业教育和培训体现在企业实施双轨制的职业教育和对在职人员的再培训两个方面。一方面是实施双轨制的职业教育。德国规定，凡初中毕业不再升学读书的学生就业前必须接受两年半至三年的双轨制职业教育。所谓双轨制即学徒工在企业和学校同时接受培训。在德国的双轨制学徒工培训中，企业和学校双方共同负责培训，各自负有明确的责任，学徒在企业里学习实际操作，在学校里学习理论知识。在三年学徒期间，每周三天到四天在企业学习，一天到一天半在学校学习。学徒工生活费由企业支付。企业对学徒工培训十分重视，愿意投入大量的时间、人力和财力。大型企业均建有自己的培训中心，选聘具有资格证书或被认可的工程技术人员担任学徒工培训的指导教师，用最现代化的设备、教学设施和手段对学徒工进行专业技能培训。部分无能力单独组建培训中心的企业，则由国家及有关单位资助，通过几个企业联合建立培训中心。另外，对有些在企业里找不到培训岗位或由于企业太专业化，不能完成综合性企业承担的培训职能时，则由跨企业的职业教育中心担当起企业的角色。学徒工在这些培训中心从最简单的钳工基本功训练到学会操作使用现代化数控机床、计算机控制设备等，接受非常严格、规范而又系统科学的职业训练。学徒期满后需要经过严格的统考，合格者准予毕业并取得相应的学历证书和从业资格证书。学徒工毕业后，既可以留在本企业，也可以到其他企业工作。企业把培训学徒工看作是对社会承担的义务之一。德国企业的考核和录用制度是非常严格的。企业录用新员工，都从经过培训的学员中挑选，新员工有三到五个月的试用期，考核合格后才能成为正式工人。

另一方面是对在职人员的再培训。企业除了承担学徒工的培训任务外，还十分重视对在职人员（包括各级管理人员）进行继续教育和再培训。他们认为知识经济的发展使工作岗位对人的要求越来越高，每个人要适应工作岗位就得不断地进行知识和技能的再培训，以提高业务能力和技术水平，增强就业和转业的竞争能力。同时，企业也认识到员工素质的高低对企业的生存发展也极为重要，所以企业在员工再培训方面舍得下功夫。德国的企业对员工的培训方法灵活，形式多样，讲究实效。从培训的内容上看，有新员工适应性培训、专业改行培训、职务晋升培训、专业人员培训和企业管理人员培训等。对专业人员培训往往根据他们需要研究解决的问题来举办讲座、开展交流、组织短训班等，其目的性、针对性、实用性都非常强。对企业管理人员培训往往采取分层次的办法：企业高级管理人员主要靠自学，组织他们到一个条件好的环境场所开展讨论交流；对中级管理人员，大多数采取脱产培训的办法送到培训中心去学习；对基层管理人员，往往采取晋升式的教育培训模式，一是十分具有激励性，二是便于企业从中物色人才，因为这一层人员直接组织工人进行生产经营活动，作用不可取代。

1.3.3.2 **把人事管理放到第一线**

德国企业在人力资源管理开发上具有自己显著的特色，那就是几乎所有的企业都把人事管理放到第一线，都有一套比较科学的人事评价标准和奖惩措施，重视的是工作结果，而不是印象与好恶。他们通常将人事的管理分为垂直和层次管理，没有越位，也很少相互交叉。如西门子公司是世界上知名的跨国公司，在190个国家和地区有企业，员工达到44万。管理这样宏大而遍布世界各地的企业的人事部最高管理委员会只有15人，具体从事一线管理的人事部只有7人，分别来自7个不同的州和地区，每人分管一个州和地区，每一个国家和地区又有1名人事主管，就这样层层分解下去。最高管理委员会按照位于不同州际国家的企业，不同的社会文化背景，不同的市场环境，不同的价值取向等制定出不同的人员管理评价标准。西门子公司对管理人员的评价考核一般从四个方面，即经济、雇员、顾客和决策过程。对优秀经营管理人员的要求是：积极性和工作热忱，独立和集中力量处理问题的能力，卓越的影响力，引导员工达成目标的能力等。每个层次的管理人员都面临同样的标准，唯一不同的只是层次差别，每年一度的考核评价全部输入电脑，与其薪酬待遇挂钩。最高管理委员会根据这些考核评价资料，在整个集团范围内选拔人才，从而形成了西门子公司在全球范围内的人才经理市场。除此之外，德国企业十分重视让企业管理人员去国外工作或在国外担任一个职务，以学习、了解和掌握国际经济管理的知识经验，这是德国企业在人才管理战略中的至高一招。目前在德国最大的25家公司总经理中，有15人在国外工作过很长时间，对有关国际市场的竞争对手了如指掌，这些公司的产品在国际市场占有很大份额。

1.3.3.3 职工积极参与企业管理

德国企业员工队伍的整体素质十分优良，为职工参与企业管理奠定了坚实的基础。德国《职工参与管理法》明确规定，大型企业要按对等原则由劳资双方共同组成监事会，然后再挑选一位中立人士担任主席。法律规定，凡职工在 五人以上的企业，都要成立职工委员会，由全厂职工选举产生，每三年改选一次，职工委员会人数的多少由企业人数多少决定。职委会的主要任务是在工资、福利、安全、劳动时间、劳动条件、合理化建议等方面维护职工利益，资方在对涉及职工前述利益的重大问题做出决定前，必须征得职委会同意。这种由劳资双方共同治理企业的方法优点和好处很多。比如，保持劳资关系融洽。德国企业注重劳资之间的长期关系，主张稳定、长期的劳资关系。在2007—2009年全球金融危机中，虽然面临很多压力，但德国企业很少裁员，而是采取别的措施缓解压力，如德国的劳工法规定一周工作38.5小时，可以只工作三天，付80%的工资，另外20%的工资由国家通过退税的方式补给。通过这种方式大家一起渡过难关。同时，职工积极参与企业管理可以促进劳动生产率的提高，1995—1999年期间，德国实行职工参与管理的企业，每个工人的产值每年提高了8%。另外，职工的劳动条件、薪酬待遇等问题也能够通过劳资共同协商得到改善和提高。

1.4 以人力资本提升企业竞争优势的措施

1.4.1 注重员工职业生涯规划的设计

对个人而言，职业生涯规划不仅能使员工了解自身的长处和短处，养成对环境和工作目标进行分析的习惯，还可以使员工合理计划、分配时间和精力完成任务、提高技能。对企业而言，职业生涯规划可以使企业了解员工的职业兴趣和愿望，结合员工和企业的需要，帮助员工制定切实可行的个人职业发展的计划、目标和远景，从而实现员工职业目标和企业发展目标的统一，使员工在满足自身愿望、实现自我价值的同时也为实现企业的目标充分发挥聪明才智。它能有效抑制和纠正企业与员工在远期目标上的偏差，充分激励员工自觉开发其精神资源，从而获得具有更强的凝聚力和更深忠诚度的员工团队。行为科学家赫兹伯格的双因素理论就认为，工资、工作条件、工作环境等属于“保健”因素，它不具有激励作用，而工作成就、社会认可、发展前途等因素才是真正的激励因素。著名的马斯洛的需求理论也认为人的需求是由低到高的。据调查，50%左右的友爱满足感，56%的归属感，70%的实力、胜任、自信、能力发挥满足感，是通过职业生涯设计得到满足的。企业要留住人才，使人力资源转化为企业的资本，就必须通过对员工的职业生涯设计，来满足员工的更高层次的需要，为员工创造展现自我的机会，使员工和企业共同发展。

1.4.2 加强教育培训

人力资源具有相对无限性，但如果人力资源不经过培训，人力就更多的只是成本而不是资本，教育培训可以使人力资源早日转化为人力资本，只有经过培训才可能变成资本。教育培训可以改变员工的工作态度，增长知识，提高技能，激发他们的创造力和潜能，提高企业运作效率和销售业绩，使企业直接受益。同时也可以增强员工自身的素质和能力，让员工体会到企业对他们的重视。培训越充分，对员工就越具有吸引力，越能发挥他们人力资源的高增值性，从而为企业创造更多效益。培训是素质弹性的调节器，员工的培训收益是递增的。培训是一种回报极高的投资。美国一个汽车公司有这样一组数据：一年中对员工的培训花了 20 万美金，但是当年就节省成本支出 200 万美金，第二年又节约成本支出 300 万美金。另外，人力资源的价值受其生命周期的限制，具有时效性。研究表明，一个人的知识和能力，在一个岗位连续工作 3～5 年后，80%已被利用，其才干已表现无遗，如果不及时充电（学习），他的知识就不能满足工作需要，而且工作中也不会再有什么创造性。而人力资源是物质与能量结合的形态，是一种可再生的资源，因此，企业有必要也有可能通过持续的学习、合理配置来延长人才的有效生命周期，使其永不枯竭，以保持企业竞争优势的持久性。值得注意的是，培训是一种风险投资，企业需要对风险进行规避。公司在培训中花费了大量人力、物力、财力，但是培训之后的人才流失又使企业处于两难境地。如摩托罗拉中国公司以前对员工的培训期是一年，但是培训结束后，许多人跑到美国去了，现在公司把培训期缩短为三个月，使员工来不及熟悉移民法且语言还不太过关。企业应该建立健全培训制度，从制度上规避风险。

1.4.3 不断创新激励机制

激励是激发员工的工作动机，一套有效的激励机制不仅能够吸引和保留员工，同时也能充分调动员工的积极性和创造性，使员工努力去完成组织的任务，实现组织的目标。美国哈佛大学心理学家威廉·詹姆斯（William James）经研究发现：一个没有受到激励的人，仅能发挥其能力的20%～30%，当他受到激励后，其能力可以发挥到80%～90%。这说明员工生产率的发挥一方面要依靠自身的工作能力，另一方面更应依靠企业的激励机制。激励机制的方式多种多样，企业应根据自身的特点综合运用多种激励手段，如目标激励、物质激励、任务激励、荣誉激励、强化激励、信任激励和情感激励等。同时，要注重激励方法和激励技巧等激励手段的运用，以达到更好的激励效果。此外，要制定合理、公正的绩效评估体系。完善激励机制的建立需要高效的绩效考核与之相配套，它是实行过程激励和行为改造激励的一个关键环节。通过定期有效的绩效评估，肯定成绩，指出不足，对组织目标达成有贡献的行为和结果进行奖励，对不符合组织发展目标的行为和结果进行一定的约束。通过这样的激励机制促使员工自我开发，提高能力素质，改进工作方法从而达到更高的个人和组织绩效水平。

1.4.4 加强企业特殊技能的培养

迈克尔·汉德尔（Micheal Handel）根据技能的专门性，将技能分为一般技能（general skills）和特殊技能（job-specific skills）两类。一般技能是指从事不同职业都需要使用的技能。例如，员工具有的一般认知能力、管理知识、专业基础知识、外语水平等，各个企业都可以从这些技能获得相同的价值。特殊技能是指从事某一职业所需要使用的特定技能。例如，员工具有全企业某种专门技术使用方法的知识，或具有对本企业适用而对他人不适用的有关企业各项政策和流程的知识等。一般技能可为每一个企业提供相同的价值，如果在一个较为完善的劳动力市场中，这些技能就不会转化为企业竞争优势的源泉，企业想通过员工的一般技能寻求获得持久的竞争优势则是徒然的。但是，这并不意味着企业就可以忽视对员工一般技能的培养。但企业要提升竞争优势必须拥有特殊技能型的人才，因为这种特殊技能人才是构建企业竞争优势的源泉。

1.4.5 建立学习型组织，创造良好的学习氛围

专用性人力资本对竞争优势的形成有着不可取代的作用，其根本原因就在于他们拥有隐性知识，而隐性知识的获取主要通过“干中学”、文化熏陶和组织学习等途径。因此，企业建立学习型组织，对加快人力资本的形成有着深远的意义。不仅如此，学习型组织的建立，对促进企业的发展有着直接的影响。按照2005年中国企业经营者成长与发展专题调查报告，关于创建学习型组织对企业发展作用的问题，企业经营者认为“非常重要”的占44.4%，认为“比较重要”的占48.0%，两者合计为92.4%。[①] 调查数据充分说明了建立学习型组织对加快企业发展的重要性。

根据联合国教科文组织（UNESCO）最新统计：人类近30年来所积累的科学知识占有史以来积累的科学知识总量的90%，在此之前的千年中所积累的科学知识占10%。英国技术预测专家詹姆斯·马丁（James Martin）的测算结果也表明同样趋势：人类的知识在19世纪是每50年增加一倍，20世纪初是每10年增加一倍，70年代是每5年增加一倍，而近10年则是每3年翻一番。到2020年，知识的总量是现在的3到4倍。到2050年，目前的知识只占届时知识总量的1%。又据资料表明，20世纪80年代，世界500强企业已有三分之一销声匿迹，国外大企业平均寿命为40年，而我国平均寿命为5年。究其根本，在于企业的学习不够，企业变革速度赶不上外部变革的速度。我们已经看到，在当今这个变革不断提速、竞争压力空前的知识经济年代里，决定企业持续竞争优势的既不是产品也不是技术，而是比竞争对手具有更快的学习能力和应变能力，正如美国学者斯塔塔（Stata，1989）所指出的那样，“学习速度可能成为竞争优势唯一可持续的源泉”。因此，企业要想获取持续竞争优

① 中国企业家调查系统．企业文化建设：认识、现状和问题：2005年中国企业经营者成长与发展专题调查报告．经济界，2005（3）：92－97.

势，学习型组织的建立并非可有可无，而是一个不可或缺的决定性因素。[①]

1.4.6 做好人才招聘工作

人才招聘工作在企业的人力资源管理中占有首要地位。其目的是为企业获取满足其生产经营需要的人员，它根据企业发展的实际需要，利用各种科学选拔技术，为不同岗位挑选出最合适的人选，以实现人、岗和组织的最佳匹配，最终达到因事设岗、人尽其才、才尽其用的互赢目标。企业在发展的任何时期都会需要不同类型、不同数量的人才。人才招聘不仅是企业补充人力资源的最基本途径，而且成为企业寻求和获取高质量人才的重要举措。微软每年都从美国25 000名计算机专业的毕业生中筛选出8 000名候选人做进一步的了解，与其中的 2 600 名学生进行面谈，筛选出 800 名，邀请他们参观微软总部。最后有 500 名学生收到录用通知，但只正式录用 400 人（相当于当年计算机专业毕业生的 2%）。

为了做好这项工作，微软有一个超过 300 人的招聘专家团队，全职关注、吸引行业内最优秀的、最聪明的学生，与数以千计的能力超群的系统设计师、软件工程师和项目经理建立了良好的关系，经常在“诱惑”多年后使其加入微软。20 世纪 90 年代末，该团队每年吸引了超过2 000名行业内最为出色的人才加入微软。

1.5 案例分析

1.5.1 思科公司人力资源的开发与管理

思科公司 1984 年由斯坦福大学的一对教授夫妇创办，1986 年生产第一台路由器，现在是全球领先的网络解决方案供应商，拥有全球最大的互联网商务站点，公司全球业务 90% 以上的交易是在网上完成的。思科坚信：互联网将改变人们的工作、生活、学习以及娱乐的方式，并且让诸多领先企业与合作伙伴成为“全球网络经济”模式的受益者。今天，网络作为一个平台成为商业、

① STATA R. Organizational learning：the key to management innovation. Sloan management review，1989，30（3）：63－74.

教育、政府和家庭通信不可或缺的一部分，思科的互联网技术正是这些网络的基础。

1990 年上市以来，思科公司的年收入呈大幅上升的势头，从 1996 年的 41 亿美元上升到 2015 财年的 491.6 亿美元（见图 1－3）。目前，思科公司在全球范围内的员工超过了65 000名。在 2015 年《财富》美国500 强中排名第225 位，并多次当选《财富》全球最受尊敬的企业。

思科公司之所以取得如此突飞猛进的业绩，与其重视人才发展战略分不开。思科公司人力资源管理的核心就是招人、育人、用人和留人。

图 1－3　思科公司财年收入变化趋势（1996—2015）

1.5.1.1　人力资源的获取

思科的招聘广告是：我们永远在雇人。思科认为，在互联网飞速发展的时代里，最关键的在于获得人才。思科之所以成功，重要的是得益于其人才的引进。思科属于非常重视人力资源的公司之一，公司在这方面有大量投资。思科获得人才的重要举措在于招聘和收购。

思科公司的招聘方式是全面撒网，报纸招聘广告、网站、猎头、人才招聘会等都用上。对于思科公司，最有效的引才方式是请猎头公司即人才中介机构帮忙。这种方式成本很高，但是面对高技术人才大量缺乏的情况，思科还是有大约40%的员工是猎头公司找来的，思科用猎头公司招人是从上到下不分职位的。

收购人才是思科公司获得人才的另一特色。钱伯斯认为，并购主要是为了人才。他说："我们衡量一次并购是否成功的标准是：首先是收购公司员工的续留率，其次是新产品的开发，最后才是投资的回报率。"思科设有一个专门机构，对收购公司进行大量的定量分析。他们的兼并小组带着一些目标进行特别广泛的评估。除了工程师检查技术，财务人员核对账簿外，更重要的是，思科公司的小组还检查人才情况和管理质量。因为思科收购一个公司要看它的技术，而创造技术的是人才，因此它需要较早地关注这些"软"问题。据统计，在1993—1999年期间，思科总共收购了40多个公司，其中1995—1999年5年时间内平均每个季度完成了1项以上的收购。接着，思科以平均每年兼并10家的速度，累计收购了60多家公司，最"繁忙"的时候，思科曾在10天内"吞并"了4家公司。在新经济时代，通常收购总是伴随着大规模裁员。但是，思科却并不这样做。思科从不大规模解雇员工，在思科首席执行官约翰·钱伯斯看来，收购"最主要买的是人，而不是产品"。思科曾经因为某个客户需要一种技术而去收购了掌握那种技术的一家公司。买公司不稀奇，买完之后让这个公司变成思科的一分子，并能保留这个公司的技术和人才，这才是快速成功的一个条件。有一次，公司想收购一家众人都看好的公司，产品对路，价格也合适，但并购后必须解雇员工。最终钱伯斯还是放弃了。思科在全球现有的员工中，30%来自被兼并的公司。

员工引荐员工是思科获取人才的另一渠道。思科有一项特别的鼓励机制，鼓励员工介绍新人加入思科：介绍一个人来面试就给介绍人一个点数，每过一道面试关又有一个点数，如果员工最后被思科雇用，则有事成的奖金，这些点数最后累积折成海外旅游。这是思科创造性的做法，当公司有职位出现空缺时，会向所有员工发出有关招聘内容的邮件，有合适的人就可介绍到公司来，这样让所有员工都成为"猎头代理"。

1.5.1.2 人力资源的培养

思科的人才培养的特色归结起来有三点：一是新员工有"向导"，二是员工的自我培训，三是进入学校培养员工。

思科对新员工的培训甚为看重。每名新员工首先要接受一项名为New Hire

Work Station 的培训，为期 30 天。一名新员工到思科后，经理会告诉其如何在思科快速进入角色，如向经理、同事或师傅要整个公司自上而下的组织结构图；迅速熟悉在思科工作的几种关键的联络工具，例如 e - mail、语音信箱、Web 页面，经常检查和反馈这些信息。同时，告诉其前三个月要做的事情。在到思科的两星期内，新员工向自己的经理了解以下问题：谁是你部门的同事和师傅，你部门的使命和目标是什么，你的经理对你三个月的业绩评估期待和目标是什么，你最首要的任务和重点是什么，在你的工作中什么培训将对你的新工作有益。在开始一个月，新员工需要写一份关于其主管对其工作了解程度的报告，并对该报告作正式认可。这样，在三个月之后公司对该工作总结之时就有据可依。如果这名新员工有不足之处，那么其主管应该了然于胸，若该主管到了第三个月仍然没能在这方面使新员工有所发展，他就要承担相关的责任。

公司的培训总体上分为管理培训、E-learning、销售培训、常用技能培训。管理培训根据员工所处的管理等级相应地分为数级；销售培训的课程涉及专业的销售知识；常用技能培训则教会员工如何做演示、学习法律知识、掌握会谈技巧等。思科特别强调自我塑造和自我培训。思科是一个生存在网络上的公司，有非常发达的内部网，其中有一个庞大的 E-learning 系统。E-learning 与传统的学习环境相比有三个最主要的区别：其一是内容通过 Web 进行发送；其二是对学习进行电子化管理，包括学习跟踪、报告及评价；其三是在学习过程中，学员之间进行的电子化的协作。E-learning 的互联网特点可以使员工的学习更加自主，其另一个特性是内容比较容易更改，所以当竞争发生变化，知识也能发生变化。思科系统公司最受欢迎的职业认证；NNNA 的准备工作也完全在网上进行。思科遍布全球的2 500多个网络大学将全面实施 E-learning 策略，包括基于 Web 发送的内容、电子化的管理及互联网上的学习社区。思科系统公司宣布将在其网站上为思科 Interactive Mentor（思科交互顾问）建立一个学习社区。通过 E-learning 能使员工跟上不断变化的经济，并且从中受益。

思科公司发展迅速，要求员工能尽快独当一面，故对应届毕业生雇用得比较少。从 1999 开始，思科在一些大学设立了虚拟的网络学院（Net - working Academy），通过提供一些设备和开展课程，让学生熟悉 Internet 环境，还有一个关于 CCNA 认证的笔试，使他们对 Internet 有个基本的了解。公司从过了这一关的学生中挑选一些人充任见习员工。另外，思科也在学校开始一些助理工程师的培养，以后这些学生经过半年到一年的培养，成为思科正式的工程师。思科公司每年招聘的人不是太多，但应聘的人很多，所以其选拔制度非常严格。

1.5.1.3 人力资源的使用

思科在人力资源使用上的最大特点就是对员工的高度信任和充分授权，并最大程度地给予员工发展的空间。员工可以在公司部门之间频繁转换岗位，直到找到最适合自己的岗位为止。

思科有一套完善的业绩管理制度，你可以自己决定工作安排：你自己决定什么时候出差，什么时候来办公室，什么时候见客户。公司放手让员工决定自己的工作安排，同时员工要对这个决定负责任。充分的授权让员工感受到的是充分的尊重与信任。

思科强调对员工的授权，其前提是员工有能力"被授权"，换句话说，思科人是一个独立的、高效能的、高能力的、有着高度自主权的个体，员工有能力选择他所从事的工作，公司也尊重他的选择。选择权体现在工作分配的每一个环节。全年的任务分解到每个季度和每个月，销售员每周都上报销售额，在思科内部的销售管理网络上提交自己的业绩报告，集团总裁钱伯斯从中可以看到销售员的成绩。一周一报，这样快速的反应机制，既是为了分析过去一段时间内的业务走向，更是为了预测未来发展态势。一个销售员业绩好坏，从总裁到他的直接老板可以在第一时间内了解到。当某销售员连续几个季度没达成业绩时，他的直接老板要做的第一件事是找他谈，分析是客户的原因还是个人的原因，然后作相应的调整，帮助员工找出解决办法。

即使公司在可能的范围内调整了客户，但也许过一段时间发现最终还是个人的原因，思科会帮助员工分析他是一个怎样的人，什么是他最终所要的。这表明，在思科，你不仅可以和经理一起选择客户服务对象，也可以选择自己更感兴趣、更擅长的其他岗位。每一个新的空缺产生时，都会在全公司公开，每个人都有机会平等竞争。公司不会为了绩效伤害员工的心理健康，员工也不能因为绩效压力而破坏个人的生活平衡。在可能的范围内，你可以选择适合的工作。人不同于机器，同一份工作做久了总会或多或少产生工作倦怠或疲劳，在思科每年都进行组织调整，借助这个机会进行有意识地工作轮换。当然，工作本身能够提供学习与成长空间，这是激发工作热情的最有效方式。和其他相似规模的跨国公司相比，思科更有竞争力，因为思科打交道的对象是整个世界。在思科工作，跨国界、跨洲界的交流密切而频繁。这种开阔的视野给员工极大的工作满足感。

1.5.1.4 人力资源的保留

思科留住人才的秘诀是：平等、培训、共享远景。

企业与员工相互关系的传统观念是：我是你的老板，你是我的雇员；你为我出力，我付你报酬。思科公司转变了这种不对称、不平等的相互关系，倡导公司与员工“互利共赢”的新理念：员工与公司平起平坐，摆位平等；双方效益与利益一体，唇齿相依。员工的成功就是企业的成功，公司的光荣就是员工的光荣。这一理念极大地提高了人才作为主人翁的地位，增进了团队对人才的吸引力和凝聚力，增强了人才为之奋斗的荣誉感和使命感。“互利共赢”理念架起了团队与人才主体心灵的桥梁，公司与员工的关系是“水乳交融”，共荣共辱，人才的积极性和创造性爆发出空前的力量。这一力量的形成来自正确认识领导与下属的“平等关系”。

思科认为，“不平等”会让员工有做被雇佣者，甚至做奴隶的感觉，肯定会把人气走，还不如高层主管放下架子，与普通员工一起同甘共苦。思科坦承，工资是按职位来分的，每个人之间都不同，但在福利方面，普通员工和高层管理者没有差别。这种强调“平等”的做法能使员工有“主人”的感觉。在思科流传着这样一个故事：一天上午，一位新员工曾经在思科总部附近看到总裁钱伯斯衣着笔挺地从街对面小跑着过来。他觉得很奇怪，事后向其他员工谈起此事。一位老员工告诉他，那天钱伯斯先生看到公司门口的停车位已满，就把车停到街对面，但正巧有重要客户在公司等他，情急之下只好一路小跑回公司。因为在思科，最好的停车位是留给员工的，包括全球总裁在内的任何管理人员均不享有特权。思科所有员工出差，一律坐经济舱。若有人要享受商务舱的舒适，需自己补足两者差价。思科的总裁钱伯斯有专机，却是自己掏钱买的，他乘航空公司的飞机出差时都是只坐公务舱，从不坐头等舱，即便是用自己的飞机出差，他也只按一张公务舱的价钱报销，其余自己掏。思科办公室，无论员工级别高低，面积相差无几，且级别高的要坐在中间地带，把临窗向阳的地方让给普通员工。

思科有一项颇具特色的服务，就是紧急医疗帮助，在全球所有国家的员工都能共享这种服务。这个系统可以给员工提供一个全球全天候的安全保障，员工可以获得一家全球医疗服务机构的24小时紧急服务。这些服务甚至超出了医疗范围，包括急病和社会不安因素、人身意外等构成的危险，员工所遇的任何问题都能够通过打同一个对方付费电话获得帮助，无论员工出差在什么地方，都能够获得全面支持。

思科这种对员工的信任与开放，建立在平等的基础上。因为在思科看来，如果没有平等，所谓的信任与开放不过是空中楼阁。这种强调“平等”的做法能使员工有“主人”的感觉。

在思科人力资源的管理理念中，从不将某个员工当重点培养。思科认为，“每个人是潜在的经理”。由于公司雇用的人都是在其所处领域位于前10%的出色人才，更多时候，他们与其说是和同事竞争，不如说是与自己比赛。如果认为哪个员工优秀的话，就会派他到海外做短期培训，或调到海外工作。是否真的“优秀”，就能很快试出来。在这种氛围的影响下，每个员工都非常努力，因为只要愿意去做，思科会给你很多机会。

沿着这条管理思路，思科从不吝啬提供给每位员工良好的业务培训。不管是经济景气还是低迷，每名员工平均每年参加6个培训班；2003财年第一季度，思科中国员工培训经费超过100万美元。思科的培训总体上会分为管理培训、互联网学习、销售培训、常用技能培训等，很多时候这种培训都是在网上进行。在中国的培训中，思科中国公司的一位副总裁现身说法，告诉员工在思科如何成功。员工在最初工作的90天内还要参加在亚太区的一次培训，亚太区总裁则会亲自讲8年前他从一个销售人员做到今天高级副总裁的经历。

除此之外，股票分享、共享远景是思科公司福利的基础。在这方面，公司内部人员在很大程度上是平等的。思科的薪资结构由三部分构成：一部分为固定薪资，一部分是奖金，还有一部分是股票（在中国则根据一定的方式比照为现金支付给员工）。薪资的固定部分比奖金多，股票部分是最具诱惑的一部分。加上其他的一些东西，可以说是套餐式的福利方式。因此在业界流传着一个笑话，说思科的薪水太具有鼓励性，担心大家实现了个人经济目标，提早退休。

本案例参考文献：

［1］吴君．解读思科人力管理．中国高新技术产业导报，2003－08－22．

［2］郭飞．从美国思科公司发展管窥人力资源开发与管理．理论界，2008（11）：231－232．

［3］柏文．思科：别具一格的人才策略．科技创新导报，2006（1）：43－45．

［4］万歌喉．思科的人力资源管理．新远见，2010（2）：94－97．

［5］晓东．思科公司的用人之道．中国大学生就业，2001（5）：94－97．

［6］林建新．思科留人术．人才资源开发，2008（3）：61．

［7］牛雄鹰．思科人力资源开发实践．中国电子商务，2005（10）：72－77．

［8］符燕艳．思科如何留住人才．IT时代周刊，2003（22）：62－63．

［9］徐智华．基于价值观的人力资源管理实践：以思科为例．中国人力资源开发，2015（12）：71－76．

1.5.2 基于人力资本视角下海信集团竞争优势的构建

1.5.2.1 海信集团简介

海信集团成立于1969年。海信坚持“技术立企、稳健经营”的发展战略，以优化产业结构为基础、技术创新为动力、资本运营为杠杆，持续健康发展。进入21世纪，海信以强大的全球研发人才组成的研发团队为后盾，以优秀的国际化经营管理团队为支撑，加快了产业扩张的速度，已形成了以数字多媒体技术、现代通信技术、智能信息系统技术、制冷技术为支撑，涵盖多媒体、家电、通信、智能信息系统和现代地产的产业格局。海信拥有海信电器（600060）和海信科龙电器（000921）两家在沪、深、港三地的上市公司，同时成为国内唯一一家持有海信（Hisense）、科龙（Kelon）和容声（Ronshen）三个中国著名商标的企业集团。海信电视、海信空调、海信冰箱、海信手机、科龙空调、容声冰箱全部当选中国名牌，海信电视、海信空调、海信冰箱全部被评为国家免检产品，海信电视首批获得国家出口免检资格。海信是国家首批创新型企业，国家创新体系企业研发中心试点单位，中宣部、国务院国资委推举的全国十大国企典型，全国唯一一家两获“全国质量奖”的企业，拥有国家级企业技术中心、国家级博士后科研工作站、国家863成果产业化基地、国家火炬计划软件产业基地、数字多媒体技术国家重点实验室。海信在青岛、深圳、顺德、美国、欧洲等地建有研发中心，初步确立全球研发体系。科学高效的技术创新体系，使海信的技术创新工作始终走在国内同行的前列。目前，海信在南非、埃及、阿尔及利亚等地拥有生产基地，在全球设有20余个海外分支机构，产品远销130多个国家和地区。2014年，海信拥有员工7.3万人，当年实现销售收入980亿元。

1.5.2.2 海信人力资本的积聚与开发机制

海信集团在创业之初即形成这样的信念：人是最活跃的因素，是第一生产力，是最宝贵的稀缺资源，更是一种战略性资源。海信认为，企业竞争的根本是人才的竞争，竞争的取胜是人才的取胜。因而，海信始终如一地把“人才战略”作为海信的第一战略。海信集团董事长周厚健在他的《企业经营的人本战略》一文中写道：“一个成功的企业，首先生产的应该是人，其次才是产品。”海信的企业精神为“敬人、敬业、创新、高效”，其核心是“敬人”。“敬人”的核心又在海信内部形成了“求人、用人、育人、晋人、留人”的人力资源开发机制。为了确保“人才战略”的实施，海信集团确立了“人才为本、技术是根、创新是魂”的企业理念，将“人才工程”建设列为企业的第一工程。海信还将技术研发、市场营销、管理和制造等四个方面的人才队伍列为企业“人才工程”的重点。海信认为胜任本职工作就是人才，创新开拓就是优秀人才。无论是博士、硕士及高级管理人员，还是战斗在生产、销售、科研、服务一线，用自己勤劳的双手，发挥自己的聪明才智，不断开创海信事业的普通工人、管理人员、营销人员、普通科研工作者，都同样是海信不断发展和不可或缺的优秀人才。从海信的成长史看，可以认为，海信的成长过程正是海信在不断更新人才战略并实施的过程，也正是这些优秀的科研和管理人才为海信的迅猛发展提供了智力支撑。

1.5.2.2.1 求人机制

核心人才是企业获得竞争优势的源泉，招聘是引进和培养核心人才的关键，正是凭借着出色的招聘工作，海信在企业发展、产业升级的过程中，不断吸引优秀人才加盟。为了培养与海信核心价值观相吻合的员工队伍，一直坚持“校园招聘为主、社会招聘为辅”的人才队伍培育原则，并在规划的基础上严把人才入口的质量关。

（1）潜心耕耘培育校园。

“校园招聘”是海信进行战略性人才储备的重要手段。严格的招聘管理使更多的精英加盟海信。从1996年至今，已累计引进10 000多名来自清华、北大、复旦、上海交大、浙大、武大、华科大等国内一流高校的本科以上毕业生。每年通过校园招聘获取的简历数量从1996年的1 000余份跃升至目前的10多万份。出色的招聘工作获得了社会公众和在校学生的认可。近年来，海信连续多次获得CCTV颁发的“年度最佳雇主”，中华英才网、《经济观察报》、北大光华管理学院等组织颁发的“中国大学生最佳雇主”等荣誉称号。

（2）不拘一格全球揽才。

“社会招聘”是引入优秀人才的重要手段，海信择才不看出身，不拘一格。为了招揽人才，解决各序列中、高级急需人才缺口问题，海信广开渠道，形成全方位的招聘体系。一是积极搭建招聘平台，努力实现优势资源共享，与包括前程无忧、中华英才网、智联招聘在内的招聘网站大力合作；二是通过托马斯国际、万宝盛华、结盟、泛亚等国际、国内猎头公司争夺中高端人才，抢占未来竞争的先机；三是通过内部的人才市场，让“合适的人找到合适的岗位，做合适的事”。同时，鼓励员工积极举贤荐能，各公司经营班子成员也承担“猎头”职责。

为了迅速缩小与同行业国际先进水平的差距，海信不惜一切代价从海外引进一批有经验的专业顾问或技术带头人。2003年8月18日，海信在京宣布惊人之举，将本该保密的脑库——研发中心全面开放，向全球招商揽才。为了强调诚意及迫切心情，周厚健董事长诚挚欢迎远在美国、日本、韩国的不同国籍的高新技术人士加盟海信，欢迎日本、韩国籍50岁左右的质量、工艺、生产管理高级顾问加盟海信；欢迎各类创新思路与技术萌芽落户海信技术孵化园；欢迎各种形式的短期合作在海信技术孵化园进行；欢迎有世界领先的技术风险投资孵化经验的资本方与技术孵化园合作。同时，周厚健承诺“不只是青岛总部，技术人员还可以在海信北京、上海以及美国找到自己的定位”。对于承担国家、省市、公司项目课题的引进人才，甚至根据需要提供数额不等的项目启动资金等。

从2011年开始，海信开始大手笔融智。在通过海外招聘、收购团队、引进技术带头人等方式补齐人才短板的同时，创新机制，通过股权激励留人用人。2013年7月17日，海信再度启动规模宏大的“北美融智”。首站自加拿大多伦多开始“招贤纳士”，此后赴滑铁卢、渥太华、蒙特利尔、波士顿和硅谷五个地区举办北美人才招募与座谈会。面向通信、IT、多媒体、智能信息系统、制冷、暖通、医疗电子等多个领域，以及从技术研发到产品设计，从市场营销到中高层管理等多个管理和技术职位。

对社会招聘工作的高度重视为海信带来了丰厚的回报，一大批优秀人才加盟了海信。近年来，海信陆续从美、日、韩、加多地全球融智，引进了200位（个）左右具有国际背景的技术带头人或研发团队，有些甚至是世界级的科学家或顶级人才。其中，引进的研发团队有：飞利浦研发团队、加拿大Jamdeo团队、美国研发制造光芯片的Archcom团队、华亚电视芯片开发团队。为做好这些，海信每年投入的资金占销售收入的4.2%。这些专家的加盟，极大增强了海信的核心竞争力。比如，加速了平板电视产业和技术的升级换代，使得海信电视市场占有率稳居国内前列。以简志敏博士为首的研发团队的加盟使海信IPTV技术走在了行业的前列。在和西门子的竞标中，海信智能交通项目的领头人陈维强博士和朱中博士带领研发团队，屡屡胜出，打造出高品质的民族品牌形象。

（3）外向化资源联盟。

海信一方面在强化人才实力进行自主技术研发的同时，还采取了更深入的外向化资源联盟策略。外向化资源联盟策略又称借力策略，是指企业与外部组织进行合作，从而实现优势资源互补的策略。具体来说，就是将企业的资金和设备等优势与科研院所、国外企业等外部组织的人才、知识等资源相结合，使外部组织的科研力量为其所用。这样，企业便能够以较少的成本获得较多的技术成果。海信先后战略性地与英特尔、东芝、飞利浦等外国知名跨国公司和国内10多所大学、研发机构建立了密切的技术合作关系。海信分别在山东大学、西安交通大学、美国的硅谷等地设立了研发中心，与中国科学院、北京航空航天大学、清华大学等建立了长期技术合作关系，从不同的侧重点为海信共同构架了成熟的技术创新体系。

1.5.2.2.2 用人机制

（1）大胆起用年轻人，不“论资排辈”。

用好一个人，激励一大片。用错一个人，打击一大片。海信不拘一格选拔人才，打破论资排辈的庸俗观念，大胆起用年轻人，将年轻有为的基层管理者提拔到更重要的管理岗位上。而对优秀的年轻技术人员给予破格评高级工程师或担任技术管理的机会。海信依据这种机制培养出一大批为企业做出卓越贡献的优秀人才。在海信，年轻人成才的例子屡见不鲜。比如，担任集团财务工作总裁助理的肖建林以及担任海信空调公司总经理的王士磊在任职时仅 30 岁左右。王士磊对海信不拘一格用人才体会最深，他说："高薪和住房固然是吸引人才的有效办法，然而更吸引人才的是能否让人才的个人价值、个人事业的目标得到充分展示和实现，在海信，我得到了这些。"多年来，海信一直实施全员竞争上岗，使一大批有创新思路的年轻人走上了重要管理岗位。基本实现管理干部队伍年轻化、知识化、专业化，形成了"专家治企"的局面。

（2）积极合理的人才流动机制。

在海信，各项工作都要面对企业内外两个市场。"一个干部，没有贡献就下台；一个员工，没有创新就下岗。"这是海信的用人理念之一。海信技术中心每年几乎有 10% 的技术人员被"淘汰"，下放到生产经营第一线，同时在生产一线选拔部分懂工艺、有思路及创新精神的技术人员充实到技术中心，增强了技术中心与有关子公司之间技术转移的环节，使技术进步系统中最活跃的人才资源按市场机制有效配置。海信在人才使用和评价上坚持"公平、公正、公心、公开"原则，做到"能者上，平者让，庸者下"，让所有员工都能"行有方向，干有盼头"。

（3）赋予更多的权利。

在海信，只要员工在履行职责中能够创造性地工作，就能获得相应的权力。海信在项目开发过程中，授予研发人员很大的决策权。在这样一个条件下，是技术人员掌握的知识和他们的精神来帮助海信高层管理人员进行决策，而这是长期积累起来的。比如，在海信的"信芯"项目刚刚诞生时，企业内产生了一场以要做什么芯片为主题的激烈争论。当时国内集成电路很热，许多研发人员都认为那是一个很好的方向。但究竟是采用"正向设计"还是"逆向设计"呢？"逆向设计"就是把别人做的芯片拆开，拍照之后根据照片的显示进行设计，这样做投入小风险也小，国内很多同行都是这么做的。这样获得成功的可能性对海信来说是 100%，几乎毫无资本和失败的风险。而"正向设计"的风险很大，意味着一切从"零"开始，未来也有可能以"零"结束。海信的高层管理者也非常犹豫，最后还是决定依照惯例，将重大项目开发的决策权交给研发人员。"信芯"研发团队经历无数次调研、报告、争论并研究了十多个芯片的方向后，最终确定了“正向设计”。这个决定正是“信芯”获得突破性胜利的关键。

1.5.2.2.3　育人机制

（1）完善的培训教育体系。

海信内部培训范围广泛、层次分明，目前已经形成比较完善、健全的培训机制。海信的培训体系大致分为集团级、直属子公司级和三级培训三个级别。

在海信的人才培训体系中，从新员工入职，一直到最高层—集团的总裁、董事长，都有培训体系来覆盖。因此，从课程体系来看，海信实际上培养的是全员胜任力。一个企业的胜任力一般分为三个层级：第一层级是领导者的胜任力，就是领导力；第二层级是专业岗位胜任力，即在核心的专业领域，骨干人员一定要有非常强的胜任力，比如研发人员的研发水平要比别人高，财务人员的资金运作水平要比别人高；第三级是全员胜任力，即所有基层岗位员工都必须是胜任岗位的。这三个胜任力组合起来形成了一个企业的胜任力。

培训体系根据职业生涯划分为几个阶段。比如普训班，要求新入海信集团的员工必须到海信学院学习海信的企业文化、企业理念，让他了解企业，尽快融入企业，而且要通过考试才能转正。员工在企业工作两三年以后，可能会成为某一个岗位的骨干人员，就可以进入专业班学习，包括人力资源、财务、物流、研发等一系列的专业班，目的是打造这种专业领域的小专家，让专业的人干专业的事。员工做一段时间以后，可能岗位有提升，再过几年可能成为部门负责人，然后会开设部门，一般是围绕着岗位的胜任力来开展的。作为部长工作几年后，可能会成长为一个企业的管理者，再进入高管班学习，这个班里有集团总裁、副总裁，董事长、副董事长，各公司的总经理、副总经理等。

表1－1反映了海信集团2013年培训工作基本情况。从该表可看到，2013年，海信集团参加培训的人数为5 055人，其中，青岛地区3 795人，顺德地区1 260人；参训人次共10 830人次，其中，青岛地区9 055，顺德地区1 775；培训课时共1 963.5学时；平均满意度超过90%。

表1－1 海信集团2013年培训工作基本情况

序号	名称	海信集团	其中	
			青岛地区	顺德地区
1	开设班级数量（个）	—	64（新开61个）	28（均为新开）
2	开设课程数量（门）	—	157	55
3	培训课时（学时）	1 963.5	1 459.5	504
4	参训人数（人）	5 055	3 795	1 260
5	参训人次（人次）	10 830	9 055	1 775
6	平均满意度（%）	—	92.13	92.04
7	平均出勤率（%）	—	91.04	88.44

数据来源：海信学院谷云盛撰写的论坛讲稿《把跨界进行到底：海信人才的立体化培养》。

（2）人才培养模式的创新。

自成立以来，海信在人才培养模式上不断进行创新，经历了多次演变。1998年5月，海信集团组建了海信学院，成为我国最早成立的本土企业大学之一。当时，中国还没有非常成形的企业大学，学习的标杆非常少，只能到一些外资企业去了解企业大学。师资体系和课程体系尚不完备，内部的培训讲师队伍还没有建立起来，一般到大学请一些教授、专家学者来做专题性讲座，开阔视野。2006年，海信收购科龙后，对各方面的人才需求都不断加大。2007年，海信重新把筹建海信学院作为集团的重点工作。2008年3月，经过精心沉淀酝酿后，全新的海信学院终于开门授课。由于考虑到海信的经营战略已经调整成全面实施国际化战略和智能化战略，因此，海信学院的再定位就提出必须要高起点，与国际接轨。但培养模式仍然是一个培训中心的概念。近年来，海信借鉴了欧洲一些国家以及韩国、美国职业教育和企业大学的办学经验，引进了一个新概念叫“跨界研究”。

所谓的“跨界研究”就是学员必须带三个问题来：第一个是企业急需解决的问题；第二是其所在部门急需解决的问题；第三个是本人认为急需解决的问题。这三个问题拿来后，在班里进行公示，然后将有同样兴趣和问题的人组成一个课题小组，这些人可能来自于集团内部的不同公司，也可能来自于不同的专业领域，分别从不同的角度去看待和研究这个问题。研究完课题以后必须拿出行动方案，而且还要经过实践的验证。课题合格不合格，是要经过实施验证是否给企业带来效果。海信学院就是通过这种课题研究、跨界研究的形式来提高人才的整体素质。

经过一段时间的实践，“跨界研究”人才培养模式的采用，在提高学员解决问题能力和岗位胜任力的同时，提高了企业的运作效率和效益。表 1－2 列示了海信集团跨界研究模式部分课题成果推广效果。列示的课题有两项。一项是“关于缩短海信日立焊接工培养周期的研究”，另一项是“通信公司软件测试过程监控及度量优化”，这两项课题成果实施效果均非常明显，均达到了培训预期的目标。

表 1－2　海信集团跨界研究模式部分课题成果推广效果简介

课题	问题点	改善措施	实施效果
关于缩短海信日立焊接工培养周期的研究（产生 2013 班第 1 组）	1. 新焊工选拔机制尚不完善 2. 新焊工评价机制缺失 3. 缺少统一、专业、固化的培训方法 4. 一师多徒，学员动手操作时间短 5. 评价和激励机制缺失 6. 培训内容和岗位操作内容偏差较大	1. 提出了焊工的选拔方法 2. 提出了规范的评价机制 3. 制作了焊接培训教材 4. 聘用焊接指导员担任内部培训师 5. 制定定期评价和激励机制 6. 完善了新焊工上岗管理规范	1. 焊接工培养时间由原来的 112h/人降至 61h/人，缩短了 54% 2. 人工培训成本由 7 435元/人降至 3 292 元/人，按每年培训 20 人计算，年培训费用节省 8. 3 万元

（续上表）

课题	问题点	改善措施	实施效果
通信公司软件测试过程监控及度量优化（研发2013班第5组）	1. 测试过程数据未积累，缺乏对项目过程的监控及度量 2. 缺乏对测试质量、测试过程及员工工作质量的准确评价	1. 制订测试过程自查表格，由测试主管在测试过程中填写，由SQA检查实施情况，对项目测试过程进行监控及度量 2. 编写VBA脚本，输出测试策略及对应责任人，同时，将测试项导入JIRA中管理	1. 测试过程完整性提升到99%，测试报告完成的时间由1周以内缩短到2天以内 2. 平均节省测试主管0.5个人日的工作量，可使一个测试主管跟踪多个测试项目，提高了工作效率

资料来源：海信学院谷云盛撰写的论坛讲稿《把跨界进行到底：海信人才的立体化培养》。

（3）宽松的育人环境。

长期以来，海信积极筹集各种资源，加大投入，为科技人才创新提供良好的工作和科研条件。从2000年7月开始，海信实施了对生产制造基地大规模的扩建，对技术研究开发力量进行了空间上的整合，对管理流程、决策机制进行了科学地组织和优化等，形成了信息产业园、家电工业园、研发中心（技术孵化园）和海信大厦的“三园一厦”的大工业格局。研发中心现已建成国内较为完善的研发创新平台体系，包括应用基础研究中心（数字多媒体技术国家重点实验室等）、产品开发中心、工业设计中心、用户体验评测中心、检测中心、知识产权管理中心、数据信息中心、技术培训与国际合作交流中心、博士后科研工作站等。研发中心承担着海信产业核心技术与前端技术的研发、新产品的开发与产业升级，以及产品结构调整的重任，先后组建了家电综合实验室、空调综合实验室、通信技术实验室、数字显示技术实验室、网络技术实验室、智能技术研究实验室、工艺设计实验室、工业设计实验室、性能评测室等，全部达到国家、国际先进实验环境标准要求。实验室内配备各种先进仪器仪表几百余台套，许多仪器仪表居于国际领先水平，满足了电视、空调、冰箱、通信产品、网络产品等各种产品的开发、实验和检测需求。2013年海信已经正式启动投资25亿元，占地430亩，可容纳万名研发人员的世界最先进研发中心建设项目。新研发中心将是海信今后发展所需的新产业孵化基地，同时也将成为青岛蓝色硅谷建设与发展的一支重要力量。除了海信研发中心总部外，海信还成立了海信顺德研发中心、海信深圳研发中心、海信美国研发中心、海信加拿大研发中心、海信（美国）光通信研发中心和海信欧洲研发中心等多个研究中心。这些研发中心为科研人员的研发创新提供了良好的硬件。在软环境建设上，海信鼓励技术人员大胆创新，不怕风险，对技术开发允许的失败率从原来的30%提高到50%，即使失败了也给拨款。正是因为有了这种氛围和机制，才使海信很多全新技术的产品都是先于别人推出，比如海信的防火墙敢于在中关村摆擂台等。

1.5.2.2.4　留人机制

（1）事业留人。

海信根据管理学上的需求层次理论，设计了人才潜能开发规则，把企业的发展目标与人才的价值实现有机地统一起来，海信员工将自己看成是海信团队的一部分，将企业的价值的实现看作是自身价值实现的一部分。海信让技术人员参与到产品开发的决策中，并让他们起到关键性作用。这样，对于海信的科技人员来说，产品研发的成功就成为自己的成功，海信的事业就成为自己的事业。“海信是一个企业，更是一项事业”已经成为每一个海信人的价值观。

（2）待遇留人。

利益是市场经济中决定人们行为取向的根本动力，如果不把员工的个人利益和事业与企业发展统一起来，而是一味地要求员工自觉奉献，但不让员工的收入水平和生活质量得到好转，这是不现实的，也不可能长久维持。为充分调动每位员工的积极性和创造性，海信在人力资源管理上已将企业与员工的雇主与雇员的关系转变为“合伙人”的关系。为了能留住人才，海信的利益分配一直向科技、营销人才倾斜。在收入分配上，早在1992年，海信就将老国有企业无效分配的“人人福利”打入另册，把岗位和工作好坏以及贡献大小作为分配依据，决定大幅度提升研发人员收入水平，使研发人员平均收入达到整个集团的3倍以上。提升幅度之大，很多人都不敢想象，这一决定在公司内部引起了热烈的讨论，一直到2001年，还有人提出质疑。周厚健认为，这一决定调动了研发人员的积极性，吸引了更多优秀的人才，也在企业渐渐形成了重科技、重人才的浓厚文化氛围。2004年，青岛市有关部门曾进行了一个统计：

海信集团有1 000余名年轻科技人员，年收入高于集团董事长周厚健的收入（实行年薪制前）；海信有技术职称的技术人员平均收入，是集团全体职工平均收入的3倍以上；技术人员的奖金也拉开了距离，最大相差8～10倍。

海信不断深化工资分配体制改革，在分配上实现市场化，即拉开档次，充分体现出按照绩效取酬的原则，按照员工所在的岗位、工作量、工作效果来评定考核员工的工资收入，实现同岗不同酬、不同业绩不同酬。与此同时，海信还让技术、资本等生产要素参与收益分配。为充分体现一流人才、一流业绩、一流报酬，海信引进了国际上通行的IPE职位评估体系，评估设计了职责对应、绩效挂钩的收入分配制度。在内部实行了“课题招标制”“项目承包制”“导师制”“个人技术入股”（个人技术入股比例可达10%～25%）等一系列政策。在住房分配上，1993年，海信开始取消依靠家庭人口、工龄长短排队的分配方法，而是给有贡献的员工加分。现在，海信最高档的职工公寓楼坐落在青岛市海滨，许多住房奖励给了海信的博士、技术带头人。例如，凡来海信工作的博士都可享受三室一厅的住房待遇。

（3）情感留人。

留住人才的手段，除了事业留人和待遇留人外，还有感情留人。而事业留人、待遇留人，是根据经济实力可以随时改善的，说到底是金钱待遇问题，然而很多时候，感情比金钱待遇更有威力，人非草木，孰能无情。感情留人就是要努力营造一种积极向上，团结和谐的人际关系和工作环境，让大家心情舒畅地工作。海信重视人的工作，关心人、尊重人、理解人、爱护人，成为海信文化最主要的特色。1997年8月的一个礼拜天，来自辽宁贫困农村的大学生、海信技术中心的一名员工在青岛石老人海滨浴场游泳失踪，周厚健得知这一消息后，立即组织各级人员到浴场搜寻。他亲自带领大家排成一排，在齐腰深的海水里寻找，一直到凌晨三点，但毫无结果。直到两天后，才找到那名员工的遗体。尽管该员工是业余时间游泳致死的，但海信还是一次性给了其家人八万元经济补助，并号召职工捐款。因为海信认为，员工是奔着海信来的，在这里出了事，海信一定要负责到底。直到今天该员工的父亲每年还会收到海信的救济金。海信的门诊部，作为公司的一个福利部门，专门给员工看病并做体检。2015年春节，顺德工厂留守员工接近2 000人，物业公司所有的管理处主任、餐厅主任因此留守加班服务。除了大年三十到正月初二这三天免费供餐外，还组织大家一起看春晚、看电影、玩游戏，其中，大年三十夜光团年晚宴就做了127围（桌），煮了1 500斤饺子。这一系列的“敬人”之举，营造出的是一种宝贵的文化氛围，使每一个海信员工，在工作中感受到的不再是“榨干的焦虑”，而是“成长的喜悦”。在这片文化的土壤上，一批优秀的人才同海信一起“共同成长”，使得海信在面对未来时底气十足。

1.5.2.3　**业绩分析**

从销售收入和利润指标看。2000年，海信集团实现销售收入为108亿元，2014年增加到980亿元（见表1－3），在2000—2014年间，销售收入年均增长率为15.9%。2000年，海信集团实现利润为2.8亿元，2013年增加到66.7亿元，年均增长率25.4%。

表1－3　海信集团实现销售收入

单位：亿元

年度	2000	2009	2010	2011	2012	2013	2014
销售收入	108	489	637	716	810	932	980

数据来源：海信集团。

从专利情况看。海信在中国的专利申请始于1992年，开始时间较晚，在1992—2002年间，其专利申请量处于较低的水平，增幅较小，2002年专利申请量为53件。从2003—2012年期间，其专利申请量呈快速上升趋势，从2003年的157件快速增长到2012年的1 472件，2013年的专利申请量较2012年略有下降，但是仍达到1 286件。截至2014年底，海信集团获得的专利申请量为1.187 4万件。其中，发明专利申请量为3 852件，占总量的32%；实用新型专利申请量为4 851件，占总量的41%；外观设计专利的申请量为3 171件，占总量的27%。可以看出，海信的专利申请分布比较均匀，三种类型的专利申请量都比较大。目前，海信的发明专利授权量为1 210件，授权率约为31%。

从竞争实力情况看。海信电视的市场占有率，已经连续11年全国第一。海信全系冰箱，连续多年排名全国第二。海信全系空调，连续多年排名全国第三。海信智能交通和海信光通信模块排名国内第一，在世界上也名列前茅；2006年、2007年，蝉联中国大企业集团竞争力500强排名第一。2002年以来，海信连续14年成为中国500强企业；目前，ULED技术已获得170多项专利，彻底改变了国内家电企业技术落后的被动局面。凭借技术优势，海信电视在海外市场一路高歌猛进。2014年，海信集团出口额达26亿美元。在美国，海信是唯一以自有品牌进入主流销售渠道的中国品牌；在澳大利亚、南非和墨西哥，海信电视销量均进入了前三名；2015年6月，中国电子视像行业协会在北京召开了第十届“2015中国数字电视年度盛典”。海信获得了彩电行业唯一的“2015年度成功品牌大奖”，这是海信连续10年独占此项殊荣。海信XT910系列ULED曲面电视和海信VIDAA MAX激光影院分别获得了“2015年度消费者喜爱电视奖”“2015年度彩电技术金奖”等荣誉，海信也是本次年度盛典获奖最多的品牌；2015年8月11日，国家显示技术研发基地——东南大学显示技术研究中心公开发布的中韩电视画质检测报告显示，海信主导的ULED显示技术超过了韩国最领先的OLED和SUHD技术，首次在液晶显示技术“登顶”全球。这意味着进入平板时代以来，中国彩电技术长期处于核心技术依附与产品被动跟随的局面被真正改写。该报告选择了全球中高端电视的销量前三名：三星、LG和海信三个品牌在售的最高端电视机进行对比评测，提供主观评价和客观测量两份报告。结果显示，在清晰度、色彩等十项最主要的画质指标中，海信ULED占据明显优势，且大大超越号称下一代显示技术的OLED。

1.5.2.4 简评

大凡企业之间的竞争，归根到底是人才的竞争。许多企业对人才的理解更深一层，不断加大融“智”力度，靠优秀人才在竞争中立于不败之地。海信集团董事长周厚健认为，一个成功的企业首先生产的应该是人，其次才是产品。当前阻碍国企发展的不是资金，而是人，人才是国企的第一资源。海信人经常用十个字来宣扬自己的人才观，叫作“求人、用人、育人、晋人、留人”。“事业留人”“感情留人”和“报酬留人”的海信文化，将人才的愿望与企业的命运紧密地捆绑在一起，这是奠定海信稳健发展的基石。

多年来，让知识大幅升值，是海信得以群英荟萃的诀窍。为吸引人才，海信敢于突破国有企业的一些条条框框，把最好的待遇给高层次人才。考虑到人才的长期发展，海信给他们股权、期权。海信结合企业的产权改制，对集团内各公司的核心层、中间层和骨干层人才进行期权、期股的长效激励，股权激励力度在30% ~50%之间。“人尽其才，才尽其用”的氛围和机制，使一批又一批硕士、博士和海内外的顶尖技术带头人纷纷汇聚海信。从海信集团博士后工作站2014年博士后招聘简章可看到，海信研发中心汇聚了专职技术开发人员2 500多人，其中一半以上人员拥有中高级职称，高级专家和博士80多人，硕士500多人，90%以上的研发人员为40岁以下的青年人。这么多的高端人才荟萃在海信，在国内家电行业可谓独领风骚。为提高人力资源素质，海信还成立了海信学院，每年用于人才培训的费用多达1 000多万元。海信每年都要选派一定数量人员到日、美等发达国家及高等院校深造和培训，这种不惜资本培养人才之举，令人称道。

相比之下，一些企业留不住人才，人才“跳槽”屡屡发生。造成人才“跳槽”现象的根本原因，在于企业管理者不重视人才，对人才不去培养和大胆使用，人才得不到尊重，成就感得不到满足，价值得不到实现，所以人才“跳槽”已不属于偶然。他们转行择“主”，另谋高就，寻找施展才华的舞台，已是情理之中的事。没有人才，所谓科技、信息、资源、产品、市场、管理等，都是空谈。

企业如何加强人力资源的管理与开发，努力做好人力资源规划、人员招聘、薪酬管理、培训与开发、职业生涯管理、绩效管理、人员激励等工作？企业又是如何通过人力资本来提升企业竞争优势的？海信集团的做法给出了不错的答案。

本案例参考文献：

［1］陈明，封智勇，余来文. 海信的人才战略与人本管理. 化工管理，2006（C1）：31 -32.

［2］段晓东. 海信液晶显示技术首次“登顶”全球. 青岛日报，2015 -08 -12（02）.

［3］李清宇，张勇. 海信还有什么不能变?. 21世纪经济报道，2014 -12 -01（015）.

［4］李艳，张显峰，王建高. 海信的信心从哪里来?. 科技日报，2010 -06 -23（01）.

［5］路敦海. 海信竞争力第一是如何炼成的?. 中华工商时报，2007 -11 -15（08）.

［6］宋学春. 引进国际化人才正当时. 人民日报（海外版），2003 -03 -06（03）.

［7］孙健，徐辉，张文静. 海信集团科技人才的管理与使用. 中国人力资源开发，2006（5）：39 -41.

［8］王建高. 海信：技术是根人才是本创新是魂. 科技日报，2008 -06 -30（01）.

[9] 王建高，朱书琴，张静. 海信成功研发出全球第一款个人智能电视 I'TV. 科技日报，2011-08-17 (01).

[10] 王雅郁. 海信：巧打"人才引力"牌. 中国社会保障，2001 (7)：36-37.

[11] 永鑫. 海信：以培训实施人才战略. 人才资源开发，2006 (5)：65-66.

[12] 赵瑶. 海信中国专利申请状况分析. 中国知识产权报，2015-07-29 (07).

2　注重专利战略，增强企业竞争优势

2.1　专利战略的含义及其特征

2.1.1　专利战略的含义

对于专利战略的定义，迄今为止国内外尚未形成共识。而对专利战略的科学界定，既是专利战略研究的基础，也是制定和实施专利战略的前提。

日本经济学教授斋藤优认为，专利战略就是如何有目的地有效利用专利制度的方针。日本专利工作者高桥明夫认为，专利战略是根据企业方针进行的战略性专利活动，从战略上进行进攻和防卫，充分发挥专利的各种作用。美国学者理纳德·玻克维兹（Berkowitz Leonard）认为，专利战略是保证你能保持既有竞争优势的工具。国内学者冯晓青把专利战略界定为：专利战略是为获得与保持市场竞争优势，运用专利制度提供的专利保护手段和专利信息，谋求获取最佳经济效益的总体性谋划。

2.1.2　专利战略的特征

专利战略具有下列特征：

（1）全局性与长远性。专利战略是关于企业专利经营长远发展的纲领，是为企业适应未来环境变化制定的具有革新性质的对策。它不是为了维护企业的现状，而是为了创造企业的未来，是一种事关企业全局的、为实现企业长远性目标的筹划与谋略，而不限于局部的、短期的目标。企业专利战略的全局性含义是指企业知识产权战略，是关于企业知识产权工作的全局性指导方针、原则以及相应的行动方案，而不是某一具体的知识产权工作或某一局部内容。而长远性是指企业在对现有经济和技术实力、竞争对手知识产权状况和知识产权制度发展动态进行充分认识和把握的前提下，以企业的长远目标规划当前的行动方案，并随着环境的变化适时加以调整，以求得当前与长远的协调发展。

（2）法律性。专利制度依有关法律而构造，要受到相应法律的制约。同样，专利战略所应用的专利保护，是以专利法和国际知识产权协定作为依据。作为派生于专利制度的专利战略，就必然具有了法律特点。因此，相关法律，如专利法就成为制定专利战略的行为准则。

（3）保密性。企业专利战略的实施涉及企业经济和科技情报分析、市场预测、新产品动向，以及经营者在某一阶段的经营战略意图，它如果被企业竞争对手掌握，将对自己造成极为不利的影响。除了专利说明书必须按时公开外，专利人员对有关专利申请等事务都要保密，这是纪律所规定的。一般的战略都是高度保密的，专利战略更是如此。

（4）特殊性。专利战略不同于具体管理方法和手段，各个企业都不能通用，没有一个固定不变、通用的模式。每个企业的专利战略都有自己的特征，它总是根据企业自身各阶段的不同情况而制定。因此，专利战略在运用过程中，总是依据企业外部环境和内部条件的变化加以调整，以顺应形势的变化。

（5）非独立性。专利战略作为技术发展战略的一部分，单独实施难以取得预期的效果，需要与其他战略或策略协调配合使用。如商标战略与企业市场营销战略、广告宣传战略、市场竞争战略、企业形象战略紧密相关，而不能代替这些运营战略。这种只有通过综合应用才能实现其目标的特点决定了专利战略的非独立性。

2.2 专利对企业获取竞争优势的影响

企业经济租金理论强调，企业参与市场竞争本身是一种有目的地寻求和获取经济租金的理性行动。追求经济租金是市场经济制度的精髓。企业的竞争优势可能依赖所拥有的异质性资源，也可能来源于其所处的竞争位势，或者是在复杂环境中承担风险并形成独创的洞察力而获得的。根据资源基础理论和企业能力理论，企业竞争优势来源于资源的稀缺性；根据竞争位势理论，企业竞争优势来源于资源的垄断性；根据创新理论，企业竞争优势来源于承担风险并形成独创的洞察力。如果企业拥有稀缺性资源，表明企业获得了李嘉图租金。同样，如果企业拥有垄断性资源，则企业获得了张伯伦租金。如果企业具有承担风险并形成独创的洞察力，企业即获得了熊彼特租金。我们知道，专利本身是一种无形资产，既是一种稀缺性资源，又是一种垄断性资源，同时，它能使企业承担风险并形成独创的洞察力。因此，企业拥有专利，就能获得了李嘉图租金、张伯伦租金和熊彼特租金，从而能提升企业的竞争优势。

李嘉图租金是基于企业拥有有价的稀缺性资源而产生的。首先，专利作为企业的重要无形资源，具有价值性。专利是企业所拥有的并能够提高企业战略执行效率和效能的一种资产、信息、知识，商业机密、专用设备、经验等都是专利的表现形式。其次，专利具有稀缺性。申请专利保护的技术并不一定能够获得专利授权，原因在于专利授权是在严格的审查程序之后做出的决定，很多企业都没有能力创造出获得专利权保护的技术。专利是唯一的，是一种具有异质性的资源。再次，专利是不可完全模仿的。这是由专利法律本身所决定的。企业在实施专利中，可能出现专利被侵权现象，因专利侵权现象难以辨别，同时，专利侵权案件诉讼需要付出代价，因而专利技术有可能被他人模仿，但是，专利技术模仿也是需要成本的、滞后的。另外，“隔离机制”作为唯一非契约企业专有资产而被企业资源基础观作为企业竞争优势的核心来源。长期以来，专利和其他形式的知识产权一直被作为一种隔离机制，成为防止有价值资源被竞争者模仿的战略性工具。最后，专利是难以替代的。这是由专利技术的创新性和新颖性决定的。

专利系统赋予专利权人有限制的垄断权可为其创造出张伯伦式垄断租金，而这种垄断租金被竞争位势学派看作是竞争优势的重要来源。因为竞争位势学派认为，产业的吸引力和企业获得在市场中的位势可以为企业创造竞争优势。为了保持这种优势，企业必须不断进行战略性投入，如对新产品开发的投入（产品差异化战略）、生产规模的扩大（低成本战略），以此提高行业壁垒和排斥竞争者，以维护垄断地位，并获得垄断利润。专利的垄断性使得专利权人在某一技术领域享有排他性的专利使用权利，这不仅能够充分确保创新者获得足够的创新回报，而且也能在一定程度上排除他人的模仿，能有效地减少发明创造过程中的外部性问题和“搭便车”现象，从而能限制市场竞争和阻止损害他人利益与社会公共利益的侵权行为发生。专利的垄断价值表现为技术占领价值、技术封锁价值、技术防御价值等，它充分保障了专利权人自身的竞争优势地位，从而能够创造出张伯伦租金。企业积极申请专利保护，可先行获得垄断权，以此补偿专利权人的前期研发投入，并确保他们能够从其发明中获得足够的收益率。

动态能力理论则认为专利系统的创新激励作用可创造熊彼特式的创新租金。该理论秉承了熊彼特“创造性毁灭”的思想，认为经济是不断进化的，实质性的市场竞争不是价格的竞争，而是创新的竞争，创新特别是能力的创新（即动态能力）才是企业利润的真正源泉，动态能力可以使企业在给定的路径依赖和市场位势条件下，不断获得新的竞争优势。针对当今高新科技产业的飞速发展和瞬息万变的市场环境，动态能力理论不仅特别强调了组织管理能力和创新能力，同时也特别强调了开拓性创新思维，以克服能力中的惯性和刚性，这是动态能力理论的灵魂和特征。

企业需要具有创新能力，它是企业发展最关键的能力。专利作为技术创新的最终结果，本身就是不断学习和创新的产物，具有很强的自我创造和再生功能。专利的创造、保护和运用是企业知识能力或能力要素的积累，也是运用知识和创新知识的过程。在这一过程中，企业的生产要素与专有资源实现有机结合，逐渐积累成企业的动态能力，因此，在给定的路径依赖和市场位势条件下，企业能够运用这种动态能力大幅度地降低交易费用，在与竞争对手的较量中创造出新的竞争优势。

2.3 企业专利战略

专利战略是企业面对激烈变化、严峻挑战的环境，主动地利用专利制度提供的法律保护及种种方便条件有效地保护自己，并充分利用专利情报信息，研究分析竞争对手状况，推进专利技术开发，控制、独占市场，进而取得专利竞争优势，求得长期生存和不断发展而进行的总体性谋划。打开市场、占领市场、最终取得市场竞争的有利地位是专利战略的目标，其中占领市场是专利战略目标的核心内容。融技术、经济、法律、贸易为一体的专利战略已成为企业克敌制胜的法宝。作为企业发展的生命线和护身符，专利战略有各种行之有效的形式，但最主要的可分为进攻战略和防御战略两种。

2.3.1 企业进攻型专利战略

专利进攻战略是指积极、主动、及时地申请专利并取得专利权，以使企业在激烈的市场竞争中取得主动权，为企业争得更大的经济利益的战略。

2.3.1.1　**基本专利战略**

基本专利是指独创性非常高的发明，一般是划时代的、先导性的核心技术或主体技术，它具有广泛应用的可能性和获取巨大经济效益的前景。基本专利战略是企业进攻型专利战略的“重头戏”。该战略是企业基于对产业未来发展方向的预测，为保持自己新产品、新技术的竞争优势，将其核心技术或基础研究作为基本专利来保护，并控制该技术领域发展的战略。基本专利具有以下一些特点：①竞争对手无法绕过基本专利而模仿；②在实际应用时，还需要解决一系列的技术问题，从而可衍生出大量的相关专利；③开发周期长，费用大，需要社会技术力量的支持；④发展前景大，有的基本发明对产业活动会产生根本性的影响，甚至引发新的工业革命，或者改变人们的生活方式。如 1958 年 9 月 12 日，美国德州仪器公司的青年工程师杰克·基尔比（Jack Kilby），成功地将包括锗晶体管在内的五个元器件集成在一起，基于锗材料制作了一个叫作相移振荡器的简易集成电路，并于 1959 年 2 月申请了小型化的电子电路（Miniaturized Electronic Circuit）专利（专利号为 No. 31838743，批准时间为 1964 年 6 月 26 日），而后在日本等多个国家取得了专利保护。这就是世界上第一块锗集成电路。55 年过去了，这些小小的芯片已经影响了整个人类社会，渗透到我们每一天的生活。

通过申请基本专利而拥有强而有力的专利权即垄断权，可以转化成排除竞争对手和最大限度地占有市场份额的法宝。一般认为，谁拥有基本专利，谁就可以在激烈的技术竞争中取得垄断地位和支配权。因此，国际上一些具有远见的企业无不首先考虑这一策略并能长盛不衰，独占某些高新技术领域的控制权。例如：美国杜邦公司对尼龙基本专利的开发和运用，给该公司带来了巨大的经济效益。基本专利如果和技术标准相结合，使基本专利被接受为工业标准，那么在该技术领域的统治地位将进一步加强。

然而，本战略的运用效果将受到一些条件的制约。基本专利中的基本发明尽管具有很强的应用前景，但它在应用时，往往需要一系列技术配套措施。如果基本专利权人不注意及时开发外围专利，那么在基本专利技术内容公开后一旦被他人抢先开发，在他人获得外围专利后，基本专利的权利人反而会受他人控制。为了避免此种情况，企业应采取以下策略：第一，基本专利发明人应尽快开发外围专利，给核心技术筑起牢固的专利保护网；第二，应采取多种手段和措施，阻止他人在核心技术周围领域获得专利；第三，基本专利有一定保护期，为长期拥有垄断优势，应对产生基本专利的技术作一定的技术贮备，以便在基本专利期满时，通过改进专利仍能起到保护作用。

2.3.1.2 外围专利战略

外围专利战略也称为专利网战略，是相对于（基本专利）核心专利而言的，是指某项技术专利并非制造某种产品的关键、核心专利，但是为了制造和生产这类产品，提高产品性能，却也需要使用到的专利。外围专利是围绕核心专利而产生的，一般数量众多，便于形成一个专利网，从而突破技术垄断，变被动为主动。专利网的威力是巨大无比的，它扩大了对本企业产品和市场的保护范围，使竞争对手在这一领域丧失活动余地，从而避免竞争对手在同一产品及类似产品中对自己产生直接威胁。美国菲利普石油公司在开发聚苯硫醚树脂（PPS）获得成功并取得该项发明的基本专利后，又再接再厉，申请了以该项发明为核心的30多种外围专利，组成了涉及PPS树脂的制造、应用、加工等环节的庞大的专利网。虽然该项发明的基本专利已于1984年到期，但菲利普石油公司专利网中的外围专利在美国依然有效，从而垄断了从单体到制成品连续化生产的全部工艺和制成品，使日本装有PPS制品的汽车、电器等产品出口美国时都受到侵权警告，难以打入该公司专利网封锁的商品市场。

外围专利战略有两种类型。第一种类型是针对准备开发或持有基本专利的一方。首先，在开发基本专利之前进行专利信息调研，对专利相关情况作全面了解，这不仅可避免侵权和专利纠纷，而且还可能发现宝藏。比如，日本的本田技研工业公司在研究“CVCC”发动机之前，其专利部首先制作专利网图表，在纵横编织的图表中发现技术开发的空白区域，空白区域还没有人去开发，这就有了开发的机会；其次，申请基本专利之前，检查其外围保护专利网有无漏洞，预防竞争对手乘隙而入。如日本的本田技研工业公司在研制“CVCC”发动机成功后至申请专利之前，根据总数达100多件的基本专利和外围专利，重新绘制专利网图表，填满专利网图表中的空白，然后才将这100多份专利申请文件一次呈送到日本特许厅，紧接着，本田公司又开始向美国、欧洲提出专利申请，形成国际上的专利网；再次，以不断创新的改进专利形成的专利网来延长基本专利的垄断地位。美国的施乐公司对静电复印机的基本专利不断地进行开发改进，形成了坚强的保护网，使得其在基本专利期满后，其他企业仍无法越过此保护网，利用该公司的基本专利去制造商品；最后，在取得基本发明的成果时，要及时开发其应用专利与改进专利，要防止竞争对手抢先开发出其应用专利和改进专利，进行反包围，使得原发明人在实施其基本专利时反而受到制约。如美国的杜邦公司为了保证其基本专利和保护网同步进行，对于重要的基础研究，在研究、开发和商品化的各个阶段，给各研究小组都配备有专门的专利工作小组，从研究计划和发明构思直到发明诞生的各项工作都参与筹划，所以，当该技术开发取得批量生产成功之时，已筑成防御第三者攻势的坚不可摧的专利网。

第二种类型则是在他人基本专利周围设置自己的专利网，以遏制竞争对手的基本专利。具体的战略手段有：①抢先开发外国专利网反包围对方的基本专利，限制对方对其基本专利开发利用，使之落到为人作嫁的局面。如日本的东洋工业围绕原西德二公司的转子发动机基本专利，开发出大量的实用化技术专利，组织反包围圈，使得东洋工业在没有基本专利的条件下能与基本专利持有方分庭抗礼。②引进他人的基本专利，在此基础上建立自己的专利网，实现后来居上，确保世界市场上的最高占有率。“比铁坚、比铝轻”的碳纤维是美国 UCC 公司（联合碳化物公司）首先研发的，所选用的原料是纤维素丝。接着，日本的大阪工业技术试验所在 UCC 公司发明成果的启发下，改用聚丙烯腈为原料，获得了比 UCC 公司产品更优良的碳纤维，并不断申请数十种制造方法和改进专利，形成了外围专利网。日本东莱公司一边引进大阪试验所的基本专利，一边进行从基本材料到长纤维的各种开发工作，进行连续烧制系统等批量生产技术和制造技术的开发，分阶段开发应用技术和改进碳纤维质量的技术，形成了自己威力强大的专利网，确保了自己在碳纤维市场上的最高占有率。这样，先驱者 UCC 公司不得不从东莱公司引进技术，以恢复其竞争力。③对于没有专利网保护的基本专利，也可以一边等待专利到期，一边悄悄地进行研究。形状记忆合金之一的镍钛合金比其他金属成分的记忆合金性能优越，其基本专利为美国海军兵器研究所持有，该专利于 1982 年到期，由于该专利没有专利网保护，所以在到期之前，众多的企业均在秘密地进行开发研究。1982 年 9 月当该专利到期时，日本的市场突然出现大批量的记忆合金产品。

2.3.1.3 专利转让与许可战略

专利权作为一种专有权是可以转移的，而转移又可分为转让和许可两种。

企业研究开发出的专利技术、产品除了自己实施、生产外，还可以通过有偿转让专利的所有权或使用权的方式，获取更大的利益。例如，美国高通 80% 的收入来自专利转让，美国的 TI 每年仅向韩国三星转让专利的收入就达到 10 多亿美元。IBM 的知识产权收益从 1990 年3 000万美元上升到 1995 年的专利许可费6. 5 亿美元。有资料统计，在技术贸易中许可证贸易占 80% 以上，在发达国家及公司贸易中知识产权贸易所占的比重越来越高。如根据世界知识产权组织统计，1965 年以专利技术为主的以许可证贸易方式成交的贸易额为 20 亿美元，到 1975 年这一数据增加到 110 亿美元，再到 1995 年，进一步增加到 2 500 亿美元。值得注意的一个现象是，近几年来一些发达国家正逐步提高技术使用费收取标准来获取超额利润。

就专利所有权有偿转让战略而言，企业转让专利技术主要适合于以下场合：①专利权主体是具有相应开发实力的企业，拥有能够短时间内开发新专利技术的团队，但企业本身难以开拓市场，或由于经营业务范围不同而无意涉足该技术领域，此时企业通过转让专利权，可以较快地换取资金，赚取利润；②专利技术开发前，已有相同效能的替代品出现，而且竞争对手已经占领了相当一部分市场，如果作为专利权主体的企业缺乏配套资金、利用专利技术的能力，及时转让专利权就成为必要；③企业欲通过专利技术的转让将自己的产品或商标施加给受让方，实施专利技术转让与产品或商标相结合的战略时，即可及时转让专利权，这样可以进一步扩大产品的市场占有率，提高自身竞争能力；④在企业专利授权数量较大的情况下，通过转让部分专利权而获得专利收益，弥补专利可观的维持费用，同时换取开发新专利的资金；⑤如果企业的专利技术有可能使技术标准化，那么通过专利技术的转让可以加速技术产业标准化的过程，例如录像机中 VHS 带和 BETA 带的开拓者就是通过广泛地转让自己的专利技术加速技术标准化的。

专利许可实施，是专利权人借助专利实施许可合同这一载体，将自身专利许可给他人使用。对于越来越多的专利权人来说，许可他人实施其专利，已成为行使专利权、实现专利价值最有效的方式之一。高科技企业越来越多地借助专利作为公司的竞争武器和新的收益来源。专利许可是企业专利战略中的最核心部分。据估计，世界前十大制药公司在 1997 年获得的收益中，34% 是来自企业获得许可的产品（1992 年 29%）。1996 年，日立的专利许可收入是 4. 55

亿美元，同年，它支付出去的专利许可费是9 100万美元，当年专利交易总利润是3.64亿美元，是日本从专利中获取收入最多的公司。德州仪器公司在1987年得到了NEC等国外企业支付的1.91亿美元的许可费，几乎等于公司的运营利润。

企业在应用专利许可策略时，应根据不同的情况而灵活运用。

第一，专利许可类别的选择。专利的许可可以是独占许可、排他许可，也可以是普通许可。采用何种许可，要不要许可关键是看企业处于一种什么样的竞争环境。当企业处于竞争对手拥有同样的替代技术生产产品，对手的生产能力又强于自己时，那么就可以采用独占许可的方式来限制对手产品强占市场；而当被许可的企业没有足够的生产能力时，可以采用普通许可的方式来扩大产品抢占市场。通过这样的手段，可以达到排除竞争对手专利限制的目标。

第二，一个拥有专利权的企业，在面临运营困境时，要选择合适的企业给予专利许可。尤其是对一家濒临倒闭的企业来说，其拥有一项或数项核心专利却又无法实施时，可以采用许可大企业实施来达到扭转乾坤的目的。比较成功的案例有美国的卡德克公司，该公司原来由于经营不善即将倒闭，而该公司又拥有一项图像处理的专利可以改变当时普遍存在的处理器速度慢的状况，该公司收到IBM关于该专利许可邀约时果断决定许可其实施，通过IBM的广泛应用，其技术也得到了公众的认可，一时间就得到了大量的许可请求。有人认为，通过依附大公司打出专利认可效应时，可以适当延缓对于专利权的主张，等到技术被广泛应用的时候，再提出权利主张，以诉讼威胁的方式来胁迫对手们与自己签订许可协议可以起到更好的效果。

第三，在进行专利许可时，要牢牢掌握核心技术。作为拥有核心专利的大企业，如将所有专利都通过许可来获得专利价值，极有可能使专利所有人占据更多的市场，当对手引进了该技术得到全套方案时，完全可以利用自己的条件来更新技术和产生外围专利，从而突破专利壁垒，这样，企业的利益可能受到长远的威胁。因此，在许可技术时应当将核心技术中的某些关键技术牢牢掌握在自己手中，当对手受许可使用该技术时，发现原来还缺少这样的关键技术无法完成工序，主动权就全掌握在自己企业手中了。

2.3.1.4 专利收买战略

专利权收买战略是指企业不是通过自己申请专利而获得专利权，而是花费较大的价钱从发明人或其他企业那里购买专利权达到独占市场的战略。在某些情况下，实力雄厚的企业可以把相关技术领域竞争对手的全部专利买下来，以完全垄断市场。有时企业实施专利收买战略并不都是为了自己实施，而主要是以专利权人的身份与其他企业签订专利实施许可合同，收取高额专利使用费。同时，也可以作为一种独立的策略使用，即以专利权为武器，控告侵犯其专利权的其他企业，然后获得高额赔偿费。

另外，通过收买他人的专利，有计划地在一个行业内收购外围和相当的核心专利后，延缓实施，通过欲擒故纵的手法让该行业中的对手先使用并且产生依赖后，然后再以诉讼为威胁迫使其退出该行业或者支付昂贵的专利费用，自然企业便对该行业形成了专利壁垒，达到专利打击战略的目标。中国 DVD 案给我们带来了深刻的教训。DVD 曾经作为中国电子产品的代表而被中国各大厂商生产，但是却被外人占有了 DVD 的专利，甚至形成专利壁垒来威胁我国企业，致使我国 DVD 发展陷入万劫不复的深渊。

对于小公司而言，面对大公司的强逼胁迫时，还没有达到资金上要破产的地步，仍然有大量资金可以活动的时候，企业可以采取一定技术情报手段知道对手企业技术发展的趋势，在其发展的前途上通过购买其所必需的某些专利来胁迫大企业交叉许可其他专利。比如，美国 S3 公司是一家从事芯片设计的小公司，在 1998 年即面临 INTEL 的严重威胁。当得知 INTEL 公司需要指数技术公司的一项专利来完成其重要的图像处理技术的时候，S3 公司果断地在一次拍卖会上以1 000万美元买下了指数技术公司的这项专利，该专利对 INTEL 公司下一代处理器发展构成了严重威胁。当 INTEL 公司发现 S3 公司购买了该项专利技术之后，不得不同意颁发 MERCED 芯片许可证给 S3 公司，承诺 S3 公司可以继续开发芯片，以换取 S3 公司不挑战 INTEL 公司的图像处理技术。

2.3.1.5 专利与产品相结合战略

它是指专利权人许可他人使用本企业的专利时，要求他人必须同时购买自己的专利产品，借以扩大本企业的产品销售量，提高企业竞争地位的战略。此战略主要适用于核心技术比较强，研发能力比较强，且在对方购买专利时处于优势地位，被购买的专利价值对于被购买者拥有更大的价值的情况。美国高通公司凭借在 CDMA 专利上的领先地位而搭售它的 CDMA 芯片。作为全球最大的手机芯片厂商之一，高通公司掌握了大量的 3G 和 4G 移动通信相关专利，并通过专利许可等方式获得了巨大的经济收益。以往，其商业模式就是将芯片和专利许可费进行捆绑销售，这种模式使得世界几乎所有手机厂商都无法绕过高通公司。目前，美国高通公司占据着全球 CDMA 芯片市场 90% 的份额，拥有3 000多件 CDMA 所有及其相关技术的专利，仅 CDMA 核心专利就达600 件。而在 3G 技术 WCDMA 的核心专利中，高通公司已掌控其中的25%，仍是业界领先的巨头之一。

2.3.1.6 **专利与商标相结合战略**

专利与商标是企业无形资产的两大组成部分，专利保护和商标保护都涉及物质生产领域，但它们的作用是不同的。专利保护的是新产品或新方法直接延及的产品以及新产品的制造方法，涉及产品的结构、制造方法、产品的用途或者产品的外观设计，而商标保护的是产品来源的“信誉”和一贯质量。商标本身具有区别商品来源，代表商品信誉、质量，促进消费者“认牌购货”的消费导向作用。企业在实施专利战略、商标战略时，如能将二者成功结合便可达到最大效益和保护力度。

在具体操作上，可采用不同的战略方式：

一是捆绑许可战略。商品投放市场后，为了减少商标的广告投资，可以采用强制使用商标作为使用专利权交换条件的战略，将专利权和相关商标权捆绑在一起出让或者许可。比如，在著名的 DVD 知识产权许可中，面对国外专利权人所实施的“技术专利化、专利标准化、标准垄断化”的国际竞争策略，面对专利权人累计近 20 美元/台的收费要求，我国企业及行业协会由于在知识产权许可制度方面缺乏足够的专业知识经验，加上法律法规也有不够健全的地方，不得不与 6C、3C 等专利许可组织签订了许可协议。由于国内企业不掌控 DVD 机的任何一项核心专利技术，一台均价 500 元的 DVD 机，有 6C、3C 等 12 家外资企业伸手要钱，总共每台需要交纳各项专利费用 20 美元。专利权人在实施联合专利许可的同时，还强制性地要求被许可人必须使用特定的标识（LOGO），其费用为 2 万美元，其授权主体为 DVD FORUM。在联合实施专利许可的同时，进行标识（或者商标）的捆绑许可，使处于弱势地位的被许可人为进行 DVD 机的生产，不得不无条件地接受。拥有 DVD 音频专利（AC－3）的美国杜比公司，一直要求所有取得其许可的产品必须在显著位置使用其商标“DOLBY”以及双“D”标识，并对专利和商标共同收费，否则就不能通过其许可和认证。虽然中国 DVD 播放器的产量占世界总产量的 70% ~ 80%，但核心技术仍严重依赖国外的研发成果。中国 DVD 产业整体处于加工状态，需要向国外厂商支付巨额的专利使用费。专利使用费目前已占单机成本的 40%，这使主要依靠低价位来争取市场份额的中国厂商十分被动。

二是商标的外观设计可以申请外观设计专利，取得专利法的保护。外观设计是指对产品的形状、图案色彩或者二者结合所作出的富有美观并适于工业应用的设计。它和商标都是置于产品的表面或者商品的包装上，都可以由某种图形组成，对产品起到美化和促进作用。在产品上设计一个图案，既可以作为商品的商标，又可以用作产品的外观设计。企业如果暂时不能或者不愿意申请商标注册，则可以考虑申请外观设计专利，运用专利法来保护自己的未注册商标。但是，这种情况必须满足下列条件：①该图案必须附置于外观设计产品上，作为外观设计专利的一部分，而不能游离于外观设计之外；②外观设计专利权人必须是未注册商标的使用人；③保护对象只能是商品商标，而不适用于服务商标。

三是企业制定商标战略时，应尽量同时用商标权和专利权来保护自己的商标设计。我们可以从“黄毕山”白酒外观设计专利权侵犯“黄华山”白酒商标权事件加深一些认识。黄华山是福建省建瓯市的旅游景点，建瓯黄华山酿酒有限公司在 1980 年之前就将“黄华山”注册为白酒类商标，2003 年“黄华山”被福建省工商行政管理局认定为“福建省著名商标”。然而，2005 年 5 月 16 日，福建省南平市工商局发现，邵武市太白酒业有限公司生产的“黄毕山”牌白酒外包装装潢与建瓯黄华山酿酒有限公司的“黄华山”牌白酒的外包装色彩、装潢图案、文字颜色搭配组合及整体图案布局排列等完全一致，直观感觉上极易造成混淆。尤其是商标“黄毕山”与“黄华山”的构图比例和写法观感差别甚微，极易使公众造成误认。但是“黄毕山”白酒的包装申请了外观设计专利，在 2004 年 10 月 6 日获得专利证书，也是一种合法的权利。南平工商局遂向福建省工商行政管理局请示，福建省工商行政管理局认定邵武市太白酒业有限公司违反《反不正当竞争法》第 5 条、《商标法》第 52 条规定，侵犯“黄华山”注册商标专用权。

2.3.1.7 专利回输战略

企业在引进输出方的专利后，对专利进行研究、消化、吸收和创新，再将创新后的技术以专利的形式卖给原输出方，或以自己的专利权为筹码，与对方进行交叉许可的战略。这种战略既可以使引进技术方提高技术创新的起点，又能够使自己摆脱专利输出方的控制，准备引进国外先进技术的企业可充分运用这一战略。比如，日本东莱公司在引进美国菲利普石油公司 PPS 树脂基本专利的基础上开发出新的双向拉伸薄膜技术，确立了自己的专利权，并使得菲利普石油公司不得不购买该专利在美国的独占实施权。

专利回输战略对于正确处理好引进技术与消化吸收、改进创新的关系，摆脱原输出国专利的控制具有十分重要的意义。如果总是单纯被动引进专利技术，不注重引进后的消化、吸收，企业的命运就会掌握在别人手里，也会失去与原输出国竞争的能力。发达国家企业在大量引进专利技术时，特别注重技术的改进和创新，并运用这一战略获得了巨大成功。其中，“二战”后日本从国外以 100 亿美元的代价先后从欧美引进了36 000多件专利技术更新企业的技术设备，创造了3 000亿美元的经济效益。日本企业称，运用专利花 25% 的精力，可以获得 100% 的效果。更重要的是，日本企业非常重视引进技术后的再开发工作，在改造的基础上再大量回输专利。如今，日本已成为举世瞩目的专利大国。仅以 1990 年为例，当年日本专利申请约 50 万件，占当年世界专利申请的 40. 1% 。日本企业界的经验很值得我国企业界学习。

2. 3. 1. 8　专利投资与产品输出战略

又叫作产品出口，专利先行战略，即企业向准备投资或输出产品的国家申请专利，旨在保护投资和获得未来专利产品输出垄断权的战略。其实质是将专利控制作为产品销售的“开路先锋”，避免投资和产品受他人控制。企业在市场上的竞争表现为控制与反控制的竞争，运用这一战略是企业积极主动地利用专利的独占性获得市场竞争主动权的重要手段。企业如果在投资或产品输出前忽视专利的竞争主动权的先行占领作用，就很可能危及企业的经济利益，使投资得不到应有回报，产品被竞争对手的专利排挤出市场。

2. 3. 2　企业防御型专利战略

防御型专利战略是指在企业受到其他企业的专利攻击或者其他企业的专利对本企业的发展构成威胁的情况下，采取的改变被动地位的策略。

2. 3. 2. 1　取消对方专利权战略

取消对方专利权战略是指通过查找对方专利技术上的缺陷或者是不符合专

利法的情况，启动专利权无效宣告程序，使对方专利全部或者部分无效的战略。这种战略既可以作为企业主动进攻的手段，也可以在企业遇到专利纠纷，受到专利侵权指控时作为防御策略运用，实现以攻为守的目的。其实质是利用竞争对手专利上的漏洞、缺陷或不符合专利条件的情况，运用专利法赋予的权限，启动专利权无效程序，部分或全部取消对方的专利权。我国《专利法》规定，对于说明书公开不充分、权利要求得不到说明书支持、对说明书的修改超过了原说明书记载的范围、不符合专利“三性”等，都可成为向专利复审委员会请求宣告专利权无效的理由。企业应当利用专利检索的方法让技术人员对对方专利公开文献进行推敲，如果对方企业的专利公开不充分，可以在以有效证据证明后宣告无效，达到突破壁垒的目的。对于专利说明书的修改和变动法律是允许的，但是修改内容不得超过说明书原来的范围，如果企业通过技术人员辨析出对方的修改，同样也可以提出无效申请。对于专利的“三性”审查是中国的特色，企业可以通过查阅文献、产品调查和追踪调查的方法来判断其是否不符合新颖性等要求，从而宣告其无效。在期限上，对于形成专利网的对手，企业可以通过对其专利网进行分解分析，分析其专利是否已经过期。我国《专利法》的规定是发明专利保护期20年，实用新型和外观设计10年，过期的专利可以被公众使用。在飞利浦3C公益诉讼中，我国的知识产权专家就以其专利网中某些专利无效而取得了诉讼的成功，并且迫使飞利浦达成了合作协议。

2.3.2.2 文献公开战略

文献公开战略是以公开某项发明的方式，使竞争对手所准备申请专利的技术失去“新颖性”，从而阻止竞争对手在此技术上获得专利权的战略。当没有必要取得独占权但若被其他企业抢占在先申请专利又不妥当时，可抢先将技术内容在杂志上公开，虽然自己未能取得专利，但也达到了防止其他企业取得专利的目的。如美国的IBM公司就常常采用这种战略。该公司从1950年至今每月自行出版技术公报，在技术公报中公开了大量未申请专利的技术信息。近年来，该公司每年申请的专利才600~700件，但登载在技术公报上的发明数量则达到8 000件以上。这一文献公开战略显然是为了实现阻止他人申请相应专利之目的，与其在开发、制造、销售产品的过程中避免阻力，以确保自身活动自由的基本战略是一致的。西方一些报刊也时常登载企业提供的一些技术文献，使他人申请有关专利的计划流产。

2.3.2.3 交叉许可战略

专利交叉许可也称为双向交叉许可（Cross Licensing），是指通过两个相互依存、互为条件的许可合同实现的技术授权，一个合同的许可方即另一个合同的被许可方，被许可方即另一合同的许可方。以往，有一种观点认为，交叉许可的实质是双方以价值相等的技术，在互惠互利的基础上，相互交换技术的使用权和产品的销售权。而且这种方式一般在特定条件下采用，如合作生产、合作设计、共同研究。双方更多的是合作关系而不是单纯的买卖关系。但是随着市场化运作方式和技术本身的发展，交叉许可的方式也更加成熟和丰富。交叉许可合同的各方可以通过协议允许对方自由开发，免费使用各自的技术创新成果。他们也可以决定如果任何一方将另一方的创新成果有偿提供给第三方，则另一方有权按照商定的形式和数量分享所获利润。在许可合同中通常还有进一步要求技术创新的一方申请专利的规定；如果这一方不选择这样做的话，另一方可自费以任意一方的名义提出申请。交叉许可的形式和内容的逐步完善也为交叉许可的广泛应用提供了可能。

两家世界著名的智能手机制造商苹果公司与 HTC 曾于2010 年 3 月发起专利战，苹果首先起诉 HTC 的 12 款手机侵犯 20 余项与 iPhone 有关的专利权。在与苹果的专利较量期间，HTC 的销售业绩急剧下滑，损失惨重。2011 年，HTC 发起反攻，声称苹果侵犯了 HTC 的专利，涉嫌侵权的产品包括 iPhone、iPad 等产品。双方攻守并举，仅 2012 年 2 月至 10 月，诉讼双方就向美国法院进行了 62 次文件攻防。过去两年中两家公司一直针锋相对，且均为专利纠纷支付了高额的诉讼费。很明显，如果两家公司继续争斗，同为智能手机业界霸主的三星必然坐大。后来，峰回路转，两家公司签署授权协议，不仅结束了消耗人力、财力、物力的专利之争，而且成为技术上的合作伙伴，为双方在智能手机领域的研发扫清了侵权障碍。毫无疑问，此举将进一步增强两家公司在市场上的竞争力，强强联合之下，也为抵御三星的市场扩张注入了动力。

2.3.2.4 利用失效专利战略

失效专利是指因专利权的保护期届满而终止或者因其他原因（如未缴纳专利年费等）而提前终止的专利。专利权一旦失效，技术就进入公有领域，任何人均可自由使用。但是，失效的专利并不意味着没有经济和技术价值，一些失效专利，仍可为使用者带来经济效益。利用失效专利战略，就是从失效专利中有针对性地选择相关技术进行研究开发、生产的一种战略。利用失效专利战略包括两方面内容：一是以到期或快到期的基本专利作为继续研究开发、创新的起点，重新组织专利申请的战略，有的学者称之为“基本专利终了战略”；二是对失效专利技术的实施使用战略。就前者而论，企业应在基本专利终止之前即开始实施，这样可以争取时间，以便在基本专利终止之时能迅速组织专利申请。为此，企业应对基本专利进行跟踪监视。就后者而论，企业不能抱有失效专利都是没有利用价值的成见。

利用失效专利取得巨大效益的例子并不罕见。在专利历史上，盒式磁带录音机专利的故事就颇耐人寻味。荷兰飞利浦公司发明了磁带录音机，因此拥有当时许多的专利技术，并获得了高额利润。后来飞利浦公司停止了缴纳专利维持费而使这些专利成为失效专利，从而为世界各国无偿使用提供了机会。飞利浦的技术进入公有领域后，日本利用这些技术，将收录两用机销售到了世界各个角落。为进一步巩固自己的技术优势，日本的电器厂家还再接再厉，在荷兰人的基础上积极开发出更新的产品，并为这些新技术做了周密的专利保护。这样，原本是盒式录音带“鼻祖”的荷兰，却被抛到了后头。

失效专利策略作为专利战略的重要组成部分，其利用和开发应遵循以下几点：

一是对失效专利技术的实施使用战略。对于一项成熟的专利，通过失效专利文献提供的技术内容，按图索骥就能直接生产出产品，产生经济效益。如青岛某器材厂原本欲投资20万元购买一项“铝制品焊接助剂”的专利技术，但技术人员在专利文献库检索时，发现此项专利早已过期，只需交纳50元查询费便可获得该项专利的全部信息。该厂不仅按照该资料开发出新产品，还迅速推向市场，获得了丰厚的回报。

二是以到期或快到期的基本专利作为继续研究开发、创新的起点，重新组织专利申请。企业应在基本专利终止之前即开始实施，这样可以争取时间，以便在基本专利终止之时能迅速组织专利申请。为此，企业应对基本专利进行跟踪监视。这既节省大量的时间、人力和财力，又可以实现技术的短平快发展。如日本石川的一位工厂主，准备投资生产一种轻型隔热建筑材料，当时国外有些厂商已在日本获得有关这种材料的专利，但有效期即将届满。工厂主掌握这情报后，便在原有技术的基础上进行二次开发，待专利有效期一过，立即大规模地制造、销售根据上述专利研制改进成功的新型建筑材料，取得了巨大成功。

三是作为专利转让和许可中的谈判筹码。在专利转让和许可贸易中，及时掌握失效专利的法律状态，可以在谈判中赢得主动地位，做到知己知彼百战不殆。如上海耀华玻璃厂与英国皮尔金顿玻璃有限公司谈判引进浮法玻璃生产技术项目时，对方提出要2 500万英镑的“专利入门费”。我方经专利文献检索后，发现该公司就该项技术的137 项专利中，有51 项已经过期。我方据此力争，最后只付给英方52.5 万英镑便成交，从而避免了2 000多万英镑的损失。此外，将现有专利与失效专利的技术方案进行比较，分析失效专利与现有专利技术的可替代性，及现有专利的技术市场价值，也是降低专利转让与专利许可贸易费用的重要手段。

2.3.2.5 绕过障碍专利战略

针对他人的专利技术，在难以从正面突破权利要求的限制时，可以采取绕过障碍专利战略。即如果企业竞争对手的专利权十分牢固，并且将对本企业构成制约，则可以采用迂回策略。主要方式有：

一是绕过权项，开发不抵触的技术。企业进行研究开发时，在进行专利情报分析后，为避免侵权，可以采取绕过障碍专利的技巧。具体做法是：改变或放弃他人专利独立权利要求中的某个或某些必要技术特征，如对产品专利而言，可以改变该产品的结构、组成或材料；对方法专利而言，则简化该方法的工艺步骤或其他工艺条件。这样做的原因在于，根据专利侵权原理，被控侵权人使用的技术只有包含了专利权人要求保护的权利所要求的全部必要技术特征时，才构成侵权，有一个或者一个以上必要技术特征不同的，不构成专利侵权。绕过障碍专利策略在国内外企业或其他单位已有大量成功先例。国外如日立金属绕开阿赖德公司的非结晶金属专利，国内如北京科技大学为绕开日美钕铁硼专利，开发出与日美专利不抵触的新技术，先后申请了多项制备钕铁硼直接法合成合金的新技术专利，其中直接法的系列新技术在国际发明展览会上还获得了优秀发明奖。

二是使用替代技术。企业为避免专利诉讼，可以考虑采用与专利不抵触的替代技术。不过，使用替代技术本身也有一定的局限性。例如，替代技术效果明显不如专利技术，使用替代技术会给企业带来一定的损失。而且替代技术是否侵犯他人专利权，也要心中有数，以免适得其反。如果专利权人愿意与企业订立专利实施许可合同，企业是否有必要使用替代技术，需要从经营战略的角度综合权衡。

三是在不受专利地域保护范围内利用他人专利。专利权除具有专有性、时间性特征外，还具有地域性特征，即专利权只在申请的国家或地区才有效。据此，我国企业对于超过优先权期间没有在我国申请专利的外国企业的国外专利，完全可以在我国使用，不构成专利侵权。这方面国外企业对我国企业专利已有一些成功实施地域规避的成例，值得我国企业借鉴。例如，我国上海某医疗器械公司生产的“恶性肿瘤固有荧光诊断仪”在中国获得专利后，又相继在美国和日本获得专利，垄断了美国和日本市场。但美国和日本企业为了规避这一专利，联合在加拿大生产这种产品，然后将产品出口到我国尚未申请专利的国家和地区销售，仍然取得了巨大的经济效益。不过，实施这种迂回进攻策略应注意，如果将产品出口到专利受到保护的国家和地区，就会被当作侵犯专利权对待。

2.3.2.6 专利诉讼应对策略

近年来，在利益的诱惑下，以专利为赢利目的非执业实体（Non-Practicing Entities，NPE）发起的侵权诉讼量呈现出明显增长的趋势。根据普华永道会计师事务所（PWC）的数据统计显示，1995—2011 年间，电子消费产品、计算机软硬件和电信业都居于排名前十的高发专利侵权诉讼领域中，其中，电信领域的专利持有人获赔平均额度高居榜首，接近3 000万美元，近乎第二名的两倍。在此种高额获利的诱惑下，电信领域的侵权诉讼高发不足为奇。在2001—2006 年期间，NPE 获赔的金额达6 900万美元，而执业实体（Practicing Entities，PE）获赔额仅为3 700万美元。NPE 在专利侵权诉讼中获得的平均赔偿额是 PE 的两倍。一些大的通信公司为了获取利润、转型或规避风险，纷纷与 NPE 进行专利交易或者构成合作模式，这也为 NPE 频繁发起诉讼起到推波助澜的作用。比如爱立信在 2013 年初将2 500项专利出售给专利运营公司 Unwired Planet，并从这些专利的营收中抽取提成，如果 Unwired Planet 从这些专利中获取净收入 1 亿美元，爱立信将抽取 20%，1 亿 ~5 亿美元抽取 50%，5 亿美元以上抽取 70%，由此可见，爱立信通过与 NPE 的合作可以获得非常可观的收入。诺基亚将其500项专利卖给专利运营公司Vringo。Vringo在两个月后即用买到的专利发起侵权诉讼。随着知识产权观念的日益深入人心，专利申请的数量在节节高升，伴随而来的专利侵权纠纷也日渐增多。

当企业受到他人的专利侵权指控时，不必过于慌张，而应当以积极的态度参与诉讼程序，运用法律所允许的方式和手段澄清事实和阐述理由，力图摆脱被动状态，依法维护自己的合法权益。企业的应对策略主要有：一是检索专利文献，弄清楚原告专利的法律状况。专利文献检索，旨在查明以下事实：对方专利权的状况特别是专利权的有效性；专利权的主体；在原告申请专利日前是否存在相同或类似专利，以及是否存在与之相同的公知技术等。在此基础上，企业即可采取相应的对策。例如，如符合下列情况之一，则提出原告指称的专利不受保护：①该专利保护期已过；②该专利保护期虽然没有过，但已因故被提前终止；③该专利仅在国外被授权，没有在中国被授权；④被告使用的技术是自由公知技术，属于进入公有领域的已有技术；⑤原告诉讼时效已过。二是分析对比，剖析双方技术特征，采取相应对策。经专利文献检索后，根据对技术特征的判断确定是否构成侵权，进而采取相应对策。被控企业应当认真研究对方专利的权利要求书、说明书及其附图，将被指控的侵权产品与专利技术特征进行对比，从技术上寻求突破。如果通过分析，在技术上不能避免侵权责任，则应根据情况寻求法律上的依据。三是请求宣告对方专利权无效。请求宣告对方专利权无效是一种釜底抽薪的战略。如果能够运用好无效宣告程序，则不仅可以从根本上排除专利侵权的存在，而且可以维护公众使用公知技术的权利。

2.4 美、日企业专利战略

2.4.1 美国及其企业专利战略

美国能够在短短两百多年的时间内成为世界经济、科技大国，原因是多方面的，其中知识产权制度对美国的经济、科技发展产生了巨大的推动作用。美国政府对知识产权战略的重视可以说是历史悠久。美国开国不久，即在宪法中明确规定：要以保障作者和发明者对他们的作品与发现在一定时间内的专有权利，来促进科学和有用技术的发展。美国及其企业对专利战略的运用具有以下特点。

2.4.1.1 专利立法的先发明原则

先发明原则是指谁先做出发明谁才有权取得专利。美国专利制度强调把专利颁给第一个专利发明人，而不是给第一个专利申请人。也就是，即使你抢注专利的时间在先，也不能保证你能得到专利权，充分体现了公平的原则。从理论上讲，先发明原则是合理的，因为既然是专利，它就应当是最先研究开发出来的成果。但从专利实务的角度看，先发明原则却有许多难以克服的弊端。例如，为证明谁先发明，需要耗费许多精力和费用，且相当复杂。美国之所以要坚持这一原则，从深层次讲是因为这样可以对其重要的发明创造加以保密，不至于为获得专利而不得不尽早去申请，有利于长期垄断某项技术。

美国实质审查制指的是对所有申请的专利都要进行形式审查和实质审查，在专利申请阶段不公开申请内容，只有在专利授权后才予以公布。美国长期以来实行实质审查制，其中一个重要目的是避免专利申请公开后会使竞争对手竞相追随开发，因为实行实质审查制在专利授权之前一直处于保密状态，能够使美国很多企业和研究、开发机构做出的重大发明创造在成功后的较长时间内仍然能够不被竞争对手所知悉，从而可以等到技术产业化、商品化时机成熟时再凭借获得的专利垄断市场。这样对外国竞争者来说，美国企业可以利用其他国家专利申请 18 个月公开的制度获得公开的技术信息，而外国企业却不能在美国专利获得之前获得其相关技术信息，美国企业正是利用了这一点，使自己的发明创造能较长地维持垄断地位。

2.4.1.2 保护国内市场

在保护国内市场方面，美国企业在和日本企业竞争历史中曾存在教训。在 20 世纪 70 年代以来，日本企业在美国申请并获得了大量专利。如 1970—1989 年，日本在美国获得专利占美国专利批准的总数从 4% 上升到 20%，严重影响了美国企业在市场竞争中的地位，日本的产品凭借专利保护却可以在美国本土大行其道。后来美国企业吸取了教训，加大了专利申请力度，最终扭转了不利局面，不但保住了国内市场，而且在全球市场占据优势。

美国为了维护其技术优势，在实施方法和对外贸易方面充分体现了维护其世界经济技术霸主地位的战略意图。美国为了保护国内市场，将国家专利战略与经济发展战略紧密结合起来，并将专利战略融于贸易政策之中，根据 20 世纪 70 年代修改的《关税法》第 337 条规定，授权国际贸易委员会（ITC）管理国外进口货物侵犯美国专利法、商标法、著作权法或商业秘密法的案件，以阻止外国产品进入美国市场。美国国际贸易委员会处理的一些日本企业专利纠纷，曾把一些日本企业搞得焦头烂额，日本企业甚至将 ITC 喻为“鬼门关”，足见其在保护国内市场中的重要作用。

2.4.1.3　控制他国市场

将专利与贸易挂钩以控制他国市场，这是美国专利政策的一个突出特点。美国在许多公开的和官方的场所明确强调知识产权保护对美国经济和整个国际贸易与国际投资体系具有重要意义。知识产权的保护被美国视为一种传统观念中的对文化、科学技术财产的保护，而且被视为贸易壁垒和投资壁垒。因此，知识产权的保护成为美国贸易政策的核心问题之一。

20 世纪 80 年代以来，美国日益把知识产权保护作为其对外贸易政策的重要方面，将知识产权保护与对外贸易挂钩。为了维持其经济、科技霸主地位，美国严格主张知识产权的国际保护，限制科技资源的国际利用，加强对技术转移的控制，对竞争对手特别提出对等性要求，并且极力主张将知识产权制度纳入 GATT 体制，以使其国际化。美国政府通过的《1988 年贸易和竞争综合法》是将知识产权保护与对外贸易挂钩的具体表现。该法追加的人们所熟悉的“特殊 301 条款”是美国评价其贸易伙伴是否充分、有效地保护了美国的知识产权，是否给美国知识产权所有人公平进入该国市场而设定的一种法律程序，旨在按照美国的标准和要求保护其在该国的知识产权，以达到保护其产品进入他国市场的目的。根据该条款的规定，美国贸易代表署可以调查其他国家对美国知识产权保护的状况，以确定“侵权”的重点国家，并展开与这些国家的双边谈判。如果达不到美国提出的要求，美国将采取报复措施。如果美国认为，某一贸易伙伴的有关法律、法规和做法对美国的知识产权保护不力，对知识产权的市场准入设置了障碍，并且造成了美国公司和个人的损失，美国政府会以征收高额关税和限制进口相威胁，迫使有关贸易伙伴改变其法律、法规和做法。

据美国专利商标局统计，专利转让收入一直是 IBM 公司增长最快的利润来源之一。2000 年 IBM 的总利润为 81 亿美元，而专利转让就占了 17 亿美元。越来越多的公司意识到专利已经作为一种商品开始出现在国际贸易市场上。特别是某些发达国家近年来极力推行的专利审查国际化，打破了专利审查的地域性限制，由少数几个国家负责专利审查并授予专利权，其他国家只需承认审查结果即可。这种状况极大扼制了发展中国家的创新能力，甚至由于过度依赖外国专利技术而对国家经济安全构成威胁。

2.4.1.4 维护专利技术垄断优势

美国制定的专利战略之一就是实行美国企业优先方针，即美国政府的专利技术的实用化，对在美国本土生产的美国厂家给予优先权。为加强技术保密和限制技术输出，美国通过一系列政策法规进行调整。例如，有了第二代技术才出售第一代技术，大公司在技术贸易方面通常的惯例是：10%为关键专利技术，绝不允许转让；20%属于重要专利，只在获利大而风险小的情况下才转让；50%属于防卫专利，可以按照合理提成费自由出售许可证。这些措施与惯例，显然是为了维护技术垄断优势，以获取巨额利润。另外，为确保企业开发的技术能够及时获得保护，以形成对技术的合法垄断，具有雄厚技术实力的美国企业高度重视将技术创新与专利战略紧密地结合起来，在技术创新的全程中实现对新技术成果的专利等知识产权形式的保护，促使研究开发成果尽快由潜在的生产力转化为现实的生产力并尽快形成市场竞争优势。美国企业的常见做法是强化对技术创新成果的监控，及时对技术创新成果加以固定，建立对技术创新成果的监督、登记和管理制度，对相关成果实施商业秘密、专利权等形式的保护。为加强对技术创新过程中的知识产权管理和保护而在美国企业推行的“技术发明文字记录制度”就是一种典型的维护技术垄断优势的基础性工作。

2.4.1.5 采取谁投资谁受益原则

美国允许为遗传信息和企业软件申请专利，以前不被专利保护的领域如数学题解法、计算机软件、密码和破译人的遗传基因等正在陆续成为专利。知识产权管理有助于鼓励私营企业增加对研发和创新的投入，但负面影响同样存在。短期看，研发可能被用于社会效益较低的项目，从而降低其生产力，影响研发的投资效率；长期看，即使强化知识产权管理不会降低研发的生产力，但过于广泛的知识产权可能扼杀下一个商业创新潮。例如，基因技术专利权基本属于基础科学知识专利权，虽然这一知识也许能作为进一步研究的基础，但是最初专利持有者的权利将阻碍对这一技术的进一步使用。美国的专利制度强调激励创新和促进技术进步，认为过度的专利保护会产生垄断，所以美国在设立保护制度的时候，在立法上就给予了限制。美国宪法第一条第八款就规定，国会有权利通过赋予作者在有限期间内对其作品和发明以专有权利，以此来促进科学和技术的发展。这说明美国宪法在起草时就考虑到了保护知识产权的问题，但其目的不是为保护而保护，而是为了促进科学和技术的发展，而且这种趋势在知识经济时代被不断强化着。对专利的保护也出现了一种现象：一方面知识被侵权的现象比较严重；另一方面垄断的趋势越来越快、越来越严重，垄断专利就像垄断商品一样。比如，微软公司在那么短的时间内就形成了垄断地位，这个现象表明个人利益与社会利益的冲突在知识领域激化了。美国在强调保护知识产权的同时也强调对滥用专利战略的限制。1998 年 5 月，美国政府将微软告到了被告席上就是一个范例。美国政府认为：如果一个成功者滥用其权利，国家的法律就应当介入，捍卫公共的、社会的、消费者的利益。

2.4.2 日本企业专利战略

日本企业运用专利战略始于“二战”之后。当时日本开始大量引进国外先进技术，逐步形成了一条以专利技术为核心，以技术力量为依托，实施专利技术开发、技术引进、技术转让、规模经济和市场开发于一体的立体化专利战略，并把以专利技术为核心的技术引进，以专利技术开发为中心的技术开发、国内国外市场的专利保护以及围绕产品出口、专利技术输出的经营战略作为企业总体发展战略来考虑，这是日本运用专利战略促进经济飞跃的成功经验。日本企业运用专利战略的特点概括起来有以下几方面：

2.4.2.1 重视国内市场

日本的主要做法是推迟批准对工业发展有重大影响的国外基本专利，以使本国企业有足够的时间追赶该技术。在日本，一项外国专利被拖延批准达 10 年之久是常事。如美国德州仪器公司的半导体专利，在日本申请后被推迟 30 年之久才获准。又如美国梅苏克斯公司的红外传感技术，曾先后在本国和西德、瑞典获得专利，而在日本申请专利时却被拖延了将近 20 年。这段时间中，日本不断利用异议程序，要求美国梅苏克斯公司详尽披露该技术的主要内容，然后由一家日本公司模仿该技术申请了大量改进专利，并抢先在日本获取了专利。美国梅苏克斯公司因此失去了在日本市场的独占权。

2.4.2.2 重视专利技术的引进与吸收，并加以改进和创新

日本是个善于利用他国科研成果研制开发新产品的国家，并且长期以来坚

持以引进美国专利技术为主。美国得克萨斯州仪器公司1985—1991年共获专利费10亿美元，其中80%来自日本。日本的松下、索尼、美能达、东芝、尼康和佳能等许多公司由于使用了美国专利，每年向美国支付的专利费达20多亿美元。1990年10月，日本夏普公司向美国科学家乔治·赫尔米特授奖，感谢他在25年前发明了平面液晶显示屏幕，使该公司获得丰厚的利润。25年前，乔治是美国无线电公司的一名年轻研究员，他发明的这项成果遭到公司冷落。而日本夏普公司获此信息后，决定买下这项专利。20年后，日本人利用该专利大量生产平面液晶显示器，占领了世界市场。除液晶显示的计算器、电子表、对讲机等产品外，现在手提式电子计算机也已广泛采用平面液晶屏幕。这件事曾在美国引起强烈反响，认为美国企业家眼光短浅，而精明的日本人站在美国人肩膀上摘取了果实。

日本从1950—1980年，共引进技术30 006项，花费115.98亿美元，创造了2 000亿~3 000亿美元的效益。日本在1955年以后的10年中，主要以电器、机械、化学产品等基础产业为中心，引进了约5 500项技术，此种形式的引进在1973年达到高峰。在引进的技术中，专利技术的比重很大。以机械方面的技术引进为例，日本在1950—1960年期间引进的机械技术中含有专利的比例达50.2%~53.5%，到1971—1975年间上升到59.8%，1976—1980年间又升到67%。而且，在引进的专利技术中，大多数是世界上最先进的技术。有资料统计，“二战”后日本经济增长的60%以上是技术进步的结果。这些从世界各国引进的先进专利技术为战后日本经济的腾飞起到了重要作用。

更重要的是，日本善于利用已有的专利资源独立地进行技术的研制和开发。专利技术是公开的技术，是非常宝贵的技术资源，其数量特别巨大。每年各国新申请和注册的专利数以百万计，已经申请注册的有效专利数则以千万计。此外还有大量已经过期的专利，这些专利资源在自己研制开发技术时均可以参考利用，只是不要侵犯别人的专利权就是了。日本佳能公司是日本顶尖的照相机制造商之一，它在60年代末进入复印机制造领域时，市场已被美国复印机制造巨人施乐公司所主宰。佳能通过查阅施乐公司拥有的所有专利，参考其专利资源，自己仔细研制要开发的产品，最终发明了新的复印机技术，从而一跃成为全球闻名的复印机和打印机制造商。通过走这条路子，佳能公司的业务日渐兴旺，经营产品范围日益拓宽，从复印机到数字打印机及半导体制造设备。而它的竞争对手施乐公司，则一直在经营复印机，陷入重重债务之中，忙于进行痛苦的重组。

2.4.2.3 **重视专利管理**

日本企业认为，专利有助于企业商务活动的成功，进而增长销售额，扩大市场。专利不是一种副产品，不只是一种保护手段，而是一种产品、一种资源、一种商业财富。因此，日本企业普遍十分重视知识产权的保护和管理工作，他们的观念是“知识产权是企业的发展支柱”，其共同的特点是知识产权保护意识非常强，特别是一些驰名的大公司，在企业内部均设有一套完整的知识产权管理机构，负责本企业专利、商标的申请、授权后的管理，以及专利技术的应用、实施与转让等。在企业内部，基本上都设立本企业的知识产权管理部门，该部门直属企业最高领导。各企业人员数不一，但都是专职人员。除企业总部有知识产权管理部门外，分支机构还有专门管理部门和专职工作人员。比如，拥有1.1万名职工的索尼公司的“知识产权总部”，有156名工作人员。即便规模较小的横河电机公司，也有29名专利管理人员。日立制作所从业人员8万人，公司总部的知识产权部有专利管理人员320名，下设五个分部。三个分部按企业产品分类进行专利管理，另两个分部分别管理国内、国外及本企业的专利合同。专利管理人员一般占职工总数的0.2%左右。日本企业知识产权部门的主要职责大致为：跟踪和培养本企业发明；承办国内外专利申请和专利权的维护工作；负责专利调查，其中包括研究开发新产品、新技术前的专利调查，及时查核专利公告，搜集、积累、使用与本企业有关的专利情报；负责签订、管理专利许可合同；对职工进行知识产权教育；负责商标工作专利战略研究；对发明的奖励与表彰；其他知识产权的管理等。

依靠专利技术情报工作，能有效地提高技术开发的起点和技术开发能力，有利于技术引进的科学决策，有利于提高专利申请质量和开拓国内外市场。日本企业的专利战略得益于深入细致的专利技术情报工作。比如日立和三菱公司都雇有上百名图书情报管理专家，专门收集世界各国的专利信息。日立公司的专利库中藏有国外专利文献40多万件，专职人员40多名，在其新产品、新技术开发前以及新产品进入市场前都要先检索有关的专利文献。

2.4.2.4 **重视专利申请**

日本企业认为，进行研究和开发，不能把新技术创造出来作为终点，使开发出来的新技术获得法律保护才是终点。专利申请已成为日本进攻海外市场的前哨。日本是一个自然资源相对较少、四周环海的岛国，主要靠向国外输出产品或投资来维持其生存与发展。日本企业必须占领国外市场，才能获得生存与发展机会。在国外申请专利是开辟市场、保护自己产品和技术免遭侵权的法律盾牌。因此日本企业非常重视在外国申请专利。NEC是在美国申请和注册专利件数最多的一家日本公司。该公司是高技术制造商，业务范围从个人计算机、移动电话一直到半导体及通信网络。1990—2000年该公司占日本公司和个人在美国注册专利件数的第二位，占日本法人在美国注册专利数的第一位。该公司十分重视海外专利申请，力争使超前的技术在海外特别是美国获得专利。根据美国《科学》杂志刊登的一项统计调查报告，1999年取得美国专利最多的是日本日立、佳能和东芝三个公司。以东芝公司为例，它每年在国内申请专利数为1.3万件，在美国约有1 000件专利被获准。美国专利采用的是“在先发明原则”，而不是“在先申请原则”。为了适应这一制度，东芝公司研发人员在工作日志中要详细记载研发项目的技术特征、实施案例，并载明与现有技术的差异，附上照片、分析资料等相关研究资料，然后签名，并携带这些资料到公证处公证其发明日期，以便发生纠纷时能提供发明在先的有力证据。由此可见，东芝公司为实施其专利先行战略可谓煞费苦心，其工作之细致、有效，令人赞叹。根据世界知识产权组织（WIPO），在WIPO《专利合作条约》（PCT）框架下，2014年，日本专利申请总量达42 459件，占全球数量的19.8%，比美国少8.9个百分点，位居世界第二位。

2.4.2.5 积极推动专利实施

专利实施是促进专利技术商品化的关键，日本企业非常重视专利实施工作。日本的专家认为，造成专利实施率低的重要原因是专利与现实市场的脱节，未能有效地在专利和市场之间建立产业化渠道。日本在专利实施方面的成功经验最主要的就是发明与发明成果商品化都在企业内部完成，这样可以使企业专利技术成果面向企业生产经营，因而能较快地实施。除此之外，政府也采取了各种措施促进专利实施，起到了良好的作用。例如，从1997年以来，日本各地举办了专利展览会，加强了潜在的专利用户与专利权人之间的沟通，为专利许可与转让提供了平台，效果十分明显。日本特许厅一项调查证实，日本专利技术平均实施率为52%，大大高于世界平均水平。另外，在促进专利实施方面，对“闲置专利”的开发利用，日本也采取了有效措施。所谓闲置专利，是指没有被开发利用的尚未失效的专利。日本的专利实施率尽管很高，但仍然有大量的专利没有被开发利用。为此日本专利厅、通产省采取行政措施，要求大型企业无偿地许可中小企业使用其闲置专利及其外围专利。如1996年马自达公司公布了200件闲置专利，允许广岛的中小企业自由使用，使一大批企业起死回生。日本知识产权战略推进计划中，也重视对企业闲置专利的利用。该推进计划指出，大企业应积极公开自己未应用的专利，必须使知识产权的流通环节通畅。

2.4.2.6 重视从技术开发到企业经营的专利整体战略

日本企业注重把研究、开发战略与专利战略紧密地结合起来，在选定研究开发课题时，就开始利用专利情报的导向作用，注意将重点放在商业上最活跃的、可以带来巨大经济利益的领域，并且政府为企业发展提供战略性指导。日本企业认为研究开发、专利战略、生产经营战略是企业整体发展战略中三个不可分割的组成部分。当企业研究、开发专利成功后，即着手实施专利保护。在专利保护下，企业新产品在市场中可以获得最大的经济效益。另外，针对美国基本专利战略，采取了一系列的措施促进专利技术开发。例如，通过向美国的大学提供捐助，使其为日本企业从事研究、开发，收购美国的小型高科技公司，以获取其专利技术；建立以企业为主体的科技体制等。据统计，日本企业集中了本国60%的科技人员和80%的研究与开发（R&D）经费，这为日本企业技术创新成果迅速进入生产经营阶段奠定了良好的基础。

2.5 案例分析：IBM公司的专利战略与管理

2.5.1 IBM公司及其专利情况

IBM公司成立于1911年6月16日，是目前全球最大的信息技术和业务解决方案公司。其主营业务部门包括全球技术服务部（GTS），全球商务服务部（GBS），系统与技术部，软件部和全球金融部。全球服务是公司职能的重要组成部分，IBM公司历来注重向客户提供信息技术服务和商业应用，包括IBM软件、硬件和其他所需设施。公司在该领域主要配置了两大部门——GTS和GBS。前者主要提供信息技术服务和商务程序服务，后者则注重专业性服务和外购申请服务。IBM 每年的全球营业额都在1 000亿美金的数额上下。2015 年全球 500 强排名第 82 位，2014 年营业收入 941.28 亿美元，利润 120.22 亿美元。

IBM 在全球的员工有将近 39 万人，开发人员有将近 17 万人，在 170 多个国家和地区都开展业务。每年 IBM 在研发方面的投入将近 60 亿美金，在全球设有 10 多个研究中心，20 多个开发中心。IBM 目前仍然保持着拥有全世界最多专利的地位。自 1993 年起，IBM 连续第 22 年荣膺美国专利第一。到 2002 年，IBM 的研发人员共累积荣获专利22 358项，这一记录史无前例，远远超过 IT 界排名前 11 大美国企业所取得的专利总和，这 11 家 IT 强手包括：惠普、英特尔、Sun、微软、戴尔等。近年来，IBM 专利获得量呈增长趋势（见图 2－1）。其中，1998—2006 年呈波动增长态势，1998 年，专利获得量为2 658项，2006 年为3 651项，尽管 2007 年专利获得量有所下降，但从此呈逐年增长势头。2014 年，IBM 专利获得量为7 534项，比当年美国专利获得数量排名第二位的三星的专利获得量的4 952项高出 52%（见图 2－2）。

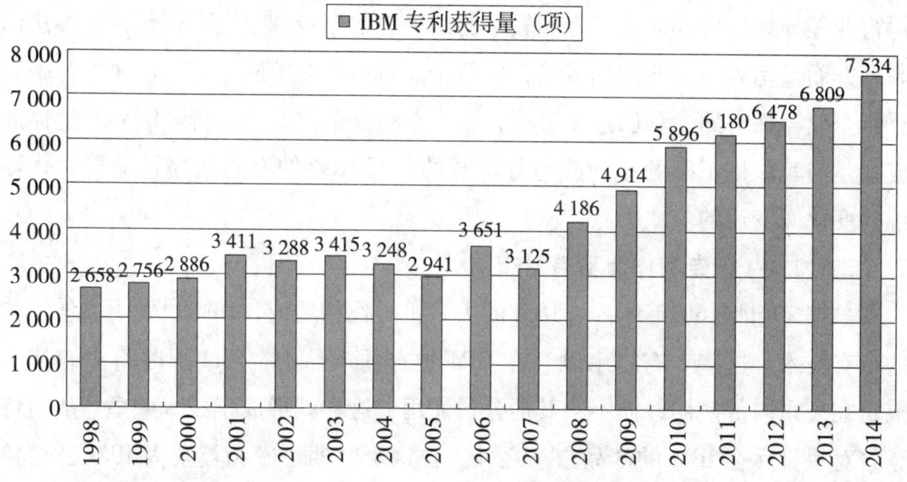

数据来源：美国商标专利局（USPTO）。

图 2－1　IBM 公司 1998—2014 年专利获得量变化趋势

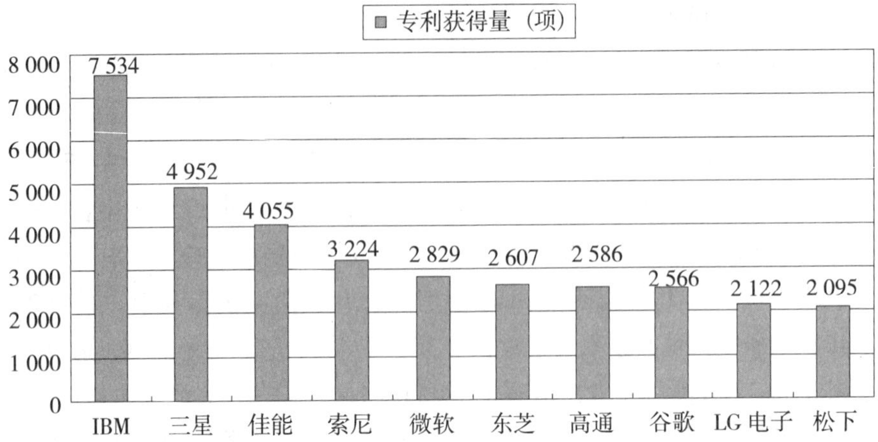

数据来源：美国商标专利局（USPTO）。

图 2-2　2014 年获得美国专利数量最多的 10 大公司及其专利数量

2.5.2　IBM 专利战略的变迁

一位研究美国专利发展史的观察家曾指出，在一个新行业中，企业能否取得行业领导地位关键取决于专利较量的结果。如今专利早已不仅仅是一种法律制度，而是衍生为企业市场战略，关系企业对市场的垄断状态。IBM 作为一家百年企业，拥有的专利已过 4 万项，IBM 专利获得数量全球排名第一，这样的成绩是与其采用正确的专利战略分不开的。而 IBM 的专利战略是随着时代环境的变化而变迁的。

2.5.2.1　把专利作为私有财产

早在 20 世纪 60 年代，与 IBM 的大型机时代相适应，IBM 研发了大量相关的专有技术，这些专有技术融合在 IBM 独有的产品中，IBM 那时将专有技术限定在公司内部使用，而不给其他公司使用，这样就形成了技术壁垒，从而将竞争对手排斥在 IBM 的产品市场之外。在这个时期，专利被视为 IBM 公司独占的私有财产，并成为阻止其他公司或者竞争对手染指自己的市场的有力武器，当然这也是处于 20 世纪 60 ~ 70 年代的工业时代公司专利战略的通常做法。

2.5.2.2　专利交叉许可战略

到 20 世纪 80 年代末，由于技术市场分化，IBM 已经丧失了对个人电脑中

CPU 芯片、操作系统等专项技术的独占地位，在计算机技术领域的垄断地位也受到了极大的挑战，IBM 专利战略相应也发生了重大变革，开始对专利权采用与以往完全不同的利用方式。IBM 开始许可其他公司或者竞争对手使用其技术，这样可以通过交叉许可等方式来获得 IBM 在产品生产、销售等方面的行动自由，并借此扩大自身在行业中的影响力。比如，在日本就有几十家企业及团体和 IBM 签订交叉许可合同。

2.5.2.3 专利技术许可战略

到 20 世纪 90 年代时，IBM 作为 IT 产业多种技术的先驱，已经形成了大量高质量的有效专利组合。虽然其中一些专利技术由 IBM 自己在产品中使用，但对于更多的专利技术，IBM 自己也没有足够的精力和资源来转换成产品以服务社会。这时 IBM 及时调整了专利战略，希望通过综合运用各种有效的专利组合来获得知识产权方面的收入。其中主要的方式是通过许可那些没有知识产权或者只拥有少量知识产权的公司甚至竞争对手自由使用 IBM 某些技术领域的专利技术，IBM 向这些公司或者竞争对手收取合理的许可费用。另外如果确定某些专利技术自己使用的可能性较小或者需要剥离相关业务，IBM 也可能考虑将这些专利技术转让给需要这些专利技术的公司，并收取合理的转让费用。IBM 通过这种方式合理获得了丰厚的知识产权收入。与通过卖产品或者服务所获得的营业收入不同，这些来自专利许可及转让的收入基本上可以看成纯收入。这些收入绝大部分又被重新投入 IBM 新的研发活动中，为 IBM 整个创新体系提供新的血液和动力，从而保证了 IBM 进一步的技术创新。

2.5.2.4 专利开放战略

2005 年 1 月，IBM 宣布向开放源代码社区开放 500 项美国软件专利及所有的非美国版本，此项承诺涉及数千个开放源代码软件和项目。IBM 称此次专利开放的目的是建立一个全行业“专利共享”的基础。在依然保留所有权的情况下，IBM 此次专利开放的对象主要是从事源代码研究，包括开发、销售和使用的所有企业、组织和个人。IBM 并没有表明他人为商业目的是否可以免费使用其开放的 500 项专利，也没有给出具体开放期限。IBM 此次免费开放的专利主要涉及 14 项技术，包含数据库和操作系统之间的互通性、语言处理、接口、电子商务管理、互联网通信等，具体技术类别详见下表。

IBM 500 项开放专利技术类别明细表

序号	技术类别	数量（项）	序号	技术类别	数量（项）
1	指令处理（Instruction Processing）	18	8	数据处理编程（Data Processing Programming）	49
2	接口（Interface）	9	9	数据库和数据处理（Database and Data Processing）	66
3	存储管理（Storage Management）	37	10	图像处理和时评技术（Image Processing and Analysis Technologies）	34
4	多处理（Multi-processing）	14	11	压缩、加密、存取控制（Compression、Encryption and Access Control）	20
5	人类语言处理（Human Language Processing）	22	12	软件开发和对象技术（Software Development & Object Technology）	51
6	人机接口（Man-Machine Interface）	66	13	互联网、电子商务（Internet E-commerce）	25
7	其他杂项（Miscellaneous）	37	14	网络管理（Network Management）	52

资料来源：余翔，詹爱岚．基于专利开放的 IBM 专利战略研究．科学学与科学技术管理，2006（10）：81－84．

IBM 开放专利意味着专利战略的转变，此举标志着 IBM 高层在专利战略上的思路改变。此前，IBM 的专利战略主要是建立在对专利权的牢牢把握和全面应用上，采取直接生产专利产品、技术转让、技术许可等方式从中牟利。如今 IBM 开放 500 项专利，比起从前，似乎是放松了对专利权的掌握。但是，这里的放松只是表面上的，只是技术许可战略的一种新应用方式。IBM 通过这样的方式，吸引了更多人进行相关方面的研究和技术创新，使自己的技术创新能得到更好的接受与完善，从新的角度实现了这些专利技术的使用价值与利益。这证明了技术许可战略在 IBM 专利战略中的地位有所上升，且其应用方式也有了不同于传统的创新。

2.5.3 IBM 专利管理

2.5.3.1 完善的知识产权管理机构

IBM 拥有庞大的知识产权管理机构，在总公司设有知识产权管理总部，负责处理所有与 IBM 公司业务有关的知识产权事务。总部内设法务部和专利部，法务部门负责相关法律的事务；专利部门负责专利事务。专利部下设五个技术领域，每一个领域由一名专利律师担任专利经理。由于 IBM 公司是一个跨国集团公司，知识产权管理部门在美国本土主要设有研究所，在欧洲、中东、非洲地区、亚太地区设有分支机构。没有设置分支机构的国家，或是由该地区各国知识产权管理部门的代理人管理，或是由邻近国家的知识产权管理部门负责，如亚太地区未设知识产权管理部门的国家，由日本的知识产权管理部门统筹管理。同时，IBM 公司知识产权总部对全球各子公司知识产权部门要求严格，除向总部作业务报告外，世界各地子公司的知识产权分部要执行总部统一的知识产权政策，并接受总部严格的业务和职能管理。

2.5.3.2 知识产权管理部门职责

知识产权管理部门的职责是负责处理所有与 IBM 公司业务有关的知识产权事务，如专利、商标、著作权、半导体芯片布图设计保护、商业秘密及其他有关知识产权的事务。专利部门负责专利事务，如专利的申请与筛选、产品的知识产权调查等；法务部负责相关法律的事务，如知识产权授权协议的谈判、其他协议有关知识产权条款的审核等。

其知识产权管理基本战略是适当地保护公司研究开发的成果，确保公司经营活动自由，持久地维护公司优质的知识产权财产。

IBM 有关专利事务由专利律师及专利代理人来处理。在美国就有 100 多位专利律师，其他地区则有将近 100 名的专利代理人。一般来说，有关专利的申请，都是由专利律师或专利代理人来提出，发明人只要简单地以书面或口头方式向专利律师说明其发明即可。有关产品知识产权的调查以及制造产品的有关技术，技术人员只要对专利律师说明技术特征，专利律师会从专业的角度来调查及判断有无侵害他人知识产权的可能。另外专利律师经常与研究开发部门的经理人员、技术人员等密切合作，一方面向其灌输知识产权的观念，另一方面从中发掘优良的发明。

IBM 在调查其有关产品的知识产权时，同时也监视别人的产品有无侵害 IBM 的知识产权，然后再促成他人与其订立授权契约，因此，拟定授权契约的谈判策略也是知识产权管理部门的重要职责之一。

IBM 与其他公司所签订的开发协议、买卖协议、委托制造协议、合并协议等，有关知识产权的条款，例如知识产权的归属、机密信息的取得等规定，也是由知识产权管理部门负责审核。

2.5.3.3 集中式和“契约制”的知识产权管理

IBM 公司在知识产权管理上一直采用高度集权模式，对知识产权的归属及管理实行由上到下的“中央集权管理”和“契约制”的管理体制。IBM 总公司对子公司的知识产权进行控制和保护，实行“综合技术协助契约”，总公司为各个子公司支付专利研发费用，总公司及其子公司开发部门的员工所完成的发明、著作及其他成果的知识产权均归属于总公司所有，总公司负责对其实行集中管理，负责处理有关授权事项。各员工和公司之间要签署一份“有关信息、发明及著作物的同意书”，其中规定，只要是从 IBM 内部取得若干机密信息或是从以前员工完成的发明、著作等创作物中获取若干信息来完成 IBM 的有关研究开发项目的成果，以及因执行职务或为公司业务而产生的成果，都应该将这些成果的知识产权转移给公司。

当总公司与全球其他企业缔结专利或其他知识产权授权协议时，总公司也可通过再授权的方式将相关技术提供子公司使用。这种授权方式使知识产权在 IBM 整个公司内得以流通使用。当子公司涉及知识产权纠纷时，总公司也出资协助子公司维护知识产权权益。这样，全公司的知识产权管理可以按照统一的知识产权战略进行运作，最大限度地保护公司的整体利益。在商标使用方面，原则上由总公司集中管理，各子公司要使用时再由总公司授权。对总公司的上述各种授权，各子公司以营业额中的一定数额支付给总公司作为使用费。

2.5.3.4 培育高质素的专利管理人才

只有通过长期有效的，对专利管理人员，针对不同的成熟度进行有的放矢的培训，才能真正把知识产权保护的重要性，防范知识产权风险的重要性，利用知识产权帮助商业成功的重要性有效地贯彻到公司的方方面面。IBM 知识产权法律部在全球有几百位专利专业人员，各个专利专业人员在专业背景、技能经验甚至文化背景等方面都存在非常大的差异，如何帮助这些专利专业人员最大地发挥其才能，并且使其工作符合 IBM 的价值观和专利战略，显得非常重要。

新进入 IBM 知识产权法律部的专利专业人员，不管其以往拥有什么样的经历，是否具有工作经验，一般都会由经理指定一个或者多个导师。新员工的导师一般由在 IBM 知识产权法律部任职较长，有丰富的工作经验，了解 IBM 的价值观以及专利战略的员工担任。导师的主要职责在于帮助新员工熟悉 IBM 的内部流程、评阅新员工的工作以确保其工作符合 IBM 的相关规定、传授专业技能、指导解决新员工在业务中遇到的问题等。随着新员工的进步，如果新员工个人希望在不同领域进行发展，经理还会帮助推荐新的导师或者员工自己去寻求新的导师。这时就体现出 IBM 的全球性优势，比如在中国的新员工可以请求在美国或者欧洲的资深员工或者经理作为其导师。IBM 的导师制度能够帮助员工迅速融入 IBM 知识产权法律部，快速拓展工作领域并提升工作技能。

在专利专业技能培训上，IBM 知识产权法律部有很好的员工培训制度。比如 IBM 知识产权法律部有定期的全球新员工大会，直接由 IBM 知识产权法律部的高层给全球新员工进行培训，从而确保新员工了解 IBM 的专利战略，熟悉 IBM 知识产权业务等。IBM 知识产权法律部还组织 IBM 全球资深知识产权专家针对 IBM 知识产权各个业务分别编写了相关手册，定期召开会议，要求员工参加学习，另外 IBM 的资深知识产权专家也会不定期地对 IBM 知识产权法律部的全球员工作专题讲座，以帮助员工涉猎更多的新领域或者提升相关领域的技能。这些培训工作大部分是通过电话、视频或者即时通信等远程方式进行，这种灵活的培训方式使得 IBM 专利专业人员能够高效地掌握相关知识和技能。如果一些专利专业技能需要员工掌握，则相应的员工将可能会被派到有相应业务或者熟稔相关技能的国家或者地区进行学习或者实践。IBM 知识产权法律部各地区的分部门也会定期举行自己的业务研讨会，从而有利于员工总结工作经验，提升专业技能。

此外，IBM 专利专业人员和技术专家合作密切。IBM 技术创新非常迅速，同时 IBM 也通过频繁收购创新型企业来增强创新能力和完备产品线。以 2000—2009 年间为例，IBM 进行了上百次收购。因此在 IBM，专利专业人员需要及时了解新的技术创新，以便更好地保护和促进创新。IBM 知识产权法律部的分部门的办公室都与 IBM 的研发中心接近，从而方便专利专业人员就近及时了解最新技术动态。对于意义重大的技术创新，比如云计算、智慧的地球等，IBM 知识产权法律部会及时邀请相关资深技术专家组织系列专题介绍，IBM 知识产权法律部的各个分部门也会定期邀请其研发中心以及产品部门的技术专家对其研究的项目或者产品体系进行介绍，确保专利专业人员能够紧随 IBM 的技术创新步伐。IBM 给每个专利专业人员充分的发展空间。比如，与其他大的跨国公司都不一样，IBM 分布在全球各个区域的知识产权法律部的分部门的负责人基本上都是由本地区的人担任，这充分契合了 IBM 全球整合的企业理念，能最大限度地激发专利专业人员的积极性和潜能。经验丰富的专利专业人员往往是一个企业知识产权法律部的最宝贵的财富，但如果他退休了，则是一个重大损失。为了充分利用已退休的资深专利专业人员，IBM 创造性地创立了虚拟律所（Virtual Law Firm）这一机构，通过挂靠在外部律所，这些资深专利专业人员以非全职的方式继续为 IBM 充满热情地贡献他们累积的经验和智慧。

2.5.3.5 专利申请的选择及其管理流程

光有培训和教育，了解了知识产权的重要性还不够，还需要建立一套非常行之有效的知识产权的管理程序，从最初的构思到最后的产品商业运营，形成一条线有效地对知识产权各个方面进行管理，这样才能对知识产权有效运营。

IBM 申请专利的策略是在确保公司经营活动自由的基础上，取得使用价值高的专利。因此对于员工的发明创造，必须由发明人所属研究所主管及负责该研究所的知识产权分部来共同筛选、评估发明创造申请专利的必要性，对于技术、经济价值高的发明创造，采取申请专利的方式进行保护。对于未申请专利的发明，一旦被其他有相同发明的人申请专利，势必会阻碍 IBM 经营活动的自由，为防止这种情形发生，IBM 从 20 世纪 50 年代就开始自行出版技术公报，每月公开那些未申请专利的发明，使别人无法再申请专利。

在实际操作中，IBM 公司发明人将其在技术创新中产生的发明提交到专门的数据库中。由专利专业人员、技术专家组成的发明评估小组及时对提交到数据库中的发明进行评估。评估一般以发明评估小组对发明人进行启发式答辩方式进行，评估小组最后根据评估的情况而决定评估的结果：对于潜在商业价值高、技术贡献大的发明，通常会决定送IBM在全球设置的某个检索中心进行查新检索，如果没有找到影响发明的新颖性或创造性的现有技术，这样的发明最终会被决定申请专利；对于潜在商业价值不那么高的发明，通常会被评估为"公开"，即IBM会通过第三方的公开平台来公开这样的发明，其目的之一在于防止其他竞争对手就同样的发明构思申请专利，从而保证IBM的行动自由。由于IBM在信息技术的领先地位，这些公开的发明大部分在技术上的价值通常是比较高的，公开这些发明使得公众可以无偿地使用这些技术，从而大大地促进了社会创新，对IBM，这种防御性公开既避免了大量申请专利需要的巨额费用，又保证了IBM今后的运营自由；对于那些适合于作为商业秘密保护，或者发明评估小组觉得潜在商业价值小、技术贡献小，或者相对于现有技术不具有新颖性、创造性的发明，通常被评估为结案（Close），这无疑有利于提高IBM的专利组合质量。从社会层面来讲，IBM作为申请人，为提高整个社会的专利质量做出了贡献和表率。

发明被决定申请专利后，IBM的专利专业人员会撰写一部分专利申请，也会审阅一部分由专利代理所撰写的专利申请。专利申请进入审查阶段后，IBM的专利专业人员会根据IBM的相关指南答复一部分审查意见通知书，也会审阅一部分由代理所帮助作的答复。无论是在申请文件撰写，还是答复审查意见，IBM一概要求专利专业人员根据案件的重要性来追求合理的保护范围，而不是一味地追求宽泛的保护范围，这样不仅有利于确保专利权利的稳定性，也有利于提高IBM专利的质量。IBM要求专利专业人员能够亲自撰写专利申请或者答复审查意见，其目的在于使专利专业人员具有扎实的专业技能，能够深入了解IBM的各项业务。在答复审查意见通知书时，IBM专利专业人员会根据专利申请的潜在商业价值的变化、技术趋势的变化、同族申请在各个国家的审查情况、克服审查意见的难易程度等来决定是否追求该专利申请的授权或者放弃该专利申请。

IBM完备实用的专利管理流程确保了IBM的整个创新系统的健康持续运转。IBM是一个国际化的企业，它的产品通常在许多国家都有销售。因此，IBM会在许多国家申请专利，尤其是重要的发明，更会同时在数十个国家申请专利。例如，截至2004年12月31日，IBM在中国申请专利3 048件。

2.5.3.6 功能强大的专利管理工具

除了有了完善的管理程序之外，还需有功能强大的IT工具作支撑，才能使程序进行有效的部署和实施。为此，IBM 开发了非常先进的专利管理工具——全球发明跟踪系统（WPTS）。IBM 每个员工可通过该系统有效地在桌面点开一个发明提交系统，并能够把一个小小创意的火花孵化成一个非常成熟的发明构思。这些发明构思由公司设立的发明评估小组进行及时的评估，最后决定是申请防御性公开还是商业秘密保护，还是废弃不用。一旦决定申请之后进行检索，再根据商业价值和技术价值决定在哪些国家申请，怎么去申请，用 PCT 还是用巴黎公约。在专利组合管理的平台上，能够帮助企业整合各个国家的专利局的检索资源，各个国家专利局的审查资源，保证在全球有效检索和有效审查的基础之上，最终做出正确的选择，做出让专利授权或放弃的决定。最后在整个专利生命周期中，收集和整理各种各样公司在产品和服务中利用这些发明的信息，利用这些发明的一些信息，能够在过程中不断地找到使用的价值，许可的机会和转让的各种机会，能够帮助专利更好地获取其价值上的意义。

WPTS 有四个子系统，使用者包括发明人、专利专业人员、专利管理人员、专利许可人员等。对发明人而言，该系统可以帮助一个完全不懂专利的发明人根据系统提供的一步一步地指导对一个一个的问题分步骤地厘清发明思路，清楚地表达出发明所要解决的技术问题、具体的技术方案、技术效果以及与现有技术的区别，同时也分步骤地从发明人那里收集有关该发明的商业价值以及技术价值的信息，为后续评估乃至该发明的整个生命周期提供多方位的信息。该系统的易用性使得 IBM 的发明人可以随时随地基于系统的帮助记录、改进或提交自己的发明构思。

对专利专业人员和专利管理人员而言，该系统可以帮助及时安排发明评估会议、帮助专利人员做出正确评估、送检索中心检索以及对发明做正确的最终决定。其中该系统中的专利价值工具（Patent Value Tool，PVT）能够根据来自发明人、发明发展小组、专利专业人员等的综合信息，基于 IBM 的多年积淀并不断发展的经验公式，为被评估的发明的价值进行打分，以帮助对被评估的发明作出正确评估。该系统会为每一个专利申请生成一个终身档案，该终身档案将会记录与该专利申请相关的来自各个方面和各个阶段的有用信息：比如其记录在审专利申请的过程状态，同族专利申请在各个国家专利局的审查情况，包括所引用的对比文件以及 IBM 的答复等。这些信息将有利于专利专业人员对正在审查的专利申请作出准确的判断，确保 IBM 答复专利审查的一致性，也有利于节省时间和成本。另外如果该专利申请授权后，还会记录该专利在以后的许可情况等，这些信息对于以后判断该专利的商业价值非常重要。

IBM 同时有各种检索分析工具，比如通过对上述全球发明跟踪系统的原始数据的收集、分析，可以为专利专业人员以及专利管理人员提供从细节到宏观的各种信息：如全球发明提交的情况、部门发明提交的情况、专利申请在各个国家授权的情况、技术领域的专利分布等。根据这些翔实的信息，专利管理人员可以结合 IBM 的专利战略，调整实际的专利管理目标。另外 IBM 实验室拥有世界上先进的专利检索技术，例如对化学分子式的检索技术。对专利许可人员而言，这些工具更是如虎添翼。

IBM 专利管理工具的核心其实是基于 IBM 对创新和专利的深刻理解而经年累月沉淀的专门知识（Know How），它是 IBM 的宝贵财富。随着 IBM 的信息技术进步和专利服务经验的积累，IBM 的专利管理工具仍在不断演进。

2.5.4　创新激励机制

2.5.4.1　研发机制的变化

IBM 的研发包括两个层面：基础研发和实用性研发。前者是一种长期性的、为未来的产品提供技术储备的研发；后者是一种短期性的、将技术在产品当中实现的研发，称为实用性研发。在 IBM 的研发当中，实用性研发是与产品部门联合的，这些项目大概占 IBM 研发项目的三分之二。但因为有相当多的项目很难确定其周期，研发的进度也在随时变化。例如，有些项目最开始是一个长期项目，但在获得一些阶段性成果后就可能会从长期项目变成实用项目。相应地，该项目的研发经费来源也将发生变化，从原来单纯由公司总部的科研拨款支持变成科研拨款与产品部门资助各占一半的情况。

IBM 研发部门所需的研发经费中，有三分之二是来自公司总部的研发拨款，另外三分之一来自产品部门。IBM 的研究机构有固定的人员，其中有的人做基础研究，有的人做实用研究。一般而言，博士进行研发性的研究，普通工程师进行实际实施，但这个划分方式并不是非常固定，在操作中还是与实际项目有关系。换句话说，这两种方式在 IBM 都可能存在。一般而言，实用性研发更容易出成果，人们更愿意从事这些工作。因此，为平衡基础研发与实用研发之间的关系，IBM 公司领导会对基础研发项目做一些倾斜。例如，有意分配部分资金和人员来做基础研发工作。

IBM 的研发机制已经经过了数次改革。早些年前，IBM 一贯的研发机制是这样的：科研人员在实验室里根据自己的想法进行研发，然后做出样机交给产品部门，经过一段时间的磨合以后最终投产。但这么做不仅时间长，而且效果也不好。IBM 意识到应当让产品部门在很早的时候就介入研发当中，变成一种联合开发的形式。一方面，研发部门可以获得产品部门的资金支持；另一方面，早期的合作与产品部门的介入使双方都对产品有更好的理解，也更容易成功。例如，在科研人员与产品部门的交流过程中，产品部门有时候会告诉科研人员，现在的研发工作已经可以步入实用阶段交给他们了，这时候科研人员就知道应该着重研发一些更长远的技术。

2.5.4.2 激励机制

IBM 公司通过一套全面完整的职业生涯管理系统使公司各类科技人才在学术界中获得应得的荣誉和待遇，以此来吸引优秀创新人才。公司从 1963 年开始推出了研究员计划，使公司优秀的科技人才沿着高技术职员、研究员、杰出工程师、IBM 院士的职业路径发展，使公司杰出的科技创新人员不必放弃自己的技术追求而转向管理方向的职业道路。

IBM 对研发人员的考核，分为两种情况。实用性研发的考核在很大程度上是由相关的产品部门来负责的。每个季度相关的产品部门负责人都会走访研发部门，看研发的进展情况。同时，产品部门还会与研发人员定期进行交流。到了年底，每个研发人员都会有一张评分卡，各个产品部门会给研发人员打分，说明产品部门在多大程度上对他们是有帮助的，产品部门与他们的合作如何。而对于做基础研究的人员，衡量他们工作业绩的一种主要方式就是看他所发表的论文的数量与质量，与同行业从事研发的其他人员相比，是否站在了该研发领域的前列。同时，还要看他的论文是否被大众所认可。当然，也可能有的人做了多年的基础研究，仍旧没有什么东西研发出来，但做这种研究的人毕竟非常少。

对于专利权的归属及奖励均有具体的规定。科学家在加入 IBM 之前都签订了一个合同，凡是与工作相关的工作成果，不论是在家完成的，还是在公司完成的，其所有权都属于 IBM 公司。但为了保证留住能够研发出成果的人才，一方面，IBM 采取了很多激励措施。比如，发明大师、杰出发明奖等荣誉，职务晋升等行政上的奖励等。另一方面，IBM 也有相应的物质奖励。根据创新的难易程度以及先进性，IBM 对所有的创新给出一个从 1 ~ 12 分的评定。发明专利为 3 点，刊载在技术公报的发明或发表论文，计为 1 点。得到 1 分的专利可能奖励 500 美元，但高原创的、获得 12 分的专利技术所得到的奖金则高于 6 000 美元。同时，IBM 的奖金发放形式现在也发生了变化，不仅会考虑专利对公司的影响，也会考虑到该技术对产业的影响。公司每年举办一次盛大的发明贡献奖颁奖仪式，IBM 总裁亲自颁奖，在精神和物质上表彰发明人。

本案例参考文献：

[1] 李佳. IBM 管理专利. (2011 - 06 - 15). http://tech.hexun.com/2011 - 06 - 15/130570443.html.

[2] 刘荷辉，于秀兰. IBM 技术创新、专利战略及其管理. 实施国家知识产权战略，促进专利代理行业发展——中华全国专利代理人协会年会暨知识产权论坛，2010.

[3] 汪玮玮. IBM：从私有到开放的创新之路. 中国知识产权报，2007 - 05 - 18 (04).

[4] 卞晨光. 创新：为己所用为人所用为整个社会所用. 科技日报，2006 - 05 - 01 (02).

[5] 周丽娟. IBM：专利竞争的霸主. 中国经营报，2003 - 07 - 28 (04).

[6] 张艳. 知识产权是企业重要资产. (2013 - 01 - 06). http://news.hexun.com/2013 - 01 - 06/149826776.html.

[7] 盛晓萍. IBM 公司以文化吸引人才激励创新. 国家电网报，2012 - 09 - 18 (12).

[8] 余翔，顾珂舟. IBM 专利战略与技术创新的新变革. 当代经济，2006 (3)：61 - 63.

[9] 余翔，詹爱岚. 基于专利开放的 IBM 专利战略研究. 科学学与科学技术管理，2006 (10)：81 - 84.

[10] 谷丹. 剖析 IBM 的知识产权管理模式. (2009 - 03 - 06). http://old.chinacourt.org/html/article/200903/06/347325.shtml.

3　培育优秀企业文化，打造企业竞争优势

3.1　企业文化的定义及其特征

3.1.1　企业文化的定义

“企业文化”作为专业术语，最初出自20世纪80年代初的西方管理学界，在英语中由于它出现的场合不同而有几种不同的称谓：Organizational Culture（组织文化）、Corporate Culture（公司文化）、Enterprise Culture（企业文化）、Firm Culture（公司文化）、Company Culture（公司文化）等。到目前为止，企业文化尚无公认的定义。学者们从不同的角度和层面对企业文化给出了定义或描述，可谓众说纷纭，各有侧重。据统计，全世界给企业文化下的定义共有两百多种，几乎每一个管理学家和企业文化学家都有自己的定义。根据已有的文献，大体上，学者对企业文化的定义可归纳为四大类。

3.1.1.1　“价值观念”说

认为企业文化是一种观念形态的价值观，是企业的经营哲学，也是企业信仰。或认为是企业生产经营和管理活动中逐步形成的观念形态、文化形式和价值观念的总和。比如，谢里顿和斯特恩（Sherridon and Stern，1996）认为，企业文化包含了由企业员工所共有的观念、价值取向以及行为等表现形式。

3.1.1.2　“总论”说

这种观点主要是从企业整体的角度去分析。比如，刘光明（2008）认为，企业文化是企业在生产经营实践中逐步形成的，为全体员工所认同并遵守的，带有本组织特点的使命、愿景、宗旨、精神、价值观和经营理念，以及这些理念在生产经营实践、管理制度、员工行为方式与企业对外形象的体现的总和。

3.1.1.3　“构成”说

这种观点主要在论述企业文化定义时，强调了企业文化的构成，认为企业

文化是由企业的行为文化、心理文化、物质文化等要素构成的。比如，迪尔和肯尼迪（Deal and Kennedy，1982）认为，企业文化是各个层次上的员工的价值观和行为的总体及由此表现出的企业外在形象。认为企业文化由五个方面的要素组成：①企业环境，这是对企业文化的形成和发展具有关键影响的因素；②价值观，是企业文化构成的核心因素；③英雄人物，他们将企业价值观人格化，为员工提供了楷模；④典礼和仪式，即企业的日常惯例和常规，向员工表明了企业所期望的行为模式；⑤文化网络，即企业内部的“非正式”的信息传播渠道，是企业价值观和英雄人物传奇的“运载媒介”。

3.1.1.4 “层面”说

这种观点认为企业文化分为不同的层面，应该从不同的层面进行分析。比如，科特和赫斯克特（Kotter & Heskett，1997）把企业文化分为两个层面：第一层是“较易察觉的层面”，包括企业的“行为方式”或者“经营风格”；第二层为“不易察觉的层面”，代表企业的基本价值观念。也有学者认为，企业文化包括三个同心圆或三个层次：外层为物质文化，中间层为制度文化，内层为精神文化。还有学者认为，企业文化包括四个层次，分别是物质文化、行为文化、制度文化和精神文化。

3.1.2 企业文化的特征

企业文化的特征表现是多方面的，包括：共性和个性的统一；观念性与实践性的统一；无形性与有形性的统一；客观性与时代性的统一；稳定性与可塑性的统一；个体性与群体性的统一。

3.1.2.1 共性和个性的统一

企业文化是共性和个性的统一体。无论企业所处何方，经营范围是否相同，企业都是商品的生产者和经营者，都有着共同遵守的客观规律，这是共同的一面。但是每个企业又有其文化个性的一面，反映企业自身的特点，具有区别于其他企业的企业文化的独特性。如由不同的时代特点所造成的、不同的民族造成的、不同的地理环境造成的企业的独特性以及企业自身条件而形成的独特性。由于企业文化这个特征，因而它有以下表现：一是企业的行为规范，只对这个企业内的员工具有约束力；二是一个企业的价值观、基本信念、规章制度等，也只在该企业范围内起作用；三是一个企业的企业精神仅能成为该企业的精神支柱，离开了具体的企业范围，企业文化就无从发挥作用。企业文化范围上的有限性，充分体现了企业文化强有力的鲜明的个性特征。企业在企业文化建设中应充分地表现其独特性，只有这样才能充分发挥企业文化的重要作用。

3.1.2.2　观念性与实践性的统一

企业文化是企业自己的一套管理哲学和经营思想，表现为一种价值观、一种信念、一种志向、一种精神、一种使命。它是贯穿于企业经营管理的各种活动中的指导性思想或观念。理念是人们判断是非、进行选择的根本标准。一个人有什么样的理念就有什么样的行为，有什么样的行为就会有什么样的结果。人的理念和志向不同，实现的人生价值也就不同。一个人如此，一个企业同样是如此。企业具有什么样的理念，就决定性地影响这个企业将来会发展成为什么样的企业。然而，企业文化的核心内容——价值观作为一种认识，离不开企业的生产经营活动，它既来源于实践，同时又指导实践，为实践服务。理念是前提，实践是保障。也就是说，理念决定行为，而行为决定了企业的命运。因此，企业文化是观念性和实践性的统一。了解企业文化的这一特点，有利于企业文化建设更加贴近实际，更具有针对性，从而对于克服企业文化建设中脱离实际、拔苗助长，或束之高阁、只做表面文章的倾向具有重要意义。

3.1.2.3　无形性与有形性的统一

企业文化是一种精神文化，其内核中包含着各种价值因素、信念因素、道德因素、心理因素等，是作为一种精神氛围存在于特定人群之中的，它具有无形性，是看不见、摸不着的。然而，任何无形的事务都是寓于有形事物之中的，企业文化也不例外。无形的价值因素、信念因素、道德因素、心理因素等通过各种有形的载体，如人的行为方式、企业的各种规章制度、经营政策体现出来。人们往往是通过有形的事务去观察、分析、研究和培植企业内在文化的。无形性是就内容而言，有形性则是对形式和载体而言。因此，企业文化是内容与形式、载体的统一，无形性与有形性的统一。

3.1.2.4　客观性与时代性的统一

企业文化的客观性表现在两个方面：一方面，企业文化理论的产生和存在是同企业的存在相一致的，它是客观存在的。在一个企业里，为了保持有正常的工作秩序，提高运行效率，确保企业目标的完成，必须制定一系列规范性文件，包括各类管理制度、工作流程、岗位工作说明，它们共同成为企业全体员工在企业生产经营活动中须共同遵守的规定和准则。这些规范性文件是以企业价值观为基础的，是企业核心价值观的反映，也是核心价值观的作用形式。另一方面，企业文化不能脱离客观环境而独立存在。企业文化的产生及作用是必须具备必要的环境条件的，其中包括外部和内部条件。比如，在内部条件上，需要有企业领袖个人素质和魅力、员工团队的素质和觉悟、良好的运行机制等。同时，我们也可以看到，企业文化是时代的产物。一个时代的政治体制、经济体制、社会结构、文化发展、国民素质等都会对企业文化的发展产生相应的影响。比如，我国在20世纪50年代所形成的“鞍钢文化”以及60年代的“大庆文化”等都深刻地反映了当时的特定风貌。企业文化反映出企业发展的时代特征，深深打上时代的“烙印”。

3.1.2.5 稳定性与可塑性的统一

企业文化是稳定性与可塑性的辩证统一。首先，企业文化的相对稳定是核心，它长期形成的共同思想、作风、价值观念、行为准则一经形成，就为企业全体职工所接受和认同，渗透于每个人的思想意识。因此说企业文化要有一定的稳定性，不会因种种干扰而变动。否则，员工的思想和行为就会失去标准和向导。企业文化也不能因为企业领导的更换、某些员工的调动而变动。频繁变动只能使企业文化失去存在发展的基础。其次，企业文化是动态的，受市场条件、社会因素和企业自身情况的变化而变化，具有可塑性。企业文化的可塑性主要表现为：企业发展过程中为了追求长久、可持续的发展，必须用战略的眼光去引导企业发展的方向，为企业的发展指明道路，必须从整体和长远的利益考虑，积极倡导新的价值观念、道德观念和行为规范，从而使得企业文化不断地更新。特别是在经济全球化背景下，企业应该吸收竞争对手和国际跨国企业文化的优点，不断调整企业的战略和政策，实现持续发展。

3.1.2.6 个体性与群体性的统一

这里的“个体性”和“群体性”指的是“文化个体性”和“文化群体性”，即指个体文化和群体文化。所谓个体文化，通俗地说，是以个体为本位的文化，它强调尊重个体价值，保障个体权利，维护个体尊严，并最终实现个体的全面自由。① 西方文化就是一种“个体文化”，它是西方社会历史发展的结果。很明显，西方文化强调的个体性与东方文化强调的群体性有着不同的文化观念，各有特点，也各有优缺点，但这两者都不能偏废，东西方文化从本质上可以说是互补的。系统理论认为，群体文化和个体文化都是提高社会系统功效的重要因素，因此它们是互补的，是可以融合的。从提高社会系统功效的角度来看，两者也不是对立的，而是互补的。正确的发展方向，应该是互相取长补短，相互学习。文化的核心是观念的共识，企业文化不是个人文化、个体文化，而是团队文化的浓缩。但是，任何群体文化的形成都离不开个体文化，同样，企业文化的形成过程中起主导作用的往往是企业家的个体文化，所有的企业家都努力想将他的个人文化转变成企业文化，事实上企业家也具备这样做的客观条件，并且所有的企业文化也必然凝聚了企业家个体文化的特征。比如，沃尔玛的创始人山姆·沃尔顿将自己的“节俭文化”转变成了沃尔玛的“节俭文化”。可见，企业文化作为一种价值认同，作为整个企业的群体文化现象，其形成是一个企业差异化的个体文化与统一化的群体文化相互作用、相互影响、相互协调的动态文化统一过程。可以认为，个体是企业文化的重要参与者和实践者，没有个体的信奉和践行，企业文化就成了无本之木，无源之水。然而，企业文化一旦形成了，就对所有的组织成员（个体）具有约束、激励和引导的作用。

3.2 企业文化功能对企业获取竞争优势的影响

企业文化功能有导向功能、凝聚功能、激励功能、约束功能，它们均对企业竞争优势产生影响。

3.2.1 企业文化的导向功能与企业竞争优势

通常，人的活动会受到生活方式、思维方式和价值观念的制约，这些因素会影响人的价值观。不同生活环境下的人，价值观也是不同的。企业文化通过导向功能把企业的价值观渗透到个人的意识中，以改变不同的思想观念，形成

① 孙卫卫. 个体文化的兴起与集体精神的重塑. 求实，2008（10）：79－82.

统一的价值观、思想观和道德观。导向功能是指企业文化对企业整体及企业成员个体思想行为的方向起引导作用，把个人的目标和理想聚焦在企业的目标和理想上，引领企业全体成员为完成确定目标而共同努力。具体表现在两个方面：一是引导企业成员的思想和行为，使个体的思想和行为围绕企业的整体目标而不断地矫正，使之更好地符合企业整体利益的需求；二是引导企业整体的价值取向和行为，使之更好地合乎企业的发展规划、发展战略，并能更好地承担起社会责任。最终通过指引导向功能的发挥，使员工与企业融为一体。导向功能的形成机制在于：通过企业的领导管理者与广大员工的自由与约束的统一，企业文化可以自动地对企业的各种经营管理活动进行方向性和行为风格上的调节；同时，企业文化（精神）本身就蕴含着一种感情因素，犹如润滑剂，能够减少成员间的矛盾与摩擦，良好地调节各种复杂的人际关系，使广大员工的生产经营活动与业余生活、文化体育活动相互协调、互相促进；此外，通过组织多种多样健康活泼的文体活动，职工可以释放工作中的紧张与压力，丰富生活内容，调节心理情绪，从而保持旺盛的精力，完成企业生产经营任务。[①] 美国惠普公司以“自己就是企业”作为其企业文化精髓，所缔造出的众多佳话传颂甚广。正是借助企业文化的导向功能，惠普公司把全体员工的思想、行为统一到企业发展的目标上来，使他们朝着企业的发展目标努力工作，进而形成企业的核心竞争力。

3.2.2 企业文化的凝聚功能与企业竞争优势

凝聚功能主要指通过培育组织成员的认同感和归属感，建立起成员与企业之间的相互信任和依存关系，使个人的行为、思想、情感、信念、习惯以及沟通方式与整个企业有机地融合在一起，从而形成相对稳固的文化氛围，凝聚成无形的合力，使个人的思想感情和命运与企业的命运紧密联系起来，产生深刻的认同感，与企业同甘苦共命运。美国学者凯兹·卡思认为，在社会系统中，将个体凝聚起来的主要是种心理力量而非生物的力量。社会系统的基础，是人类的态度、知觉、信念、动机、习惯及期望等，企业文化正是以大量微妙的方式来沟通企业内部人们的思想，使企业成员在统一的思想指导下，产生对企业

---

① 赵永建. 现代企业文化的内容、形式与功能. 社会心理科学，2011 (3)：17-22.

目标、观念的“认同感”和作为企业一员的“使命感”。同时，在企业氛围的作用下，使企业成员通过企业文化的建立，在企业内部形成企业统一的价值观、经营哲学、精神支柱、道德伦理意识等意识形态。这种意识形态通过企业文化的导向作用，为本企业员工共同遵守和奉行。企业文化的凝聚功能主要体现在内外两个方面。企业文化对内凝聚力的基础是企业明确的目标，如果企业的目标既符合企业的利益，又符合绝大多数员工个人的利益，形成集体与个人目标的双赢，就具备了企业凝聚力产生的利益基础。企业文化对外的凝聚功能实质上是一种扩张，其扩张的范围越大，对企业也就越有利。企业文化对消费者及社会公众的影响集中体现在企业形象、企业精神、广告、品牌、品质、价格、服务等方面。企业有形的或无形的文化，都将有形或无形地影响消费者的购买行为。企业文化的凝聚功能可把企业全体员工凝结在一起，使集体潜在的力量转化为现实的力量，为企业竞争优势的提升提供强劲的动力。

3.2.3 企业文化的激励功能与企业竞争优势

文化的激励功能主要指员工在日常经营活动中自觉地根据企业文化所倡导的价值观念和行为准则的要求调整自己的行为，从而把个人目标与组织目标有机结合在一起。组织成员在满足物质需要的同时使精神需要得到满足，从而产生深刻而持久的激励作用。企业文化对企业员工有一种无形的精神驱动力。企业文化管理模式的重要特征就是以人为本的价值观念，视人力资源为企业所有资源中最宝贵的资源，重视利用和开发好人力资源，这是企业生存发展的关键。企业文化就是要创造一种“人人受到重视，人人受到尊重”的文化氛围，它能够使员工的士气进行良性循环，激发员工的斗志与工作热情。如惠普电脑公司实行“尊重个人价值”的管理模式，认为企业的成就是每位员工共同努力的结果；实行“开放实验室备用品库”制度，实行工作时间、方式自由的弹性工作制，上下级平等、随时沟通的人性化领导等，尊重个人价值的各种措施，独特的企业文化，才使员工们表现出极大的干劲与热情，为集体所取得的成就感到自豪；并培养员工的创新素质与行为，进而开发出本企业独特的技术、产品与服务特色。企业文化的激励作用是由激励机制来实现的。企业文化的核心价值观产生引导力，企业精神产生驱动力，企业伦理道德规范与企业制度产生约束力，宽松的文化氛围产生激发力，文化融合产生激活力，而各种力量相互协同整合形成企业文化的激励力。[①] 企业在实际管理的过程中，要始终关注员工的需要，注意发挥人的能动作用，真正做到尊重人、关心人、理解人、满足人、发展人。通过各种措施为员工的成长建立良好的环境，营造和谐的氛围，努力实现员工心理的满足，以达到激励员工的目的。

3.2.4 企业文化的约束功能与企业竞争优势

新制度经济学认为，人具有机会主义行为，人具有随机应变、投机取巧、为自己谋取更大利益的行为倾向，在追求自身利益的过程中会采用非常微妙隐蔽的手段使自己获得更大利益。机会主义会对他人造成一定的危害，如机会主义者有时会把自己的成本或费用转嫁给他人，从而对他人造成侵害。企业文化可以在一定程度上约束人的机会主义行为倾向。企业文化的约束功能主要是从价值观念、道德规范上对员工进行软的约束。它通过将企业共同价值观、道德观向员工个人价值观、道德观的内化，使员工在观念上确立一种内在自我约束的行为标准。一旦员工的某项行为违背了企业的信念，本人心理上会感到内疚，并受到共同意识的压力和公共舆论的谴责，促使其自动纠正错误行为。同仁堂药店“济世养生、精益求精、童叟无欺、一视同仁”的道德规范约束着全体员工必须严格按工艺规程操作，严格质量管理，严格执行纪律。企业文化的这些约束功能可以增强企业员工的荣誉感和责任感，使之自觉维护企业的声誉和形象，保守企业秘密，同时能够很好地协调企业内部的各种人际关系，减少企业内部的冲突和矛盾，优化企业内部资源的分配和使用，提高企业的经营运作效率，进而提高企业的核心竞争力。

3.3 中外企业文化的特点

3.3.1 美国企业文化的特点

美国是一个移民国家，移民占人口的绝大部分。美国的移民来自世界的各个角落，包括欧洲、南美、非洲、亚洲等，每个移民族群本来都有自己的文化，美国社会不排斥这些文化。不同的文化在美国开放、自由、民主、法制的

① 吴文盛. 企业文化激励机制研究. 湖北社会科学，2005 (3)：206－208.

环境里融合形成多元的美国文化。多元主义、个人主义和功利主义是美国移民文化最典型的特征。在美国，个人主义作为价值观念的基础，而个人主义的表现主要有：个性自由、自我表现、人人平等和个人竞争等。显然，美国的企业文化同样包含有与个人主义相关的一些特性。

3.3.1.1 **突出个人自由，尊重个人价值**

美国是一个移民国家，他们的早期居民大多数是从欧洲各国迁移过来，这些移民来到一个陌生的环境，一切得从头开始，身边没有亲戚朋友的帮助，只能依靠个人奋斗，在生活的磨炼下形成了美国人浓厚的个人主义色彩。美国企业文化提倡个人主义精神，强调个人成就和个性至上的精神，信仰个人主义及能力主义，推崇理想主义、英雄主义和权威主义。企业内部充满自由平等精神，个人充分发表自己的意见，鼓励个人努力奋斗，突出个人能力，实行个人负责、个人决策，推崇个人的独立性、能动性、个性化和个人成就，根据个人完成任务，尽责尽职情况，给予个人奖励。美国人的个人主义使得美国企业非常尊重员工的个性发展，崇尚个人自由，尊重个人价值。这些突出个人能力智慧的企业文化，有效调动了人的积极性，减少了人际摩擦和能量内耗，但易于削弱集体力量，影响相互合作，使人们更多地将企业看作是个人赚钱和实现抱负的场所，缺乏献身企业的归属感和集体荣誉感。

IBM 把“必须尊重个人”作为企业文化的首条准则，任何人都不能违反这一准则，至少，没有人会承认他不尊重个人。IBM 公司的管理人员对公司里任何员工都必须尊重，同时也希望每一位员工尊重顾客，即使对待同行竞争对象也应同等对待，公司的行为准则规定，任何一位 IBM 的员工都不可诽谤或贬低竞争对手。销售是靠产品的品质、服务的态度，推销自己产品的长处，不可攻击他人产品的弱点。在公司内，最重要的资产不是金钱或其他东西，而是员工。自从 IBM 公司创业以来，公司就有一套完备的人事运用传统，直到今天依然不变。拥有 40 多万员工的今日与只有数百员工的昔日，完全一样。在将近 50 年的时间里，没有任何一位正规聘用的员工因为裁员而失去工作。IBM 公司也曾有遭受不景气的时候，但 IBM 都能很好地计划并安排使所有员工不致失业。IBM 公司一般会从自己公司里提升自己的员工，让员工有晋升的机会，从职务上给予激励。在纽约州阿蒙克的 IBM 公司里，每间办公室，每张桌子上都没有任何头衔字样，停车场也没有为领导预留位置，更没有主管专用餐厅。

惠普确立了“相信任何人都能在工作中追求完美和创造性，只要赋予他们适宜的环境，他们一定能成功”的经营理论；“尊重每一位员工”是沃尔玛的三项基本信仰之一；美国 BHP 炼油厂公司规定，管理人员不能随意对员工发号施令，管理人员需认真对待员工的意见，尊重每一个员工；MOTOROLA 公司则认为，责任和权力是一对孪生兄弟，要使职工对工作负责任，就必须尊重人、信任人，并给予实际的自主权。

3.3.1.2 **支持冒险，激励创新**

创新是美国企业精神的核心，在美国商界流行这样一句话：“要么创新，要么灭亡”，可见美国企业对创新的重视。美国人敢于冒险、乐于竞争的民族性格，塑造了美国企业强烈的创新意识。在美国，几乎所有成功的企业都把追求卓越、不断创新视为企业最高的价值观，抛弃僵化和保守，推崇变化和灵活，在创新和变化中寻求和把握成功的机会。培植竞争型文化，求新、求快、求变，追求超越、追求变革、追求卓越，用竞争激励雇员工作的积极性、主动性、创造性和挑战性。强调在个人自由、机会均等的基础上进行完全竞争，强化先知先觉先行，偏好先导性、开拓性、领导性的价值。丹麦哲学家哥尔科加德有句名言：“野鸭或许能被人驯服，但是一旦被驯服，野鸭就失去了它的野性，再也无法海阔天空地自由飞翔了。”美国企业崇尚冒险和创新行为，鼓励冒险和尝试，就喜欢用这种具有“野鸭精神”的人。他们勇于冒险，不断创新。同时也宽容失败，甚至鼓励犯错误，不以成败论英雄。

著名的《财富》杂志就把创新精神作为其评选美国最受推崇企业的重要标准。美国企业领导者对任何创新活动都给予实实在在的支持和鼓励，并将其制度化为一种企业的正式程序。在企业管理领域，福特首创世界第一条大规模生产流水作业线；泰勒最早创建“科学管理”原理；德鲁克最先提出“目标管理制度”；通用汽车公司首开现代公司管理制的先河，创造高度集中下的分权制；杜邦公司第一个建立行政委员会领导体制。可以看出，美国人重实际、重效益、乐于竞争、刻意创新的民族文化精神在企业文化建设中得到很好的继承和发扬。

“不断淘汰自己的产品”是微软成功的秘诀之一；“追求卓越”是 IBM 三大价值观之一；通用电气公司是以“进步是我们最主要的产品”作为基本理

念；HP（惠普公司）则强调“以世界第一流的高精度而自豪”；3M 公司则立志成为“世界上最具创新精神的公司”。这些价值观都把争创一流、永不落后、追求更高更新的技术和业绩作为全体员工和整个企业奋斗的目标，成为企业内部创新的动力源。

3.3.1.3 重视理性主义

首先，倡导科学精神，重视组织机构和规章制度的作用。美国比较重视刚性管理。采取刚性管理，讲求程序和秩序，坚持公事公办原则。在经营管理过程中，尊重科学，广泛使用系统论、信息论、控制论和各种定量方法进行管理，并以严密的组织结构和严格的规章制度对员工行为进行规范。泰勒的“任务管理法”，德鲁克的“目标管理法”，都以结果和绩效为导向，采用目标管理机制。美国企业分工明确，责任清楚，企业内部实行垂直领导，等级关系明确。如今，发端于泰罗的过分倚重于各种数据的“管理科学”作为一个学派、一种思维方式、一种管理模式、一种基础性管理方法乃至一种“传统文化”，在美国企业仍然具有十分重要的地位。其次，美国是一个尊崇法律、法纪严明的国度，公民有很强的法律意识，这使美国企业的法律意识普遍较为浓厚。美国人普遍认为，如果没有正当的法律过程，就不能有正义与公平。对法律的遵从使得美国企业强调按理性主义的信条办事，每做出一个决定，都必须要有坚实的客观依据，强调数据与实证的重要性。讲求程序和秩序，坚持公事公办原则。企业构建在条文、规章、标准等一系列规定的基础之上，并用以规范员工的行为。企业每个员工的权利和义务划分清晰，企业和员工之间是一种由合同、章程所规定的契约关系。从实际需要出发，招聘或解雇工人完全靠合同契约维系员工之间的关系，较少考虑情面。最后，求实精神较强，形式主义较少。企业内部人际关系讲求实在，较少虚假，上级与下级沟通直接，表达意见明确。企业质量小组（QC）就信奉“爱怎么干就怎么干，只要干得有意义，有效果就好”。企业有较强的行动意识，既重言，更重实，乐于实干。如 GE 公司从副总裁到员工，每个人都要被评估，归类为 20% 的优秀者、70% 的居中者以及 10% 的落后者，如果连续两年得到 4 分，就会被淘汰出公司。

3.3.1.4 崇尚英雄的企业家精神

美国是一个创业英雄辈出的国度，英雄人物是人生成功的标志和象征，也是社会评价一个人价值的尺度。在近代工业革命中，这里先后涌现出了大量的创业英雄与实业巨子。美国出版了大量的人物传记，企业家的传记更是数不胜数。目的在于向世人彰显英雄形象，激发人们学习英雄，并通过艰苦拼搏使自己成为英雄。在美国企业中，英雄人物分为两类：一类是带头实施与推动企业文化的高层管理人员，另一类是因为业绩突出而被公司选定成为榜样的“普通人”。前者往往亲自践行企业价值观，使企业文化深入人心。亨利·福特和福特公司以及黑色T型车，托马斯·爱迪生、杰克·韦尔奇和GE公司，老沃顿和遍及世界各国的沃尔玛连锁店，比尔·盖茨与微软帝国等，激发了一代又一代的美国人去追求成功，圆英雄梦。后者则使得成功具有可能性和人情味，提升了员工参与工作的积极性。如IBM曾持续宣传一位老牌推销员的事迹，其目的在于告诉那些年轻的推销员：这就是你们学习的榜样。崇尚英雄主义文化，也就是汉迪所说的宙斯型企业文化。一个要成为百年老店，基业长青的企业，也必须有适应本企业目标的英雄人物，作为引领企业员工的楷模，去追求企业目标的实现。因此，企业的英雄人物，无论是天生的还是后天造就的，都有其价值。英雄人物对于企业的发展具有极大的导向、激励、凝聚、约束、辐射和创新的作用。美国的企业家文化中英雄文化非常突出，美国人通过牛仔精神，以跨国公司为载体，将其企业家精神播撒到全世界。

3.3.2 日本企业文化的特点

日本是一个远离大陆而面积狭小的岛国，国土资源匮乏，自然灾害较多，因此，日本国民有着极强的危机意识。同时，日本是一个单一民族国家，在长期的生产、生活过程中，国民拥有共同的民族文化传统，使用同种语言文字，也形成了相近的思维方式、价值观念和心理习惯，造就了日本国民的集体趋同性。另外，日本很早就接受了儒家思想，受其影响，忠诚精神、集体主义、与“和”文化共同构成日本企业文化的基础。日本人善于学习，能结合自己的传统文化，兼收并蓄外来文化精华，由此形成了独具特色的日本企业文化。

3.3.2.1 善于兼容并包吸收外来文化

日本企业擅长采撷众长，精益求精，强调“综合即创造”，兼容并包，实现了企业文化和管理方法的变革。他们学习、“综合”了中国的文化、西方的管理，建立了日本式的“多元合金文化”。在吸收中国儒教文化的基础上形成了日本化的儒家文化。日本的儒教所强调的最重要美德是忠诚、礼仪、信义、勇敢和节俭。把忠诚看作最重要的美德，是日本儒教的独特之处。忠诚是一种旨在完全献身于自己领主的真诚，这种忠诚可以达到不惜牺牲生命的程度。同时，引进欧美的现代管理方法，并加以改造和完善，青出于蓝而胜于蓝。“二战”后日本企业引进、吸收、消化了大量欧美先进技术，同时又在此基础上通过嫁接、模仿和改进，创造了许多具有竞争力的新产品，使日本企业在激烈的国际竞争中取胜。日本人奉行“拿来主义”，能够集百家之所长为己所用。日本学者和迁哲郎曾说：“如果从日本文化中舍去外来文化的话，那么几乎什么东西也不存在了。但日本自身的文化内容继续保持了作为摄取者、加工者的天性。”日本学者森岛通夫认为，日本的成功就在于将“日本精神”与西方科技相结合。而所谓“日本精神”，主要指在日本发扬光大的儒家思想。

3.3.2.2 信奉家族主义

日本企业广泛存在家族主义、家庭理念，企业也在有意识地营造“家庭”气氛。但日本的“家”文化与中国人明显不同，它注重的是财产“家”文化，而不是血缘“家”文化。因此，日本人家族主义更具有社会意义。推行家族主义的管理方法容易得到企业员工的认同，而员工在这个“家”中取得自己的地位不是靠血缘关系，而是靠忠心和能力。以厂为家，爱岗敬业，企业就是员工家的缩影，员工与企业保持家的“血缘”关系，忠于企业、奉守家规，为企业尽职尽责。在企业内，员工与管理者、员工与员工之间有着家庭成员般的感受，把企业看成是“自家的企业”。在企业外，员工主动维护本企业的利益和形象，以为企业服务为荣，以企业为家，有着崇高的自豪感。日本企业的薪酬制度和激励机制主要是终身雇佣制、年功序列制和资历等级制，并通过这些强化企业为“家”的理念，使员工与企业合为一体，使员工对企业形成强烈的认同感、归属感和忠诚心，为企业尽忠，对家长（企业主）感恩。

3.3.2.3 倡导团队合作和集体主义精神

日本人有极强的集体价值观，特别是集体责任感。日本企业强调个性发展和个人能力提高，但需以服从集体为前提。封建社会表现为对天皇的忠心耿耿，现代社会则更多地表现为服从企业利益。日本企业文化极力推崇团队表现，不鼓励员工唱独角戏，要求个人行为要与团队目标协调一致。在思维方式上，日本人具有强烈的集体归属意识，人们时刻意识到自己是集体中的一员。企业的团队精神不仅表现在外在形式上，也体现在心理感知上。日本企业非常重视集体努力与协作，推崇团体智慧，发挥整体优势，讲究和谐统一，培育共存共荣的团体意识。日本企业的决策方式是种自上而平和，自下而互相结合的集体决策形式，既能群策群力，集思广益，保证决策的科学性与合理性，又能调动员工的参与意识，使计划得到顺利落实。日本"经营之圣"稻盛和夫，在他的著作《企业家成功之道》中指出"树立帮他即帮已"的意识非常重要。现代企业要否定个人英雄，培养整体出色的团队。而个人要想成功及获得好的业绩，必须牢记一个规则：我们永远不能将个人利益凌驾于团队利益之上，在团队工作中，会出现在自己的协助下同时也从中受益的情况，反过来看，自己本身受益其中，这是保证自己成功的最重要的因素之一。

1956 年，丰田工会提出了"一个人前进 500 米，不如 500 个人每人前进一米"的口号。这个口号说明，他们重视的不是如何培养一个超人，而是怎样从整体上提高全体员工的能力。他们希望所有的员工都能够踏踏实实地去做普普通通的事，即使只能提高 5%，也必须是所有人一起提高。大野耐一先生经常说："丰田的生产方式必须要所有员工都能成为乌龟后，才能实现。"其含义就是：丰田过去的成功在于其像一只乌龟一样，慢慢地赚钱，而不是像兔子一样快速扩张。即使很慢，只要所有人都能坚持不懈，一步一步地前进，整个组织就会强大起来——这是丰田的思考模式。

3.3.2.4 突出人本管理

日本企业强调以人为本，尊重人格，注重情感沟通，注重教育和培训，鼓励员工参与管理，同时要求员工实行自我管理。企业不仅要为员工创造舒适的工作环境，为员工及家庭提供物质生活保障，还要尊重员工的精神需求，特别是为员工设计自我发展、自我实现的人生舞台，充分调动员工的积极性和创造性。松下电器公司创始人松下幸之助就提出了"经营的根本是人""造物之前先造人"的理念，将"集中智慧的全员经营"作为公司的经营方针。松下幸之助常说："领导者应当给自己的部下以指导和教诲，这是每个领导不可推卸的职责和义务，也是在培养人才方面的重要工作之一。"因此，松下不仅是"制造电器用品"的公司，又是"造就人才的公司"。公司内部有完善的培训机制。公司关注员工个人利益，满足员工要求，推行弹性工作制，举行公司聚会等。日本企业"以人为本"的经营理念也体现在对客户提供的产品和服务上。从事服装制造的泷本株式会社强调"要以高品质的衣料来满足消费者的需求。以信用和诚实为根本，注重相互间共存共荣的精神，以‘和’来满足顾客的一切需要”。当然，这种经营理念也同样渗透进每一位股东和整个社会意识之中，可以说日本企业的“以人为本”比较全面地涉及企业内外的各种相关利益者。

3.3.2.5 积极倡导企业履行社会责任

日本企业在企业文化建设方面积极倡导企业履行社会责任，把企业使命与社会责任统一起来，这在公司的发展远景和经营理念中都有所体现。松下幸之助在阐述企业使命时提出了“企业是社会的公器”的著名观点。他认为，尽管日本企业从法律上是私营企业，但是本质上并不属于特定的个人或股东，而是属于包括所有人在内的全社会。松下电器作为借社会的人力、物力及财力而经营的企业，其使命就是通过其活动为社会做贡献。松下幸之助非常超前地认识到企业不属于投资者和股东，而是属于社会，企业不是私器而是公器。在“企业是社会的公器”理论的影响下，日本企业有着较强的使命感和社会责任感，在培养员工和员工承担责任等方面有着良好的传统。企业在追求经营理念的同时，也强调通过优良的产品、周到的服务来回报和服务社会，进而赢得社会好评，使企业生命得以延续。可见，日本企业的发展目标与西方企业仅仅追求利润的奋斗目标不同，它是将追求效益的企业使命和报效国家的社会责任有效地结合起来。当前，日本企业社会责任的内涵更为丰富，只要对社会可持续发展有贡献的事业都可成为其重要的组成部分。它已成为日本企业的一条生命线，企业充分利用自身技术与产品优势丰富企业社会责任的内容，并把推进企业社会责任作为发展战略的重要组成部分和提高企业竞争力的重要方式。在更具广泛意义的全球责任的内涵上，日本企业以生命和地球的生存为核心价值理念，在人与社会、人与地球和谐发展的基础上谋求企业的生存和发展。

3.3.3 德国企业文化的特点

德国强调依法治国、注重法制教育、强调法制管理，在市场经济条件下形成的完备的法律体系，为德国企业建立诚信、遵守法律的企业文化奠定了基础。同时，宗教主张的博爱、平等、勤俭、节制等价值观念，在很大程度上也影响了德国企业文化的产生与发展。另外，德国人长期形成的讲究信用、严谨、追求完美的行为习惯，使企业从产品设计、生产销售到售后服务的各个环节，无不渗透着一种严谨细致的作风，体现了一种严格按照规章制度去处理问题的方式，对企业形成独特的文化产生了极大的影响。

3.3.3.1 强烈的责任意识

德意志民族有一个古老的信条，那就是“上帝给每个人都指定了一项天职，每个人都有责任尽力做好”，这种对上帝负责的态度正体现在德国的企业文化中。责任，就是一种企业与职工双方互有的责任心，即职工对企业负责任，企业对职工也要负责任，企业与员工共同对社会负责。德国大众汽车公司的核心价值观就是“责任”两个字。这里的责任包括：对自己的能力、健康和家庭要承担责任；对自己身处的环境、社会以及世界都要承担责任。为实现责任目标，大众公司提倡的企业哲学是，在世界上，我们生产、出售廉价的产品，使大众走向成功，大众人希望通过稳定的工作、学习、生活条件，来固定自己的生活环境，并保护好这个世界，让子孙后代更好地生存下去。“责任”二字，在宝马同样受到高度重视。他们说：销售把个人责任、企业责任和社会责任紧密联系在一起。如果销售工作不能有效进行，那么整个社会的活动将是不完美的。因此，戴姆勒—克莱斯勒公司的每一名工人都在本职工作岗位上为成功卖掉每一辆汽车而尽自己的责任。

3.3.3.2 和谐的人际关系

德国企业十分注重人际关系，努力创造和谐、合作的文化氛围。德国的企业家们认为，在和谐的气氛中，能激发人的潜能，从而最大限度地发挥员工的创造性。反之如果气氛不和谐，员工不会乐于做贡献，生产将受到影响。在德国企业，上司给下属布置工作，通常首先问：“你现在有时间吗？如果有时间可不可以帮我一个忙？”然后再交代工作。在大众汽车公司，如果员工在一个岗位上工作不好，管理者首先考虑的是这个岗位可能不适合他，而在别的岗位可能会有用武之地。因此，通常是找他谈一次话，征求他的意见后，给他换一个工作岗位。在大众汽车公司的辅导学院设有专门的心理咨询部门，及时解决管理者心理上的问题以保证人际关系的和谐。德国企业重视保持这种人际关系的和谐，还体现在企业的领导体制以及其他方面。德国企业的领导体制是议决制，对企业重大问题董事会所有人员必须都同意才可以决策。大众德国公司还发生过这样的一个故事：1994 年受世界石油危机影响，大众公司在德国本土的公司经济面临困难，需要解雇 2 万多名员工。然而，公司的员工在参与企业决策时却表示：宁愿减少自己收入的20%，把每周工作5天改为4天，也不要让那些人失业。而当大众公司在巴西的分公司也试图这样做时，却被巴西员工拒绝了。

3.3.3.3 牢固的质量意识

德国企业非常重视产品质量，强烈的质量意识已成为企业文化的核心内容，深深植根于广大员工心中。他们认为没有物美价廉的产品，只有精品和次品。他们的许多产品都是以精取胜，成了世界知名的品牌。有一个广为人知的说法：如果操作规程上要求一个螺丝要拧12圈，德国人绝对不会只拧11圈。正是德国人那种做事认真负责、一丝不苟的态度，给德国企业产品的高质量提供了保证，也成为德国人参与国际竞争的一个制胜法宝。大众汽车公司强调精益求精的质量理念，注重对员工进行职业道德熏陶，以不断增强员工的质量意识。西门子公司以“以新取胜，以质取胜”为理念，使它立于不败之地。戴姆勒—克莱斯勒公司认为高质量意识与员工的素质是分不开的，因而十分注意培养具有专门技能和知识的员工队伍，千方百计调动其积极性，使他们始终保持精工细做、一丝不苟的工作态度，这种态度几乎到了吹毛求疵的地步。因此，戴姆勒—克莱斯勒公司敢向世人做出很有气魄的广告：“如果有人发现奔驰汽车发生故障被修理车拖走，我们将赠您一万美金。”

3.3.3.4 高质量的服务

德国企业重视客户，注重诚信合作，创一流服务的品质。西门子公司提出的经营理念是：“我们希望顾客回来，不希望产品回来。”生产卫生洁具的凯乐玛公司的服务非常有特色。他们常把客户请到公司，倾听客户的意见，并按客户的要求设计产品。高水平的设计使产品充分体现了人性化的特点，给人以美的享受，成为家居的亮点和主人的骄傲。周到的服务和精良的产品，树立了良好的企业形象，尽管凯乐玛公司的产品价格比同类产品高出30%，但还是牢牢保持着较高的市场份额。大众汽车公司的服务更有代表性：一方面，大众汽车公司服务客户的基础是产品质量，以好的质量来体现好的服务；另一方面，在营销中，尽可能为客户提供准确的产品信息，获得顾客的信赖，让顾客放心。此外，拥有一套反应迅速的信息系统为客户提供服务，从而使服务时间快捷。

3.3.3.5 注重提高员工素质

德国企业在提高人的素质方面一贯奉行的是“人的能力是可以通过教育

和不断培训而提高的”，因此他们普遍十分重视员工的培训和教育，坚持“自己培养和造就人才”。大众汽车公司专门设立一个拥有800多名员工，专门对高层管理人员进行辅导培训的子公司。每当高层管理人员遇到自己解决不了的问题时，就到辅导公司去接受培训。大众公司在世界各地建立起许多培训点，他们主要进行两方面的培训：一是使新进公司的人员成为熟练技工；二是使在岗熟练技工紧跟世界先进技术，不断提高知识技能。西门子公司在国内外设有60多个培训中心，拥有700多名专业教师和近3 000名兼职教师，开设了50多种专业培训。在全公司37万名员工中，每年参加各种培训的达15万人之多。培训中心的培训方式灵活多样，但都是从应用开始，以应用结束，立足于提高参训者解决问题的能力。

3.3.4 韩国企业文化的特点

韩国企业文化的产生和发展深受中国儒家文化的影响。一直以来儒教思想持续影响着韩国企业的经营理念和经营方针、经营活动和人际关系。另外，韩国的企业文化也深受美国文化的影响。在美国的影响下，韩国在融合了传统儒教文化和西方文化的长处的基础上形成了“新儒教伦理”，诸如忠诚爱国，强调责任感；重视家庭，强调组织成员之间的协调合作、意见一致、团结和谐；重视教育，崇尚人才等。“新儒教伦理”思想深刻地影响着韩国社会经济、家庭生活的各个方面。

3.3.4.1 深受儒家文化的影响

韩国企业文化的产生和发展深受中国儒家文化的影响。在接受中国儒家文化的基础上，韩国兼容了西方发达国家现代企业管理理论而树立起来的独具特色的企业文化。儒家文化中的上下分明、长幼有序、忠孝一体等思想，渗透到企业中，形成了企业组织内的等级观念和职位秩序。企业职工对企业主、企业组织表现出极大的忠诚，隶属组织，服从权威。另外，韩国的“长子优待、不均等相续制度”对韩国企业立足于血缘关系的权力构造体系有着直接影响，赋予长子继承权、家族的代表权、财产权、祭祀权和指挥监督权的传统家族继承方式也影响着韩国企业的经营。

3.3.4.2 追求第一

韩国人普遍都有很强的民族自尊心，对自身的要求也很严格，反映在企业文化中就是重视第一。许多韩国企业都把在某个领域或在某个方面争得世界第一作为企业发展的目标。这种企业文化显然符合信息时代的特点，因为在信息时代，排名第一者通吃是普遍现象。韩国大型企业集团大都奉行“彻底第一主义”，强调人才第一，产品第一，服务第一。三星一直主张要“成为世界第一”，不论是事业，还是专业技术，三星企业文化的核心就是“第一主义”，这是三星创始人李秉哲在创立公司时就提出来的。三星会长李健熙在1993年又提出：“三星要在所有涉足的领域里追求第一，成为这些领域中最先进、最好的企业。”这种第一主义的精神带领韩国的电子产业超日赶美，成为“亚洲第一”。

3.3.4.3 勤勉意识

韩国企业成员每天工作时间长，被公认为是非常勤奋的员工。长时间劳动不仅适用于普通劳动者阶层，而且在高层经营者和一般管理者阶层中也同样适用。早上七点召开干部会议、晚上八点以后下班的企业比比皆是。既有早晨六点参加教育节目的经营管理人员，也有晚上六点以后参加教育节目的管理者。此外，韩国企业界的大力倡导和经营者身先士卒的表率作用，使得认真的工作态度和勤勉的劳动意识已经成为韩国企业文化的一个重要特征，因而勤奋成为韩国劳动者普遍具有的劳动素质。

3.3.4.4 集体主义

韩国人以企业为家，全体职工是一家人的集团主义精神深入人心，他们对企业具有强烈的责任心和主人翁意识。重视集团内部成员之间的和谐关系和协作精神是集团主义的另一个表现。三星非常强调企业既是一个共同体，积极致力于培养共同的价值观，朝着同一个目标，提倡每个员工的责任感、社会意识和主人翁精神，积极采取“员工持股制度”“家族成员式待遇”“公开企业经营状况”等制度，形成了共同体式企业文化。企业内洋溢着一股浓郁的集体主义精神，员工显得非常团结。三星针对不同的需要为员工们提供许许多多能够增强企业认同感的途径，定期组织员工参加各种户外活动，增强他们对三星公司的自豪感，使之转化为强大的凝聚力和精神动力，激励他们为了公司的目标而不懈努力。

3.3.5 中国企业文化的特点

中国文化源远流长、博大精深。中国深受儒家思想的影响，有很强的集体主义价值取向。随着我国经济的发展、改革开放的深入以及企业自身的发展，企业文化建设渐渐受到社会各界的广泛关注。目前，中国的企业文化建设发展还很不平衡，仍处于一个摸索阶段。

3.3.5.1 敬业报国

爱岗敬业，实业报国，服务社会，以国家利益为重，讲究大局，勇于承担社会责任。强烈的爱国意识是近代中国企业文化中的主导意识，是许多企业价值的体现。政经结合，企业文化的政治色彩较多。在民族资本企业发展时期，爱国意识集中体现在“实业救国”“设厂自救”等行动上。这是因为中国的企业自诞生之日起就面临着被帝国主义吞并的危险。帝国主义的经济、军事侵略大大激发了民族企业家及职工的爱国热忱和自强意识，在国难当头之时，企业表现出了强烈的爱国意识。新中国成立之后，西方资本主义国家对中国进行了长达几十年的经济封锁。在这段时期的中国企业文化中，爱国意识集中表现在“自力更生，奋发图强”以及“工人当家做主”的主人翁精神上。企业界出现了许多爱国主义精神的典型，创建了具有中国特色的企业文化。如“大庆精神”“鞍钢精神”等。

3.3.5.2 人本主义

传统儒家文化为主流的价值观体系，伦理的味道很重，讲究“仁”“义”“礼”“信”“和”等。中国传统文化中强调对家庭的归属、对权力的依赖，重感情、重面子，突出以人为本、知人善用等，将这些文化因素和传统思想应用于企业管理，营造一个充满情感、和谐共存的文化氛围，在这样的氛围中实现对人性的超越，实现人与社会的共存，人与自然的和谐，这应该说突出了中国特色。但是，中国传统文化中也有许多不利于企业创新和企业发展的因素，如知足常乐、枪打出头鸟等。人情交往是中国人最主要的交往方式，许多企业家长期依赖于由人情交往所编织的社会关系网即社会资本，而不把重点放在企业创新上。另外，“人治”“情治”与“法治”相结合。较强的“人治”特色，倾向于感性的“软管理”，缺乏追求理性和“法治”的精神。讲究实用、功利、形式，经验主义较突出。

3.3.5.3 全局观念

中国的集体主义自古就有其渊源。在封建社会，统治者为了安抚民众所提出的政治理念，究其本质都是支持集体主义的。“国家兴亡，匹夫有责”的道德观念也是将国家或集体作为个人价值的最终归宿。在现代，中国强调集体利益大于个人利益，个人利益要服从集体利益，并提倡在集体事业之中实现个人价值，这种集体主义精神让中国人民紧密团结在一起。提倡集体主义、全局观念和文化沟通，决策注重集体主义，集思广益，形成群体决策、民主集中的决策机制，推崇“群体至上”，倡导个人对家庭、社会、国家的责任感。但是，由于中国极端的集体主义长期压抑个人意识、个人价值，激化了个人对自身利益的渴望和追求，导致中国国民表面与心理的不完全一致：在口头上以集体为先，但是具体行动起来往往是从个人利益出发。此外，中国企业的集体主义具有一定程度的血缘连带的特点，在企业中，一方面表现为对普遍的集体价值观的认同，另一方面又表现为一定程度的非工作关系的群体组合，而这种组合往往滋生了“小团体”“关系网”等不良现象。

3.4 案例分析

3.4.1 3M 公司的创新文化

3M 公司（Minnesota Mining and Manufacturing Company，明尼苏达矿务与制造业公司）是一家全球著名的公司，成立于 1902 年，已有百年历史。3M 素以勇于创新、产品繁多著称于世，在其百多年历史中开发了 6 万多种高品质产品，平均每两天开发 3 个新产品，涉及领域包括：化工、电子、电气、通信、汽车、航空、医疗、安全、建筑、文教办公、商业及家庭消费品等各个领域，向全球近 200 多个国家的顾客们提供多元化及高品质的产品及服务，极大地改变了人们的生活和工作方式。现代社会中，世界上有 50% 的人每天直接或间接地接触到 3M 公司的产品。用 3M 自己的说法：每人起床后 3 米内必看到 3M 的产品：胶带、报事贴、无痕挂钩、百洁布、拖把、屏幕增亮膜、车身反光系统、牙科修复材料、输电导线。3M 每年将全球销售收入的 7% 左右投入相关技术领域和产品应用的研发。目前 3M 公司平均每年会推出 500 多个新产品，35% 的销售额来自于过去四年里新开发的产品。

3M 公司之所以能够“百年发展、百年辉煌”，是得益于历久弥新、底蕴深厚而又独具特色的创新文化。公司多次名列全球最具创新精神企业排行榜前列，得到著名管理学家德鲁克、彼得斯以及惠普公司创始人比尔·休利特等人的高度评价。3M 公司独特的创新文化正在成为当代企业创新文化的先导和标杆。

3.4.1.1 对创新充分授权，给创新者更多勇气

3M 最重视的是充分给予研究技术人员自由的空间。麦克奈特表示："经营者的独裁和员工自主性的丧失，是最可怕的事。" 3M 领导层不仅坚持了这种经营管理哲学，而且通过不断完善，设计了一整套的措施保证这种思想得以延续。

3M 的研究开发部门有两个不成文规定，这就是"15% 规则"和"私酿酒"。"15% 规则"就是允许每个技术人员在工作时间内可用 15% 的时间来"干私活"，即搞个人感兴趣的工作方案，不管这些方案是否直接有利于公司。3M 并不对每个人的工作时间进行严格限制并确定哪些是属于"15%"的时间，其实是在倡导一种创新与日常工作的互动关系。员工如有创意的点子，可以用他 15% 的工作时间来发展、执行这项创意，并可以要求其他部门的同仁一起参与项目，而这个新产品的发展团队将会包含技术工程、行销、生产、财务等人员，公司都全力支持。"私酿酒"的含义则是：瞒住上司，秘密进行研究。在一般公司里，"无须对公司及上司唯命是从"的观念可说是大逆不道，甚至要冒被"炒鱿鱼"的风险，但 3M 公司却默许甚至称赞这一观念。据称 3M 的员工富莱就是运用这个"15%"的规则锲而不舍地进行黏着剂研究，而后小小的记事贴风靡全球。"超亲水"物质，是 3M 中国研发中心研究员陈雪莲利用 15% 的工作时间在"私活"中发现的，这种物质后来被做成纳米涂层，用于制造防雾产品。这项产品可推向安保及防护、医疗外科、高速公路示标等领域。据称，当初这个"私酿酒"被公司立项后，投入了 15 000 美元，但产出的效益是几百倍，目前还在孵化效益。

曾经的 3M 全球总裁狄西蒙说："我几乎全然不知道公司内目前正发生些什么事，也完全无法预测今天将生产何种商品。"研究人员正是利用"15% 规则"和"私酿酒"这两项法则不断在私下进行着连管理层也无法掌握的新商品开发。一旦获得一定成果，他们就会带着试验的成果去向上司推销，争取资金和市场机会。结果，各种各样的创新商品便因此而具体化、商品化。为使这两个法则长期延续，不致因为领导更换而改变，3M 刻意不将它们列入规章制度的明文规定，使得这两条不成文规定得以保持至今并构成企业文化的核心部

分，为3M不断成长发挥作用。

3.4.1.2　**积极培养创新斗士**

3M公司奉行这样的理念：忠诚、奉献的精神是产品开发成功的必要条件。基于此，3M公司重视培养创新斗士，并设立了对创新斗士的支援系统。“创新产品小组”是3M支援系统的基本单位。这种专门小组具有三项重要特征：由各种专门人才全力共同参与，任务无限期；全是志愿者；具有相当的自主权。一个创新小组的成员至少要包括技术人员、生产制造人员、行销人员、业务人员，甚至财务人员，而且全部是专任的。3M公司也明白，在这种制度下，有些成员也许不能立刻派上用场，或会造成人才浪费的现象，例如在发展初期，大概只需用三分之一的生产制造人员。但是3M公司似乎愿意付出这种代价，好让工作人员专心致志、埋头工作。他们的论调是，只有指派专任工作，才能促使员工全力以赴，专注于一项任务。

在3M公司中，一个成功的“创新产品小组”工作人员，事业前途大有可为。创新斗士的发明一旦成功，立刻就会受到3M公司英雄式的热烈款待。而万一项目失败了，还有后援补救制度，那就是保证让小组成员再回到参加小组前的那个职位，使得员工完全没有后顾之忧地进行创新。根据麻省理工学院的爱德华·罗伯茨对3M公司20年的研究结果，在3M公司，一个人只要参与新产品创新事业的开发工作，他在公司里的职称与工资等级，自然就会随着他们产品的营业业绩而改变。譬如说，他也许一开始只是个生产第一线工程师，领取这一职级最高或最低的薪水。一旦他的产品打入市场后，就可被提升为产品工程师。当产品每年的销售总额达到100万美元时，就是具有充分资格的产品，而这时他的职称与支薪等级都会有重大的改变。等到该产品销售额突破500万美元大关的时候，他就可以做到整个产品系列的工程技术经理了。假如该项产品再进一步破了2 000万美元大关，就可升格为一个独立的产品部门，他若是开发该产品的主要技术人员，这时就自然成为该部门的工程经理或是研究发展主任了。

詹姆斯·强生是初级管理人员，他发明了胶带纸。当他的新产品进入市场之时，他的职位变成了“产品经理”。很快，胶带纸在包装业大行其道，销售额突破了百万美元。这项产品成为公司的正式产品。两年之后，胶带纸的销售额攀升到500万美元，此时强生成为“产品线工程经理”，被派往国外任职三年。当这项产品销售额达2 000万美元时，他已荣升为“研究与发展经理”。当然，每次升迁，他的工资都呈几何级数递增。

凡是想要组织一个创新小组的斗士，物理专才也好，微机专才也好，3M公司都乐于提供研究基金，供其使用。对于新来的创新斗士，主管们都会给他们上一堂企业文化课。课上，讲师会宣讲公司如何鼓励创新斗士勇敢创新的制度规范，并批评干扰者，为创新者开辟创新的通路、创造良好的创新氛围。接着，3M 通过“鼓励冒险，容忍失败”的企业文化来保证创新斗士的成长。而3M 在培养主管时非常注重领导力的培养，希望主管能为“斗士们”创造成长和自由发挥的空间。主管和经理要对手下员工的表现与发展负责，需要经常与员工进行坦率的交流。鼓励员工发挥主观能动性，为其提供创新方面的指导与自由。

3.4.1.3 容忍失败

创新需要非常大的投入，过程曲折，要承担可能失败的风险，因而进行创新要鼓励冒险，允许失败。3M 公司在这方面做得非常突出。3M 精神领袖、前任 CEO 威廉 · L. 麦克奈特（William L. McKnight）鼓励冒险和创新，他常常对员工们说：我们容忍员工犯错误，只要他的动机是好的，从长远来看，和一些管理层犯的利用职权专制地告诉下属怎么做这样的错误相比，员工所犯的错误可能微不足道。他也常常告诉经理们：要鼓励实验性的涂鸦，如果你在四周竖起围墙，那你得到的只能是羊；为了发现王子，你必须与无数个青蛙接吻；切勿随便扼杀任何新的构想；如果他们是优秀的员工，我们就应该赋予他们权威和责任，让他们用自己的方式去完成任务。

人总是要犯一些错误，不犯错误就不会有进步。理论上讲，根据杠杆原理，人一旦开始犯一个错误，那么，之后将出现许多错误，所以会有“差之毫厘，谬以千里”一说。但3M 认为：“只要你首先清楚目标在哪里，犯点错不会影响到最终结果。”即使犯了错误，只要你所走的方向与你进展的程度相符合，那么不会等很久，你就会发现错误。“如果你不犯错，你可能没有做任何事情”已成为3M 创新的哲学思想。公司宗旨中明确提出：决不可扼杀任何有关新产品的设想。要在公司上下努力养成以自主、革新、个人主动性和创造性为核心的价值观。3M 公司知道为了获得最大的成功，它必须尝试成千上万种新产品构思。把错误和失败当作是创造和革新的正常组成部分。

在3M，曾有人想设计交通标志牌上不粘灰尘的涂料，但发明出来之后，一下雨涂料就被冲掉了。按照原定的计划目标，这个发明已算失败，但3M并没有叫停这个项目，而是鼓励其继续跟进。结果这个涂料应用在了外科医生手术时戴的眼镜上，每次手术前往眼镜上喷一下，眼镜就不会沾水汽，手术完后则可以轻松洗掉。公司隔离胶带产品开发时，经历过多次失败。每次失败后，研发人员得到的不是打击，而是鼓励与支持。正是在公司宽容失败的鼓舞下，研发人员不怕失败，反复试验，最终隔离胶带成功上市，并很快成为公司的核心产品，目前每年能给公司带来上亿美元的销售额。

3M鼓励员工“试错”，也能“容错”，以此来鼓励员工创新，所以3M经常告诉员工的一句话是：“了解你的目标，展现你的成果。”至于如何做到，3M并不太关心。创新人员失败后，一般情况下薪金、待遇，甚至晋升不会受影响，使得员工创新冒险无后顾之忧。3M公司允许失败，但决不允许重复同样的失败。公司将创新视为“金矿”，要求创新人员及管理者深入认真地挖掘失败的经验与教训，并做好总结，在组织内部共享，为公司再次创新，及其他人员创新提供帮助与借鉴。这一做法，充分重视与利用了“创新失败”的价值，为公司再次创新奠定良好基础，大大地提高了效率。

3.4.1.4 有利于创新的组织结构

3M公司始终维持分权自主的组织结构，采取的是不断分化出新部分的分散经营形式，这是一种扁平化的组织结构，但有别于一般的矩阵型组织结构，因而组织结构比较独特。以往3M有25个部门，发展到目前已有40多个部门，而且仍将继续成立新部门。组织新事业开拓组或项目工作组，人员来自各个专业，且全是自愿。在这样的组织结构中，3M总公司扮演协调角色：负责各业务群间的协调，机动地统合各业务部，发挥分工合作的功效；负责协调业务部，甚至海外子公司的资金调度、研究开发、人才交流等，有效活用分散的资产；在新产品商品化时，从中协调以活用、共享公司既有设备。同时，各业务部有义务缴纳一定的“权利金”给公司管理部门，由总公司将之转用于3M整体的研究开发与设备。

3M研发结构分为三个层次：部门实验室、高级实验室和中心研究实验室（技术中心）。其中，部门实验室和已经开发的产品紧密结合，用以满足当前的需求；高级实验室则负责在3～10年的时间内开发特定的技术产品；而中心研究实验室（技术中心）则主要致力于长期的技术研发。为了防止各部门只负责客户联系和具体产品开发从而产生研究中的思维定式，所有实验室都对大家开放，部门经理有权享用公司的全部实验室。跨实验室合作在3M研发中心内随处可见，这既是避免技术人员在一个领域待得太久而出现疲劳，同时也是出于提高研发效率的考虑。每个部门对技术平台掌握的深度不一样，实验室间的合作，其实就是技术平台之间的合作。这里所说到的技术平台，就是3M赖以发展的40多个核心技术的根基。正如世界上所有的物质都来源于化学元素周期表里的元素，它们通过不同的化学反应就可以合成不同的物质。3M的想法也是这样，几万种产品发明都可以通过技术平台上的40多种技术自由组合而来，形成无穷无尽的变化。

在3M公司，若是某部门产品开发小组的工作人员提出一项新构想，正常途径是先向直属上司申请发展基金，要是遭到上司的拒绝，这时3M公司就可以通过企业有关规章制度中的规定和企业文化手册中规定的有关条款，转向另一个申请部门，若是再度吃闭门羹，还可再转向其他部门申请，他也许是属于开发粘胶产品小组，但可以随心所欲到其他产品部门，兜售他的新构想。即使他仍旧四处碰壁，几乎到了穷途末路的地步时，3M还有个最高法庭，即“创新事业发展部门”，供他们提出最后的申诉。通常，真正非常高深特殊的研究提案，都在此获得最后的判决。

3.4.1.5 构建知识共享与协作沟通平台

知识的交流在知识共享中相当重要，它将知识传送出去并且反馈回来，加强了知识在组织内部的流动。有效的创新离不开组织知识、信息、经验与教训等资源的共享。“共享”有助于创新者站在“巨人的肩膀”上，汲取组织内其他成员的经验与教训，少走弯路，也利于组织资源的节约与创新效率的提高。3M的首席发明家阿瑟·傅莱说：“一个天才强不过一百个‘凡人’，通过不同见解激荡，便能引发革新。”创新不仅需要个人主动精神的发挥，而且需要创造一个能自由实现知识交流和创新协作的环境。在技术变革带来的产业突变和融合时代，一个企业往往能通过不同专业技术人员的交流和协作，发现自己产品和技术的新用途，或者激发具有突破性的创新。

3M公司内部建立了大型的数据库系统，及时将产品的市场行情、某些特定技术的现行状况与发展趋势等很多对创新有用的信息分门别类地存储于公司数据库，以供公司内部成员随时调用。同时，公司内部建立了很多专题共享网络，如“经验共享”“教训共享”“问题共享”等。创新人员能够方便快捷地获得别人的经验、贡献自己的成果，积极参与组织许多重大问题的解决，大大提高了内部资源利用率。公司核心产品“即时贴便笺”的完善就是一个典型的例子。阿特·富莱在发明该产品之初一直苦于找不到一种非持久的胶，也许是巧合，公司的一位粘胶研究人员西尔弗发明了一种黏性很差的胶，找不到用途，被认为是失败的发明。二人通过“问题共享”网络很快将各自的问题解决。技术成熟的“即时贴便笺”迅速被投放市场，赢得了消费者的青睐。1999年，“即时贴便笺”被《财富》杂志评为20世纪最佳产品之一，为公司赢得了丰厚的利润。

为了增强知识共享与交流，鼓励信息的自由交换，并为研究人员相互交流心得和解决疑难问题创造条件。3M的科学家们建立了一个名为“技术论坛”的组织。技术论坛下设分会、各委员会。分会主要讨论技术问题，包括诸如物理分会、生活科学分会和产品设计分会。技术论坛委员会负责组织各种活动、教育和交流事务。公司对外委员会负责3M员工与其他公司人员进行交流的活动。这个组织还通过公司内部的电视系统向全美各地的分部传送活动情况。交流委员会则向技术论坛成员定期分发公司的业务通信。技术论坛有成员数千人，每天都有各种活动，并定期召开座谈会，让每一个研究人员都能了解其他人的研究项目。实验室同样也会举办内部的会议和网上论坛，并遴选、委派代表参加技术论坛。员工在相互信任的气氛中交流受益无穷，这便形成了一种文化、一种氛围，更重要的是培养了一种环境。在这种环境中，员工可以与其他部门的人自由组合，同时每个人都愿意与他人共享自己所掌握的信息与知识。现在，技术论坛是3M创新活动的知识共享平台，已成为横跨27个国家，拥有7 000多名成员，涵盖各种科技领域的国际性组织。此外，3M内部还有各种形式的跨部门沟通及各种形式的论坛。市场部有“英智社”，销售部有“100俱乐部”，还有“3M员工俱乐部”。

3.4.1.6 以人为本的人事管理机制

麦克奈特说过：“如果我们想不断成长，许多具有创新精神的人才是十分必要的。这正是为什么3M可以成为21世纪的领导者的原因。”3M公司在人事管理上独具匠心。3M公司用人的基本准则就是“不妨碍他们的工作”。企业各部门规模小、人员精。部门企业领导对下属员工的姓名、工作态度、专业特长、学识水平等都了如指掌，以便各取所长，人尽其才。充分提供给每一个员工施展才能、发明创造的机会，鼓励他们为研制新产品进行试验，允许失败而绝不挫伤其积极性。同时，要求研究人员、推销人员和管理人员经常接近客户，请他们出主意，帮助开发新产品。

3M 公司很注重员工个人的事业前程，这也是 3M 公司的魅力所在。在 3M 公司，一个员工只要让他的主管相信，他是有意在公司长久工作的，公司便会对其进行不遗余力的培训。如果说给员工提供在国内外的培训，只是金钱的付出，那么比这更重要的是公司为员工提供在职培训的机会。在职培训中，共享精神十分重要，如果一个主管由于害怕员工超过自己，对员工只是教七分、留三分，那么这个公司的成长将会很慢。但是，这种现象在 3M 公司是不会出现的，这是因为 3M 公司有历经百年所积累下来的企业文化。新员工进入公司后，3M 公司有点像父母教儿女的心态一样，什么都教你，把你当作最有潜力的员工。在这种企业文化的熏陶下，企业被员工出卖的机会是很少的。在 3M 公司的大家庭中，员工获得晋升的机会很多。更为突出的是，其一视同仁，重视人才本土化。比如，在美国本土以外近 3 万名员工中，美国公民不到 300 人，其余皆为当地优秀人才。

3M 内部选拔和转岗制度有自身的特色。体现出给员工职业发展空间的办法莫过于从内部选拔，3M 很少有高管“空降兵”。目前在公司担任主要岗位的领导者都是从普通员工提拔上来的，这种方式让本土员工看在眼里，感到自己可以跟这个公司一起发展。3M 每年在做绩效考核的时候，不仅仅沟通过去一年的工作情况，还要求每个主管与员工谈工作兴趣在哪里，将来想在哪个职位上发展。如果公司内部有员工希望转岗，主管也会帮助员工去争取，这种做法让员工觉得“在这个大公司里不仅有现在的工作，还有将来的工作和发展机会”。在 3M，优秀员工有机会进入 APEC（亚太经合组织）中心，以专家或顾问的身份参与到亚太地区 16 个国家相关领域的研究和工作中去，既是给员工开阔视野的机会，也是他提升前的进一步锻炼。此外，研发中心的科研人员还会被送到美国和日本培训，与当地的科研人员交流学习，了解各国研发经验。

3M 的终身雇佣制度也独树一帜。人事部门认为，为了使员工能集中精力工作，必须先去除令其烦恼的事务，诸如薪金及福利制度，升迁及雇佣问题等，从而消除员工的后顾之忧，使之全心全意投入工作。3M 让包含研究技术人员在内的所有员工，基本上都能享有年功晋升和终身雇佣的待遇。事实上，3M 的高层领导都在公司服务了 25 年以上。而员工一旦进入 3M，几乎很少有人在退休之前离职。这是因为员工在 3M 各部门工作都能得到充分发挥才能的机会并获得满足感，而 3M 领导层也认为具有相当资历、经验丰富的员工是支撑 3M 式创新的强大力量。

3.4.1.7 **注重激励**

为了进一步激励员工，3M 设了很多类型的奖励，以奖励那些对公司发展有贡献的员工，最高档次的奖项是以第五任总裁理查·卡尔顿命名的卡尔顿奖，用以奖励在科学上获得重大突破或做出杰出贡献的 3M 科学家，至今已有 130 多人获卡尔顿奖。对于获得该奖项，获奖人的心情是“比结婚典礼还激动”，并将此作为自己获得杰出成绩的一种炫耀。激发员工创意是领导层的职责。在 3M，领导层把激发员工创意和形成自由创造的企业环境作为工作的主要职责；“全球技术卓越和创新奖”，无论你在世界哪个地方，只要荣获此奖，就可以和家人一起到美国去，在公司高层的陪同下到度假胜地尽情玩耍。此外，3M 还设立了“金靴奖”“寻径奖”等。3M 公司每年都举行一次庆功会。庆功会气氛热烈而庄重，当获奖人员从总经理手中接过荣誉证书时，全体员工将报以热烈的掌声，在大家羡慕的目光注视下，他们从公司俱乐部经理手中接过会员证书。这个俱乐部是公司专为功勋职员而成立的。

3.4.1.8 **公司绩效**

自 1999 年以来，每年的销售额中有三分之一的收入来自公司最近四年内推出的新产品。根据《财富》对美国企业的调查结果，3M 公司在“创新能力”“组织学习能力”“积极主动的研究开发计划”“最有能力适应未来竞争”等方面多年名列第一。作为世界 500 强的企业之一，3M 享誉全球，获奖累累。2014 年，3M 全球销售额 318 亿美元，利润约 50 亿美元。公司在 2015 年《财富》世界 500 强排行榜排名第 377 位。特别值得一提的是，3M 是美国道琼斯 30 种工业股票指数中历史最久的成分股之一。道琼斯成分股 30 家公司是不断变更的，其中一些公司现在已经破产了，而 3M 进入道琼斯已经有 30 多年了。

本案例参考文献：

[1] 顾小伟.3M公司的创新战略与文化. 企业改革与管理，2012（12）：61－63.

[2] 贺宝成.3M公司创新管理及启示. 郑州航空工业管理学院学报（社会科学版），2004（6）：144－145.

[3] 纪光欣. 美国3M公司的创新文化. 中外企业文化，2009（11）：22－24.

[4] 任飞翔.3M神话. 沪港经济，2014（2）：18－21.

[5] 尚天鸣.3M的创新智慧. 国企，2013（2）：100－109.

[6] 许晟.3M公司基业长青的秘诀. 人才资源开发，2006（2）：47－48.

[7] 曾立平.3M：百年老店的创新密码. 经理人，2008（1）：108－109.

3.4.2 基于企业文化视角下红豆集团竞争优势的构建

3.4.2.1 红豆集团简介

红豆集团的前身是1957年成立的港下针织厂。企业产品包含服装、橡胶轮胎、生物制药和地产四大领域。其中服装主要包括西服、衬衫、针织内衣、夹克衫、西裤、羽绒服装、床上用品等。2001年1月，“红豆股份”在上交所上市，企业开始迈入资本经营。集团有十多家子公司，包括两家上市公司，在柬埔寨建立了11.13平方公里的西哈努克港经济特区，拥有美国纽约、洛杉矶两个境外分公司。“红豆”“千里马”商标先后被国家工商局认定为中国驰名商标。红豆品牌旗下拥有“红豆男装”“红豆居家”“红豆家纺”“小红豆童装”“红豆杉”“红豆置业”等系列连锁品牌，拥有多个“中国名牌”产品。2014年，集团营业收入达471.28亿元。连续多年，集团进入中国企业500强和中国民营企业500强行列。

3.4.2.2 打造优秀的企业文化

红豆集团在长期发展过程中，高度重视文化对企业发展的促进作用，致力于塑造民族文化品牌，积极弘扬优秀民族传统文化，营造和谐、创新、奋进的企业文化。红豆文化深深地扎根于中华文化、吴文化、锡商文化的沃土，汲取其精华，形成了独特的企业文化。红豆文化体现在精神、制度、物质、行为几个层面，已经成为凝聚在企业中的血液，也是企业的核心竞争力。红豆集团通过精心打造以“共同富裕，产业报国”为使命追求，以“诚信、创新、奉献、卓越”为核心价值观，为企业夯实发展根基、优化发展环境、制定战略决策、增强企业凝聚力和创造力，提供了不竭的思想动力源泉。

3.4.2.2.1　红豆的诚信文化

“诚信”是立业之本，是企业的良心，也是企业成功的首要法则。孔子云：“诚者，乃做人之本，人而无信，不知其可也。”对一个企业来说，只有讲诚信，才能从根本上建立企业信誉、树立良好的企业形象和品牌形象。一个不讲诚信、不守信用的企业，在现代法治社会不可能长期存在。

红豆集团始终以诚信经营、依法纳税为准则，坚持诚信为本、客户至上，社会责任为重，企业资信等级一直保持为AAA级，1989年起每年都被评为省级重合同守信用单位。

3.4.2.2.2　红豆的创新文化

红豆集团一直走在创新的路上，创新给红豆带来了发展，带来了革新，更带来了机遇。红豆的创新体现在管理、制度、科技、营销等各方面上。

首先，在管理上的创新。早在1994年，红豆集团就推出了一系列与现代企业制度相吻合的管理机制，采用“母子公司制”和“内部市场制”的办法，把大企业规模优势与小企业的灵活机制结合起来，使企业做到了“大而活、活而灵”。“母子公司制”和“内部市场制”再加上“内部股份制”“效益承包制”，成为红豆独创的“四制联动”管理机制，“四制联动”的贯彻实施使红豆充满生机活力。红豆的实践证明，这一先进管理机制迄今依然充满生命力。

其次，在制度上的创新。没有规矩不成方圆。企业发展离不开制度规制，红豆在制度上的创新一直没有停止过。尤其在人才选拔、使用上，红豆创新不断。在人才选拔上，红豆集团变“相马”为“赛马”，实行竞争上岗制度，通过制度选人，给人才以平等选择的机会和公平竞争的平台，使人才脱颖而出，充分激发聪明才智。在红豆发展历史上，曾经招聘过年薪100万元的总经理，就连周海江就任红豆集团总裁也是通过海选竞争出来的。2004年9月，通过50名红豆集团董事的海选，周海江以49票的绝对高票当选红豆集团新一任总裁，也开了中国民营企业海选总裁的先河，标志着红豆向现代企业又迈进了关键性的一步。现在的红豆，几乎每周都要举行竞争上岗活动，从车间主管、科长、经理，到公司总经理，几乎所有的岗位都通过竞争上岗方式产生。

再次，在科技上的创新。科技是生产力、竞争力。企业发展离不开科技创新，红豆牢牢抓住人才、平台和投入三要素。推行百才工程，出台多项措施吸引并留住重点人才、高级人才，提升企业科技创新能力。同时，红豆的“三站两中心”也为科研创新提供了良好的基础，“三站”指的是博士后工作站、院士工作站和研究生工作站，“两中心”是指技术中心和工程中心，再加上产学研，就构成了红豆强大的科研平台。2014 年，围绕“人才、平台、投入”科技创新三要素，红豆集团又牢牢抓住人才，实施“百才工程”和“百千万人才培养计划”，大力招育人才，用好人才。随着创造性要素的不断增强，红豆集团的科技创新创造能力不断提升，早在 1997 年，红豆集团就被列入国务院 120 家深化改革试点企业之一，2006 年又被评为“第二批全国企事业专利试点先进企业”。历年来，红豆集团对知识产权十分重视，专利申请数量不断上升。2003 年，红豆专利申请数首次突破百件，达到 105 项。2013 年，专利申请数达到 288 项。2014 年，申请专利达到 315 项，其中有 70 项发明型，累计申请数达到2 400多件，每年以近 10% 的速度保持增长，并不断通过强化创新将知识产权成果转化为现实生产力。

最后，商业模式上的创新。好的商业模式是成功的一半，未来的竞争不是产品或者品牌的竞争，而是品牌商业模式之间的竞争。针对近年来服装品牌终端业态快速变化、电商严重冲击、高库存、终端零售业绩下滑严重等现实，2011 年，作为集团五大服装品牌之一的红豆男装实现了从“快时尚模式”到“全托管模式”的转变。“全托管模式”由加盟商提供资金、供应商提供产品、公司统一运营管理，最大的优势是零库存、无风险。在此模式下，加盟商、供应商以及公司三方围绕终端客户相互协作，实现三方共赢。公司通过整合社会多方面的资源，来达到对终端的掌控与关注。这是红豆未来进行商业模式和运营模式的创新之举，也是红豆形象男装未来发展的趋势和方向。全托管商业模式的推出，充分发挥了红豆的品牌优势、产品优势及服务优势，吸引了不少加盟商的参与。据江苏红豆实业股份有限公司总经理周宏江介绍，仅在 2015 年一季度，红豆男装门店会员新增 170 万人左右，成交笔数同比增长 127%，销售额同比增长 99%。

3.4.2.2.3 红豆的感恩与奉献文化

对红豆集团而言，感恩是一种情怀，也是一种文化，只有将感恩之情真正融入企业文化之中，才能变成企业的自觉行为。周海江认为，企业的发展离不开社会，社会环境越好，企业的发展就越快越健康，因此企业发展了就要担负相应的社会责任。这代表了红豆对企业自身、对员工及其家人以及所有利益相关者的承诺。红豆集团董事局主席周耀庭连续多年给当地老人拜年，给老人们送钱送物，在当地传为美谈。周耀庭说，这片土地养育了我，现在我有能力，理应给予回报，这叫感恩。在周耀庭的影响下，尊老敬老在红豆成为风尚。作为企业公民，红豆始终积极承担企业社会责任，包括为帮助弱势群体成立了2 500万红豆慈善基金，对符合条件的困难员工进行帮助；成立红豆杉抗肿瘤基金，帮助癌症病人建立积极、阳光的人生态度；捐赠1 000万元成立无锡耀庭慈善基金，对困难老党员进行救助；在中国青年创业就业基金会成立仪式上捐资1 000万元，支持、帮助青年人创业。先后出资1 800多万元帮助周边 8 个村、10 个厂发展经济。汶川特大地震发生后，集团党委书记、总裁周海江个人交纳“特殊党费”100 万元，并向北川、聚源、映秀三所中学捐款 300 万元，设立“七一红豆奖学金”。2011 年，甘肃舟曲发生特大泥石流灾害后，集团主动为500 多名灾区同胞提供就业机会。据统计，近几年红豆集团已为各类公益事业捐款捐物折合人民币 3 亿多元。正是有了这种深厚的感恩文化，踊跃向社会义务献血、积极参加各种社会公益活动才成为企业员工的自觉行为，这种强大凝聚力形成的关键因素就是感恩。

3.4.2.2.4　追求卓越的文化

卓越是企业和个人能够不断改进，突破自我，超越对手，做到杰出的过程和结果。追求卓越，是一种发展的态度和习惯，是一种永不满足、永争第一的豪情，是一种为社会、为企业、为员工负责的高度责任感和使命感。卓越体现在多方面上，卓越的产品质量、卓越的员工、卓越的业绩等。红豆文化就是一种卓越文化，红豆精神就是一种追求卓越、永不止步的精神。以红豆人追求卓越的质量为例。2014 年 7 月 10 日，工业和信息化部在青岛组织召开工业企业质量标杆工作座谈会，研究策划 2014 年工业企业质量标杆工作，会上对获得《2014 年工业企业质量标杆》的企业举行授奖仪式。全国共有 30 家企业的 30 项典型经验被评为 2014 年全国质量标杆。红豆集团以“基于客户需求的服务接触点管理的实践经验”成功入选该榜单，也成为无锡唯一获此殊荣的企业。“全国工业企业质量标杆”是工业企业在应用先进质量管理方法、开展质量管理活动、提高产品实物质量、改善质量保障能力、提升经营绩效等方面的最佳实践经验，是国家引导企业持续提高企业质量管理能力，提升产品和服务质量水平，加快工业企业转型升级的重要示范平台。经过多年探索，红豆集团已建立起严格的质量管理体系，率先在业内建立起首席质量官制度，并通过加强外协供应管理和内部生产管理相结合的方法不断提升产品质量，由此成功创造出满足客户需求的服务接触点管理经验，已在国内同行中推广。“质量就是用心、尽心做好每一件事，追求完善”，这是来自国际纽约公司的顾玉敏作为集团2014年质量先锋的代表，用真挚的语言说出的无数红豆质量员的心声。有一次，某外协工厂因停电通知，需要连夜提前按计划整烫出800多件衣服来交货。但等顾玉敏查货时，却发现很多烫不到位的地方。她立马要求工厂立即返工。在集装箱前，她和跟单及工厂的员工把一件件需返工的衣服全部挑出来进行改正。直到深夜12点才把所有衣服整理好，顺利装车。在红豆，有无数个像顾玉敏这样的红豆人，对工作严格要求，追求完美，由此铸就了红豆的质量长城。自2009年以来，红豆全方位导入并推进卓越绩效管理。在全体员工的努力下，产品质量工作得到了较大的提升。

3.4.2.2.5 红豆的品牌文化

红豆集团从创业开始就十分注意品牌文化的建设。红豆集团创始人周耀庭认为，品牌的一半是文化，没有文化的企业只不过是一个暴发户，而不注重企业文化的企业是不可能持续、稳定、健康发展的。1983年，工作千头万绪，但周耀庭认为，产品要有市场，必须创出名牌，首先应该给产品取个有内涵的名字，当时产品名为“山花”。为此，厂部专门召开职工大会，让大家发表意见。当时人们大都崇拜上海货，有人说可取名“飞兔”，一个销售员说可取名“琼花”，还有人建议取个洋名。大家想出了许多名字，周耀庭均不满意。有一天，周耀庭到附近办事，猛然想到了离家不远的红豆树，他眼前豁然一亮，脑中立即涌现出唐代大诗人王维的一首诗：“红豆生南国，春来发几枝。愿君多采撷，此物最相思。”红豆！就用这个名字。于是一个蕴含中华民族传统文化的品牌——红豆诞生了。20世纪80年代末90年代初，许多企业连商标都没有，更不要说创名牌了。1988年，周海江却敢为人先，在红豆领导层的会议上提出在中央电视台投资160万元做广告。这笔钱相当于当时企业全年的利润，可以买很多的设备，可以扩大再生产，而广告弄不好等于打水漂，很多人都为周海江的做法担心。周海江却果决地说服大家：“红豆”要在众多的品牌中立于不败之地，不但要有优秀的品质，还需要创名牌。周海江的魄力和远见，使这160万元资金的效益放大了100倍，红豆品牌也由此印入消费者心中，产品销路迅速拓展。为了保护“红豆”，红豆集团在34大类商品和8大类服务性商标上注册，又在54个国家和地区完成了商标注册，另外将与红豆发音相同、结构相似、意思相近的也进行了注册，如“虹豆”“江豆”“红豆树”“相思豆”“相思”“相思节”“相思鸟”“loveseed”“爱的种子”等。当时许多人对红豆集团的这一做法表示不理解，认为花的是冤枉钱，可后来的情况，证明了周海江这一做法的正确性和他的高瞻远瞩。1997年4月，红豆商标被国家工商管理总局认定为首批“中国驰名商标”。为了实现打造中国第一文化品牌，弘扬中国优秀传统文化的梦想，红豆集团精心策划了“红豆相思节”。借助中国大陆和中国香港、台湾的电视、报纸等主流媒体率先开展“七夕红豆相思节”系列活动。从2001年开始，通过大型文艺晚会、诗人笔会、诗词大赛、情歌大赛等形式向全世界华人倡导过这个中国人自己的情人节。面对社会的质疑和不解，到七夕节被国务院列入第一批国家非物质节庆文化遗产名录，再到被中宣部等七部委定为“我们的节日”，红豆已使“中国情人节”深入国人的内心。红豆此举受到社会各界的广泛赞誉。著名诗人余光中盛赞红豆此举是“用红豆抵抗玫瑰”。红豆计划用五个五年计划打造这一“中国情人节”。

3.4.2.2.6 红豆以人为本的文化

红豆文化也是一种以人为本的文化。红豆集团总裁周海江把“企业让职工生活更幸福”“建设幸福红豆”作为管理的终极目标。他将红豆的管理方法归纳为三句话：让企业员工生活上有保障，事业上有希望，情绪上有释放。生活上有保障，就是随着企业的发展，不断提高员工的收入，提升福利待遇，让群众得到实惠。集团每年都要多次召开会议，研究商讨提高员工待遇事宜，并将讨论稿分发给员工，广泛征求意见，使员工薪酬与企业效益同步增长。红豆对一线员工实行包吃包住，仅“包吃”一项，企业每年就要支出8 000多万元。集团专门投入1.35亿元，建造了17幢科员宿舍楼、一线员工宿舍楼、夫妻楼；对高级人才，公司还奖励一套100平方米以上的住房；在事业上，红豆集团十分尊重和善待员工，为员工创造公平的良好机会。公司几乎每星期都会有竞争上岗的职位推出来，岗位从科长、车间主任、销售经理到厂长、公司总经理等，参加竞争者可以来自集团内部的任何一个岗位，这可使所有员工都清晰地看到自己的上升空间，最大限度地发挥聪明才智。给股权，是红豆让员工分享企业发展成果的又一举措。现在，红豆集团有股东600多名，这在全国民营企业中实为罕见，这一举措进一步增强了员工的归属感；在情绪上有释放。近年来，80后、90后年轻人逐渐成为生产线的生力军。这些年轻人思想活跃，不喜欢被人束缚。针对年轻人的特点，公司设立了“总经理信箱”，在车间开辟了“回音壁”。员工们有什么意见、建议、怨言，或者想发牢骚，骂领导都可以写成纸条或留言，秘密贴在“回音壁”上，纸条或留言必须由领导处理。对合理的意见和建议，予以采纳，对不合理的意见或情绪，及时给予解释和疏导。如果仅仅是发发牢骚、说说怪话，绝不追究。这一举措，大大方便了内部沟通，营造了和谐的工作环境；此外，红豆集团通过开展岗位技能培训、企业文化培训等，来全面提高外来员工的素质，并根据员工参加培训的成绩，来决定今后的工作岗位，从而为员工创造了积极向上的工作氛围。

3.4.2.3 红豆效应

3.4.2.3.1 文化品牌价值效应

红豆集团一直重视品牌建设，从1984年注册富含丰富民族文化内涵的红豆作为企业商标开始，就把创名牌作为企业的重要战略，并通过不断开拓创新，走出了富有特色的民营企业品牌成功之路。沿着红豆的发展轨迹，不难发现它的成长史也是一部矢志打造名牌的建设史。从20世纪80年代最早在国内外进行全面注册，到90年代初成为第一个在中央电视台做广告的服装企业，到提出名牌的一半是文化、一半是技术，并把法国设计名校ESMOD服装设计学院搬到红豆，直到连续15年举办红豆·七夕节活动，不断赋予红豆中国文化内涵，赢得了海内外广泛认同，再到新世纪先后摘得中国服装行业价值大奖、成就大奖，“红豆”“千里马”商标先后被国家工商局认定为中国驰名商标，成为全国屈指可数的拥有两个驰名商标的企业。红豆通过名牌战略的深入贯彻实施，成为江苏省、服装界唯一的一家国家商标战略实施示范单位。2014年12月12日，2014中国品牌价值评价信息在中央电视台向全球独家发布。此次发布是由中国中央电视台、中国品牌建设促进会、中国国际贸易促进委员会、中国资产评估协会、中国标准化研究院、中国优质农产品开发服务协会几家单位共同作为发布主体，联合发布评价信息。经评估，红豆的品牌强度达到871.3，品牌价值达到83.45亿元，均在中国纺织服装行业领先。2015年6月

16日，北京，世界品牌实验室（World Brand Lab）主办的“世界品牌大会”上发布了2015年（第十二届）《中国500最具价值品牌》排行榜。品牌年龄31年的“红豆”位居“品牌500强”第99位，品牌价值233.85亿，跻身百强之列。2015年6月6日，在无锡市举办的2015全国企业文化示范基地（红豆集团）现场会上，红豆集团被中国企业联合会、中国企业家协会授予“全国企业文化示范基地”称号，这是对多年来红豆文化引领企业跨越发展的肯定。

3.4.2.3.2 人才集聚效应

红豆的优秀文化形成了强大的引才聚才“磁场”。一是高端领军人才集聚红豆。在红豆杉生物制药领域，由中国科学院蒋有绪院士等挂帅的院士工作站、博士后工作站和产品研发中心，集聚了大批海内外高新技术领军人才；吸引一批外籍专家，分别领衔服装、家纺和高端轮胎设计研发。目前，在集团工作的各类国际、国内领军型研发人才有近百名；二是经营管理人才竞相涌现。会同新加坡、美国等境外培训机构，联合举办MBA核心课程班和经理人培训班，打造了一支500人的职业化、现代化和国际化的管理人才队伍。在营销一线选拔培养3 000名专卖店店长，涌现出50多名年内销超千万元的市场营销人才，30多名年外销超150万美元的国际贸易人才；三是高技能人才层出不穷。集团先后培养出全国纺织行业技能竞赛制版冠军、“全国技术能手”郭军伟，全国服装制作职业技能大赛亚军秦军等一批高技能人才，在他们的带动下，形成了一支1 000多人的星级员工操作骨干队伍。

3.4.2.3.3 跨越式发展效应

红豆集团探索形成的中国特色现代企业治理模式，彰显出强大的制度优势，推动企业实现了从传统单一产业向现代多元产业、从粗放管理向科学管理、从本土经营向跨国经营的跨越。改革开放以来，红豆从一家濒临倒闭的乡镇企业，发展成为现代大型民营企业集团。集团规模呈大幅度增长态势（见下图）。1983年，红豆销售收入仅为63万元，2014年全年营业收入达到471.28亿元。1983—2014年间，年平均增长率达42%。自2007年以来，红豆集团连续九年进入中国500强榜单，名次保持在第260位左右，2015年名列第268位。在中国民营企业500强榜单上，红豆集团也多次进入，2015年排名第62位。自1995年开始，中国服装协会发布服装行业百强排名。红豆集团自1995年入选“双百强”以来，在服装百强榜上的排名不断攀升，2001年进入全国服装行业前十强，2004 年跃居 2003 年度纺织服装行业竞争力亚军，自此至 2014 年已 12 年蝉联产品销售收入百强亚军。

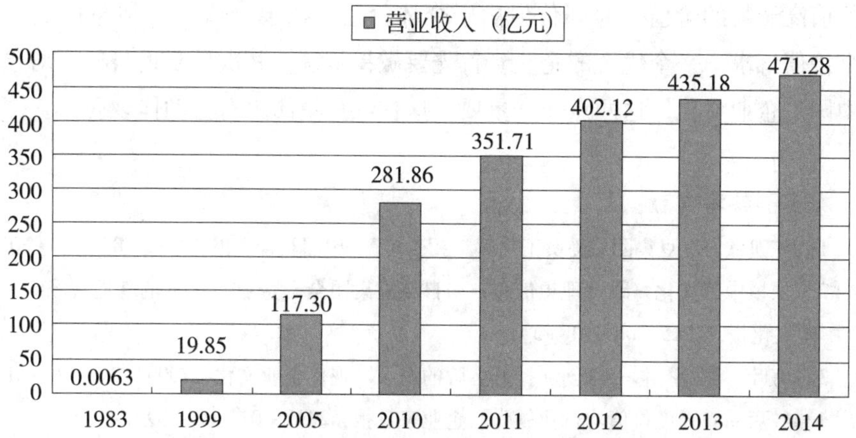

数据来源：作者根据相关资料整理。

红豆集团营业收入变化趋势

3.4.2.4 **简评**

一个企业要想能够得到社会广泛的认可，关键是有好的企业基因。红豆集团之所以能够实现一次又一次的跨越发展，从年产 26 万元的小作坊一步步成长到一个大型企业集团，关键就在始终把企业文化作为打造持续竞争优势的命脉和根基。一个真正有抱负、有追求的企业，应该明确自身的价值导向，旗帜鲜明地提出顺应时代发展要求、符合企业发展特点的价值主张，回答通过什么途径来实现和创造价值。这是企业文化建设首要的任务，也是关系企业长期生存发展的核心问题。红豆集团的“情文化”深刻体现了企业价值实现与民族、国家、社会以及个人价值实现之间的相互依存关系。红豆集团在发展过程中，始终把责任作为最根本的价值导向，自觉在大局之下思考本企业的发展定位，努力探寻和创新价值创造的有效途径，选择符合各方利益和企业长远发展的决策，从而不断顺应大势，把握机遇，使企业在激烈的市场竞争中保持了正确的发展方向。企业文化不是文字，而是一种精神。红豆集团的企业文化实践证明，无论是企业的战略转型，还是管理创新、品牌建设，都要依靠文化的强力驱动来实现。红豆文化与其他企业相比，非常重要的特色就是抓住了一个企业发展中最想要的东西，在这方面，红豆集团为广大企业做出了典范。红豆集团提出的“诚信、感恩、创新、卓越”核心价值观，不但从做人、做事两个方面抓住了企业发展最关键的要素，而且体现了鲜明的社会责任，体现了“人的价值高于物的价值、共同价值高于个体价值、社会价值高于利益价值”这三个价值诉求。一个优秀的企业，首先要敬畏传统，其次要亲近自然，对于未来中国的企业文化，这两点非常重要，这在红豆集团也有生动体现。

本案例参考文献：

[1] 陈凯歌. 红豆集团关爱员工化解“招工难”. 中国联合商报，2011-03-21（F03）.

[2] 根植中华文化 践行理想信念：来自红豆集团全国企业文化示范基地现场会的报道. 中国文化报，2015-06-11（3）.

[3] 海叶. 红豆衬衫——创新打造名牌的源泉. 现代企业文化，2009（8）：60-61.

[4] 红豆品牌强度价值均行业领先. 企业家日报，2015-01-08（09）.

[5] 红豆集团：铭记感恩 砥砺前行.（2015-06-08）. http：//www. hongdou. com.

[6] 红豆集团：汲取民族文化营养 塑造中国特色企业文化.（2015-06-06）. http：//www. hongdou. com.

[7] 李军霞. 红豆：品牌创新之路. 东方企业文化，2006（12）：22-23.

[8] 李佳霖. 红豆集团：创新最相思. 经济日报，2015-05-30（04）.

[9] 刘喜文. 战略铸就品牌文化塑造精神——访红豆集团总裁周海江. 人力资源管理，2008（5）：20-24.

[10] 苏雁，王阳. 红豆集团：文化力就是生命力. 光明日报，2015-04-30（08）.

[11] 无锡市和锡山区老促会、扶贫协会联合调查组. 红豆为什么这样红——关于江苏省红豆集团的调查. 中国乡镇企业，2011（5）：44-47.

[12] 谢昌举. 红豆“感恩文化”创造效益. 经理日报，2009-05-11（B03）.

[13] 姚晨. 南国“红豆”别样红. 思想政治工作研究，2014（2）：39-43.

[14] 张云龙. 以“情文化”引领企业跨越发展. 现代企业文化，2015（7）：122-123.

[15] 中央组织部组织二局、江苏省委组织部、无锡市委组织部联合调研组. 现代企业制度+党的建设+社会责任：红豆集团探索构建中国特色现代企业制度的实践与启示. 中国组织人事报，2013-04-15（08）.

[16] 周海江. 打造优秀红豆企业文化. 经理日报，2010-06-15（C03）.

[17] 周海江. 企业基因决定能否成功.（2015-06-09）. http：//www. hongdou. com.

[18] 卓之敏. 红豆借七夕再打文化牌. 中国工业报，2014-07-16（B03）.

4 加强顾客价值管理，创造企业竞争优势

4.1 顾客价值的含义及其特征

4.1.1 顾客价值的含义

早在1954年，Drucker就指出，顾客购买和消费的绝不是产品，而是价值。从文献上看，最早给出顾客价值定义的学者是Jackson（1985），他最早提出了“价值”实际上就是“顾客价值”的定义，认为价值是感知利益与价格之间的比率。① 从此，顾客价值逐渐成为管理学界和企业界共同关注的焦点，被视为竞争优势的新来源。尽管学者们都使用了“顾客价值”这一概念，但对其内涵的认识众说纷纭，没有一致的说法。而典型的顾客价值概念包括：顾客感知价值、顾客让渡价值和顾客期望价值。

4.1.1.1 顾客感知价值

Zeithaml（1988）首先提出了顾客感知价值的概念，认为顾客感知价值（Customer Perceived Value）是顾客所能感知到的利益与其在获取产品或服务时所付出的成本进行权衡后对产品或服务效用的总体评价。其中感知到的利益包括显著的内部特性、外部特性、感知质量和其他相关的高层次的抽象概念。所付出的成本包括货币成本和非货币成本。Zeithaml从四个方面来阐释顾客感知价值：①价值就是低廉的价格；②价值就是要从产品或服务中获取的东西；③价值就是根据付出所能获得的质量；④价值就是全部付出所能得到的全部东西。② 此外，把“顾客价值”看作是“顾客感知价值”的学者还有Gronroos、

---

① JACKSON B B. Build customer relationships that last. Harvard business review，1985，63（6）：120 - 128.

② ZEITHAML V A. Consumer perceptions of price，quality，and value：a means-end model and synthesis of evidence. Journal of marketing，1988，52（3）：2 - 22.

Gale、Payne 和 Holt 等。Gronroos（1994）认为顾客价值是顾客感知的核心价值和感知的附加价值之和。Gale（1994）认为，顾客价值是顾客相对于产品价格而获得的感知质量。Payne 和 Holt（2001）则认为顾客价值是顾客决定的概念，是顾客对企业提供的价值的感知和判断。[①]

4.1.1.2 顾客让渡价值

Philip Kolter（1994）最先提出了顾客让渡价值（Customer Delivered Value）的概念。顾客让渡价值，是指总顾客价值与总顾客成本之差。总顾客价值是顾客从某一特定产品或服务中获得的一系列利益，这些利益包括产品价值、服务价值、人员价值和形象价值等。总顾客成本反映了顾客为了购买一件产品或服务所耗费的时间、精神、体力等非货币以及货币等，具体包括货币成本、时间成本、精神成本和体力成本。顾客是价值最大化的追求者，在购买产品时，总希望用最低的成本获得最大的收益，以使自己的需要得到最大限度的满足。此外，还有其他一些学者所下的定义与 Kolter 的接近。比如，Higgins（1998）认为，顾客价值是顾客获得的利益与付出的成本的差额。顾客利益要素包括产品价值、服务价值、技术价值、认同价值。而顾客成本则可分为两大类：与所付价格有关的成本和顾客付出的各种内部成本。[②] 而 Slater 和 Narver（2000）则认为，顾客价值产生于当产品或服务带给顾客的利益胜过产品或服务的生命周期成本的时候。[③] 其中，企业顾客通过增长了的单位销售额和边际利润而获得利益；生命周期成本包括：搜寻成本、营运成本、处置成本和购买价格。

4.1.1.3 顾客期望价值

Woodruff（1997）对顾客如何感知企业所提供的价值问题进行了研究，并提出了顾客价值模型（见图 4－1）。该模型认为顾客通过途径—结果模式形成期望价值。在图 4－1 中从上往下看，顾客会根据其目标和意图确定使用情景下结果的重要性，再由重要的使用结果指导顾客确定属性和属性功效的重要性。从下往上看，顾客在购买和使用某一具体产品的时候，将会考虑产品的具

① PAYNE A，Holt. S. Diagnosing customer value：integrating the value process and relationship marketing. British journal of management，2001，12（2）：59－182.

② HIGGINS K T. The value of consumer value analysis. Marketing research，1998，10（4）：38－44.

③ SLATER F S，Narver JC. Intelligence generation and superior customer value. Journal of the academy of marketing science，2000，28（1）：120－127.

体属性和属性效能以及这些属性对实现预期结果的能力，根据这些结果的实现能力形成期望。Woodruff（1997）指出，期望价值是在产品或者服务提供的帮助下，顾客在特定使用场合对于他们想要发生的结果的感觉，以便实现其愿望或者目标。期望价值包括很多的维度，每个维度均旨在帮助顾客在某种场合实现某些目标，并且每个维度均在不同的场合拥有不同水平的相对重要性。场合发生变化的情况下，会出现新的维度，或者维度的重要性水平会发生变化。价值判断是顾客对供应商为其创造的价值的评判，在特定的使用场合对于所有重要的利得和付出之间所做的权衡。[①] 另外，Flint 等（1997）的研究表明，可以从价值观、理想价值和价值判断三个方面来考察价值，并认为顾客价值是顾客对放弃的产品特性与期望特性之间的一种权衡与比较[②]。显然，Woodruff、Flint 等学者把顾客价值看作顾客的期望价值。

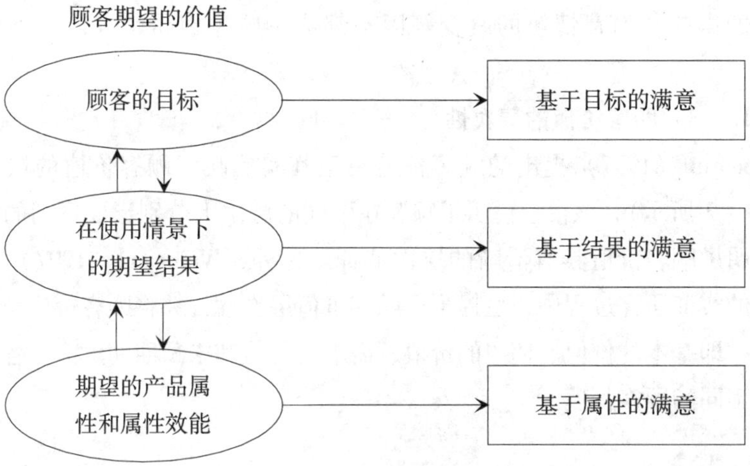

图 4-1　Woodruff 的顾客价值层次模型

① WOODRUFF R B. Customer value: the next source for competitive advantage. Journal of the academy of marketing science, 1997, 25 (2): 139-153.

② FLINT, GARDIAL. Customer value change in industrial marketing relationships: a call for new strategies and research. Industrial marketing management, 1997, 26 (2): 163-173.

4.1.2 顾客价值的特征

4.1.2.1 顾客价值的主观性

顾客价值并不是产品和服务本身固有的，而是由顾客主观感知的，是顾客心中的价值，是与产品、服务、品牌是否符合顾客的需求紧密联系在一起的。顾客价值因人而异，不同的个人或组织对同一产品或服务的价值会有不同的评价。即使是同一个顾客，在不同的时间所感知的价值也是不同的[①]。

4.1.2.2 顾客价值的动态性

顾客价值的主观性在一定程度上决定了顾客价值的动态性。顾客价值的动态性在许多文献中都有所阐述，学者们直接或间接地提到了顾客价值随着时间变化的特点。Parasuraman（1997）认为，随着时间的变化，顾客价值的评价标准以及所占权重会发生变化[②]。其实，顾客消费经验的积累、技术发展对顾客需求的影响、消费情境的改变等因素都会影响顾客价值，使其不断变化发展。

4.1.2.3 顾客价值的层次性

Woodruff（1997）提出的顾客价值模型其实反映了顾客价值的层次模型（如图4－2所示），该模型说明了顾客在不同的层次上分别形成不同的感知价值，表明了顾客价值具有清晰的层次特征。另外，Weingand（1997）在进行图书馆的实证研究过程中，也提出了顾客价值层次性，并将顾客价值划分为四个层次，即基本的价值、期望的价值、需求的价值和未预期的价值，各个层次都对应不同的顾客价值。[③]

---

① VANTRAPPEN HERMAN. Creating customer value by streaming business process. Long range planning，1992，25（2）：53－62.

② PARASURAMAN A. Reflections on gaining competitive advantage through customer value. Journal of the academy of marketing science，1997，25（2）：154－161.

③ WEINGAND D E. Customer service excellence：a concise guide for librarians. Chicago：American Library Association，1997.

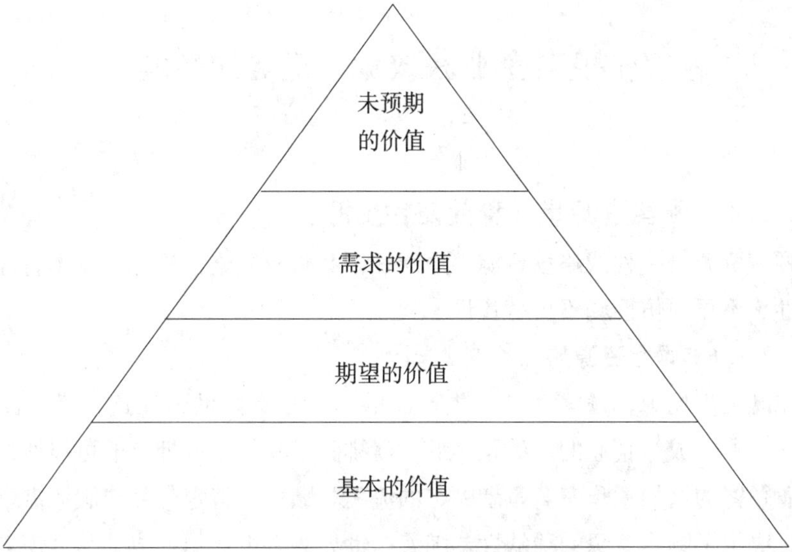

图4－2　Weingand的顾客价值层次模型

4.1.2.4 情境依赖性

顾客价值随着顾客消费环境的变化而发生变化，在不同的环境下，顾客的偏好及其对得失利弊的评价和权衡会有显著的差异，即使是同一顾客在不同的情境下也可能对同一产品产生不同的感知价值。日本电器公司在对个人手提电脑的使用情境大量研究后，研制生产了Versa手提电脑，其显示器、电源、存储器和磁盘驱动器都是插槽式的，可以让顾客在不同的使用情境下实现灵活配置，为顾客创造了价值。Woodruff（1997）认为，使用情境对顾客感知价值的形成起着重要的作用，在不同的情境下，产品属性、结果和目标及其相互作用也不相同。①

① WOODRUFF R B. Customer value: the next source for competitive advantage. Journal of the academy of marketing science, 1997, 25 (2): 139－153.

4.2 顾客价值对企业获取竞争优势的影响

4.2.1 顾客资源是一种战略性资源

顾客资源是一种战略性资源，原因在于其具有战略性资源的基本特性，即稀缺性、不可模仿性和不可替代性。

4.2.1.1 顾客资源的稀缺性

在既定市场中，顾客对某一类产品的需求是有限的，在这一类产品市场中，某一顾客成为企业的忠诚顾客后，就排除了其他企业拥有的可能性，因此本企业顾客的增加意味着竞争者顾客的流失。顾客对特定产品或服务需求的有限性，决定了顾客资源的稀缺性。随着全世界买方市场的形成，顾客需求相对于产品或服务供给而言严重不足，对有效需求顾客的争夺在各行各业已呈现出白热化趋势，顾客资源的绝对稀缺性日益显现。

4.2.1.2 顾客资源的不可模仿性

关系的建立是一个双向的、互动的长期过程，顾客一旦与企业建立了长期关系，便对企业产生强烈的认同感和归属感，这种感觉是不可模仿的。另外，顾客资源是企业外部无形资源中最难开发、最难编码和传播的一种资源，竞争对手虽然可以学习和模仿本企业的关系管理策略，但不能完全模仿本企业建立的顾客关系和能力。

4.2.1.3 顾客资源的不可替代性

对企业来说，顾客是不可或缺的，它在企业经营管理中占据重要的地位，离开了顾客，企业便无法生存。此外，由于关系增长的非线性，企业通过对顾客关系的开发，可以形成顾客关系网络资源，这种资源是成几何形式增长的。这些特性表明顾客资源是企业中其他资源无法取代的，具有不可替代性。

4.2.2 顾客资产对企业外部环境与竞争优势的影响

美国营销学专家 Robert Blattberg 和 John Deighton 于 1996 年提出了顾客资产概念，他们在关系营销理论的基础上，提出可将企业与顾客的关系视作企业的一项可经营资产，认为企业的顾客资产就是企业所有顾客终身价值的折现的总和。[1] 美国营销学学者 Rust R. T. 和 Lemon Katherine N.（2004）认为，顾客资产就是一个企业现在的和潜在的顾客的终身价值的折现总和，他们将现有顾客和潜在顾客都纳入顾客资产的范围。[2] 顾客资产对企业外部环境与竞争优势会产生很大的影响，其逻辑关系的分析是基于美国战略学家迈克尔·波特（Michael Porter）教授于 20 世纪 80 年代初提出的行业结构分析的“五力模型”。波特认为，行业中存在着决定竞争规模和程度的五种力量，这五种力量综合起来影响着产业的吸引力和企业的获利能力。顾客资源也正是通过与五种力量的综合较量来影响企业的获利能力和竞争优势价值的。

企业拥有的顾客规模越大，企业的维持成本和经营成本就越低，它迫使进入者一开始就面临成本方面的劣势。优质的顾客资产具有对企业强的依附性，这种依附性构成了顾客资产的移动壁垒。竞争对手仅仅依靠低价策略往往不会导致企业这一部分顾客资产的大幅度减少，而需要从产品、服务、价格、促销组合等各方面支付大量的转移成本。顾客资产的价值递增能力能降低企业的整合成本，使企业从生产过程中的副产品中获取增量收益。因此，顾客资源通过规模经济性、价值递增能力、转移成本障碍等“隔离机制”阻止或威胁着现有竞争者和潜在进入者；较大规模的顾客资源代表着一种品牌形象，意味着其集中化的程度较高，会使供应方可供选择的下游企业减少。同时，通过规模采购减弱供应商的砍价能力；忠诚顾客使用产品给其他顾客提供了一种学习效应，忠诚顾客的比重越高，其对顾客的砍价能力越强。另外，顾客资产的规模越大，企业的平均服务成本就越低，并且由于学习和经验曲线，使其能以等量费用较竞争对手为顾客提供更高的服务价值，这使企业可能在提高顾客满意度的前提下，降低购买者的砍价能力；拥有强大顾客资产的企业，可以通过降低单一顾客转换的欲望，并提高转向替代品的转换成本，以形成对替代品的巨大压力。如果一个企业的顾客资产反映了某一社会群体中主流消费者的习惯和价值取向，那么这种顾客资产不仅使原有顾客结构保持稳定，而且不断吸引新的顾客加入。[3] 顾客资源相对于企业内部而言，起到了一个重要的中介作用。而

---

① ROBERT B C，John D. Managing marketing by the customer equity test. Harvard business review，1996，74（4）：136 - 144.

② RUST R T，LEMON K N，ZEITHMAL V A. Return on marketing：using customer equity to focus marketing strategy. Journal of marketing，2004，68（1）：109 - 127.

③ 汪涛，徐岚．顾客资产与竞争优势．中国软科学，2002（1）：52 - 56.

就其自身而言，它直接体现为动态竞争优势，迎接现有竞争者、潜在竞争者、供应商、替代者、购买者等“五种力量”的不断挑战。此外，顾客资源还通过动态相辅效果和动态相乘效应强化自身的竞争优势，使基于顾客资源的动态竞争优势具有自我衍生、裂变、扩散与延展的能力，从而将目前的动态竞争优势发展成为能够应对将来竞争的持续竞争优势。①

综上所述，基于顾客资源的动态竞争优势是在企业竞争战略的引领下，以顾客价值为导向，企业充分利用资源和能力为顾客创造价值，实现顾客的价值期望，以使企业的资源和能力转化为顾客满意的产品或服务。在顾客承诺与信任的基础上，顾客满意逐渐升华为顾客忠诚并形成顾客资产。顾客资产可有效地应对来自现有竞争者、潜在竞争者、供应商、替代者和购买者的竞争与挑战，顾客资源在不断地获取外部环境机会和有效地规避外部环境威胁的同时，可以通过动态相辅效果和动态相乘效应以使企业获得持续性竞争优势。

4.3 以顾客价值提升企业竞争优势的措施

4.3.1 顾客全面参与

顾客参与服务或产品的生产过程，会影响对服务或产品质量的感知，从而最终影响顾客的满意度。通过顾客参与，企业能及时掌握顾客需求及其变化趋势，及时在生产经营活动中调整方向。Lengnick - Hall 研究了顾客对生产过程的贡献。他认为顾客的角色有：共同生产者，购买者，使用者，整合顾客的这些角色能产生竞争优势。鼓励顾客参与已经成为一项前沿的企业竞争战略，微软在开发视窗操作系统时通过和顾客的紧密互动，节省了价值相当于五亿多美元的时间、精力和相关费用。在 3M 公司，通过大客户参与开发的新产品，其销售额比通过传统方法开发出的新产品高出八倍以上。这些公司正是通过顾客参与的方式充分利用了顾客能力，其结果是在为企业自身带来巨大收益的同时也提高了顾客满意度。企业从产品和服务的构思、设计、工艺、采购、加工、装配一直到使用和处理，整个过程都需要顾客参与，使得在价值链上自始至终

① 刘建新，陈雪阳．基于顾客资源的动态竞争优势．北京工商大学学报（社会科学版），2006（6）：21－27.

能够保证供需双方共同创造和维持互惠互利的关系，最终满足顾客的个性化需求，实现顾客价值的最大化。

表4－1反映了顾客参与顾客价值创造的部分方法及其运用。这些方法有助于在将顾客需求转化为最终产品的增值过程中发挥顾客能力，有助于企业创造持续竞争优势。

表4－1 顾客参与顾客价值创造的方法及其运用

方法	说明	公司和行业应用举例
直销	直销从两个方面有助于企业和顾客实现良好的互动：第一是针对单个顾客的接触（即针对个体的销售）；第二是能获得每个顾客的直接反馈（即个体的交易记录）。另外，直销的多种形式也有利于企业的灵活选择，例如直邮销售、个人推销、B2B业务等	Dell公司；Mailways公司；Christmas Forrest公司；BNC公司
CRM	客户关系管理系统将企业的销售前端（即营销和销售以及顾客服务）与后端（即人力资源管理）以及企业与顾客的接触点联系起来	零售超市；售后服务部；呼叫中心
在线订购和跟踪系统	在线订购和跟踪系统有助于顾客通过互联网环境进行产品查询和交易，它甚至被认为能够为顾客增加价值。例如联邦快递的网上查询系统便于顾客做好接收准备。这种系统具备的功能一般包括购物车、订单跟踪、在线订单管理、顾客信息跟踪、会员加盟、新顾客推荐，以提供在线销售或下载的产品和服务	联邦快递；UPS；DHL；亚马逊在线书店

（续上表）

方法	说明	公司和行业应用举例
参与式服务	为了获得定制化的服务产品，顾客参与到某些服务过程中，在接收服务过程中与企业进行信息交换，并与服务人员建立个人关系，在发现服务出现偏差时顾客还会通过及时反馈来干预服务。顾客参与服务过程可以为他们自己和其他顾客带来更高的满意度，并提高对服务质量的感知	快餐厅；音乐会；银行
一对一营销	能够采取针对每位顾客的定制营销方式，即让每位顾客均能直接参与企业的营销行为。企业和顾客之间的互动通过四步来实现：第一步是寻找和识别顾客；第二步是区别不同的需求；第三步是与顾客进行接触；第四步是通过提供定制产品来满足顾客需求	零售咖啡店；在线书店；www. 1to1. com
顾客供应品输入	是指顾客在定制过程中通过控制流入物流来提供某些具有私人偏好的零部件或服务组成，以便使最终的定制产品更具有某些突出的个性特征	造船行业的船东供应品
顾客包装和运输	即通过让顾客自行包装或运输最终产品来让利顾客，并为顾客提供一种独特的体验来共同创造价值	宜家家具；苏州金龙客车
顾客质量监督	即在真实的顾客环境中，利用特定顾客群的技能、热心和设备来测试新产品，以便最大程度减少最终产品的缺陷	微软；qaforums. com；mozilla. org

（续上表）

方法	说明	公司和行业应用举例
顾客参与新产品开发	通过与顾客接触，听取、参考、吸收和提炼顾客有关市场需求和新产品的意见与建议，并利用他们相关的技能、知识和精力来成功开发新产品。有助于企业与顾客互动的新产品开发方法包括：质量功能展开（QFD）、大客户方法、用户主导的开发，参与新产品测试等	Hallmark 贺卡公司；3M 公司；微软及其他软件行业的企业
在线新产品开发	顾客通过在线或网络方式为企业提供新产品开发的思路、方向、反馈、具体建议等，以便使联合设计的结果更好，使新产品上市过程更顺利，以取得更多更快的市场回报	Fiat 汽车公司
网络社区提供服务支持	即通过调动和发挥一些对企业产品（服务）比较了解的忠诚顾客或热心顾客的信息、技能、知识和精力，在网络论坛上代替企业提供相关的疑问解答，并通过这种方式了解顾客对产品的反馈和对未来产品的需求	思科公司；微软公司；Hallmark 贺卡公司；Novell 公司
系统联合开发	通过顾客的反馈使系统功能更为经济实用，操作界面和安全性更好，新系统的应用更容易得到推广	专家系统开发；管理信息系统开发

资料来源：张祥，陈荣秋．顾客参与链：让顾客与企业共同创造竞争优势．管理评论，2006（1）：51－56．

4.3.2 实施顾客关系管理，提升顾客价值

美国思科系统公司（Cisco Systems，Inc.）的成功是世人所共睹的，思科的持续竞争优势和核心竞争力的获得，应归功于其CRM（客户关系管理）的成功实施，也与CRM系统为公司带来的客户价值、创新性和延展性分不开。从思科可以看到，CRM对于一个企业满足客户需求。沟通客户关系。减少营

销渠道的竞争以及增加利润起到了至关重要的作用。实施客户关系管理，企业需要做好以下几方面的工作：

首先，要加强与顾客之间的沟通，识别和了解目标市场顾客的期望价值。企业必须重视顾客的心理，清楚地了解顾客的购买动机，明确顾客的需求和期望。比如，企业要清楚地知道顾客购买产品是如何考虑得失和进行选择的，是什么促使其购买公司的产品：价值、习惯、身份还是情感？同时，让顾客全面而真实地了解企业，使其增强安全感。通过相互交流，可加强企业与顾客之间相互理解、相互信任的关系，为创造价值提供机会。

其次，企业要充分了解顾客需求，建立完善的顾客需求反馈机制。一般来说，顾客需求可以分为显性需求、隐性需求和模糊需求。企业尤其要重视发掘顾客的模糊需求，因为大多数企业的服务都包含了显性需求，隐性需求则是顾客认为企业理所当然提供的内容，竞争企业在这些方面呈现出同质化倾向。模糊需求往往是顾客无法表达出来但却是内心的一种潜在需求。对此，企业应该定期地进行市场调查，要不断地倾听顾客的声音，对顾客的需求能够做出及时的反应和调整。同时，要针对顾客的需求，提出适合企业自身的服务策略，实行感情营销，以满足顾客情感需求，提升顾客对服务的感知价值。

再次，要增加顾客体验价值。在订单处理、客户查询、交付配送和售后服务等关键接触点，企业要努力贴近顾客，体会顾客的要求与感受，要尊重顾客，并进行情感营销，使每一次交易或接触都成为顾客良好而深刻的记忆，从而增加顾客体验价值。

最后，建立和实施服务补救机制。当出现顾客投诉时，企业不应该把它看成是问题，而应把它当作是顾客免费向你提供如何改进业务的信息。企业应设立多形式的投诉渠道，以便让顾客就不满事宜进行投诉。要努力理解顾客，对顾客的不满做出有效回应，服务员工应主动出现在现场，及时了解情况，当确定发生了失误时，应立即承认存在的问题，向顾客道歉和解释，并无条件地开展补救服务，直至将问题解决。

4.3.3 细分顾客类型，为不同顾客提供相应的产品或服务

根据不同的顾客类型，可分为三种顾客价值细分模式：①顾客对最新的、现代的产品感兴趣，对产品的选择反映了他们对时尚品位的追求和对特殊技术

的渴望。满足这类顾客需求的企业将顾客价值定位于产品领先。②顾客偏爱物美价廉的产品，并对购买便利和优质服务有特殊要求。瞄准这一顾客群的企业将顾客价值定位于运营卓越。③顾客希望确切地得到他们所需要的产品，哪怕需为之付出较高的价格或等待稍长一点的时间。为这一顾客群提供产品或服务的企业致力于提高顾客亲和度。[①]

把顾客价值定位于产品领先的企业，应瞄准成长中的目标市场，源源不断地创造出富有价值的产品。其实现产品领先优势的方法有两种：一方面，率先进入市场。企业应迅速进入市场，并制定出适宜的价格策略，以尽可能高的产品价值来获取投资回报。另一方面，产品平台不断创新。产品领先的企业必须通过不断的产品平台创新来巩固其在市场中的领先地位。

把顾客价值定位于追求运营卓越的企业，竞争平台应包括供应链的有效管理、高效的存货和物流管理。采用的途径就是控制成本，降低顾客货币成本的支出。通过运用价值工程原理，力求产品的功能简单实用，避免因增加先进但顾客并不需要的功能而徒增成本，保持运营的简单化。比如，戴尔公司避免宽泛的多样化产品，而注重较少品种商品的物流和服务，由此可以控制成本而给顾客一个较低的价格。通过发展外部关系，尤其发展与供应商的关系来削减成本。比如，克莱斯勒 1989 年开始对其供应链关系实施改革，其核心模式称为供应链成本降低计划（Supplier Cost Reduction Effort）。这项改革的主要内容是：减少供应商的数量、稳定供应商的利益关系、鼓励供应商更多地参与汽车生产的全过程、奖励供应商的创新活动与建议。这一计划的实施获得了巨大的成功。在开始实施的 1991—1992 年间，这项行动共产生了 875 个改进生产的新建议，每年降低成本约 1.7 亿美元；1994 年，供应商提供了 3 786 个新的建议，降低成本 5.04 亿美元；至 1995 年年底，克莱斯勒公司共实施了 5 300 多项新建议，节省了 17 亿美元的开支。改革前克莱斯勒公司一辆新款汽车的研发时间平均为 234 周，改革后缩短至 166 周。另外，为顾客提供优质服务。企业要注重运用信息技术为顾客提供便利的交易。例如，美国通用电气公司（GE）将经销商与它自己的计算机化的仓储表单直接联系起来，经销商接到顾客的订单后，将订单在 GE 公司的仓库直接配置，并在 24 小时内交货。

---

① 任学锋，李坤，顾培亮．顾客价值战略与企业竞争优势．南开学报，2001（5）：84－89.

把顾客价值定位于提高顾客亲和度的企业，应深谙与顾客维持长久、深厚关系的重要性，并不断探求进行顾客关系管理的方法。企业采用的策略有定制化生产和品牌忠诚。努力提升品牌形象，培养品牌忠诚度。

4.3.4　提高产品附加值，充分满足顾客需求

企业提供给消费者的产品或服务，必定具有满足顾客需要的核心价值，此外，还具有其他价值，比如给顾客带来美感。日本产品设计家平岛廉久认为，商品提供给消费者的价值有两种：一种是硬性商品价值，是指商品实际提供给消费者的功能，即顾客购买产品满足自身需要的核心价值，例如化妆品就是保护皮肤，服装就是御寒。另一种是软性商品价值，是指能满足消费者感性需求的某种文化，即商品的附加值，例如香水就是品牌的高贵感、魅力感等。随着经济的发展，人们收入水平和生活质量逐渐提高，消费观念更多地转向以满足人们心理的、感性上的需求为主。顾客对产品的功能、价格的关注程度越来越低，追求更多的是产品的附加值。因此，企业为了获得竞争优势，其生产的产品除了要符合质量要求外，还应增加产品的附加值，以增加消费者的顾客价值。

美国著名管理学家李维特曾指出：新的竞争不在于工厂里所生产出来的产品，而在于除此之外买主能否给产品加上包装、服务、广告、咨询、融资、送货、保管或其他顾客认为有价值的东西。其实，顾客对软性商品价值的感受和判断，构成了顾客收益的重要组成部分，成为顾客价值的重要内容。随着科技进步和生产效率的提高，产品同质化现象和更新换代速度日益加快，在产品实物质量大体趋同、硬性商品价值大体趋同的情况下，软性商品价值往往成为顾客关注的重点，甚至决定了顾客对不同产品的评价。我们可以看到，名牌产品之所以更受顾客青睐，不仅仅只是因为名牌产品的硬性商品价值有多高，更多的是名牌具有的心理价值，这种心理价值已经成为名牌产品软性商品价值的重要内容。顾客对软性商品价值的重视，有时甚至超过对硬性商品价值的重视。提高产品的软性商品价值，也就是增加了产品的附加值，这种附加值为顾客带去了更多的收益，从而为顾客创造了更多的价值。因此，企业不能将关注的目光仅仅停留在产品的质量、价格、功能开发上，更重要的是要从产品的附加值上寻求突破口，在产品的设计、包装、广告、服务等方面赋予产品更多的技术

含量、文化含量以及人性化因素。海南马自达轿车与同档次轿车相比，价格趋同，质量、功能也相近，但由于它豪华、大气的外形满足了消费者的心理需求，大大提高了顾客的感知价值，因此在市场上十分走俏。

4.3.5 重新设计流程，构建动态竞争能力

流程重新设计，又称流程再造、流程管理或流程创新，强调以用户（顾客）为中心和服务至上的经营理念，其基本思想是从用户（顾客）需求出发，以业务流程为再造对象，对整个流程进行根本性思考和分析，通过对流程构成要素的重新整合，实现流程的重新设计，以实现降低成本、提高效率和经济效益的目的。海尔集团是实施流程再造战略最成功的典型企业。1998 年 9 月，海尔集团改变传统企业以产品为中心的发展模式，实施以“市场链为纽带”的业务流程再造模式。具体上，实施以用户为中心的即需即供大规模定制，实现“零库存”下的“即需即供”，致力于通过产品创新、技术创新、商业模式创新为全球用户提供最佳产品解决方案。海尔创造互联网时代的世界名牌，积极探索实践“人单合一双赢模式”，通过“倒三角”的组织机构创新和“端到端”的自主经营体建设，实现从“卖产品”到“卖服务”的转型，创造出差异化的、可持续的竞争优势。创新业务流程要识别哪类业务流程需要改造，是新产品实现流程、物流管理流程，还是订单—付款流程或客户服务流程？决定需改造的业务流程必须能满足企业经营目标、顾客的关键需求和竞争需求。

在流程的改造和设计时，应注意把握一些基本原则。首先，是以顾客为中心的原则。将用户的满意放在第一位，为了提高效益，会自觉建立起以快速响应和不断满足用户个性化、差异化的需求为目的的业务流程、组织结构和运营机制等，以围绕用户需求为中心而开展工作。同时把供应商纳入“顾客满意”流程体系。供应商是企业整个业务流程中的有机组成部分，是各个经营主体中的必要成分，只有把经营过程中有关的各个方面纳入一个紧密的供应链中，才能有效地安排其经营活动，配置好企业现有的资源，以便快速高效地进行生产与经营，进一步提高效率。其次，是业务流程的整体优化原则。流程再造是以整体流程全局最优为目标，设计和优化流程中的各项活动。衡量系统优化的标准就是要理顺业务流程，强调流程中每一个环节上的活动尽可能实现最大化的增值，尽可能减少无效的或不增值的活动，在满足用户要求的条件下，尽量简

化工作程序，提高工作效率。最后，是企业上下整体联动的原则。在进行流程再造时要最大限度地发挥每个人的工作潜能与责任心，要组成再造团队（小组），由直接承担流程再造的不同部门内部成员以及具体流程之外的外部成员组成，他们包括领导者、流程负责人、再造小组成员等。

4.4 案例分析

4.4.1 沃尔玛的顾客价值管理

4.4.1.1 公司简介

沃尔玛百货有限公司由美国零售业的传奇人物山姆·沃尔顿先生于1962年在美国阿肯色州成立。1962年，沃尔玛的年销售额和年利润分别为100万美元和11万美元，2014年，分别增加到4 856.5亿美元和163.6亿美元。如今，沃尔玛公司已经成为美国最大的私人雇主和世界上最大的连锁零售企业。沃尔玛在全球27个国家开设了超过10 000家商场，下设69个品牌，全球员工总数220多万。

沃尔玛主要有沃尔玛购物广场、山姆会员商店、沃尔玛商店、沃尔玛社区店等四种营业方式。至今，沃尔玛已拥有2 133家沃尔玛商店、469家山姆会员商店和248家沃尔玛购物广场，分布在美国、中国、墨西哥、加拿大、英国、波多黎各、巴西、阿根廷、南非、哥斯达黎加、危地马拉、洪都拉斯、萨尔瓦多、尼加拉瓜等国家。沃尔玛自2002年以2 198亿美元的营收总额在美国《财富》杂志全球500强企业中居首位以来，多次成为《财富》全球500强的龙头老大，2015年又在《财富》500强企业排名第一。

4.4.1.2 为顾客提供超值服务

“顾客就是上帝”，这是沃尔玛顾客关系的哲学理念。每个初到沃尔玛的员工都被谆谆告诫：你不是在为主管或经理工作，其实你和他们没有什么区别，你们共同拥有一个“老板”，那就是顾客。为了实实在在地为顾客提供超值服务，沃尔玛制定了一些服务原则，比如“保证满意”“三米微笑”“日落原则”“盛情服务”等。

“保证满意”意味着竭尽所能让顾客满意。“三米微笑”要求员工在三米以内遇见顾客一定要保持微笑，员工与客户交往时尽量直接叫顾客名字，以表明对顾客的尊重。“日落原则”说的是所有沃尔玛员工应该在收到顾客、供应商或其他员工的电话的当天日落之前对这些电话做出答复。这正是沃尔玛对顾客做出友好服务承诺的一个例子。他们不一定要在日落之前解决每一个问题或者完成每一项任务，但他们把与打来电话的顾客、供应商、其他员工保持联络作为一件最重要的事来做，这体现了沃尔玛的一条基本原则——关心顾客。满足顾客的需求且超出顾客的期望的方法之一就是采取“盛情服务”。为使顾客在购物时自始至终感到愉快，沃尔玛要求员工的服务要超越顾客的期望值，要主动把顾客带到他们求购的商品前，而不是仅仅给顾客指一指；要主动与顾客热情打招呼，询问其是否需要帮助；要熟悉商品性能的优点、特点和价格高低，每天开始工作前花五分钟熟悉一下新产品，保证顾客乘兴而来、满意而归。

沃尔玛一贯重视营造良好的购物环境，经常开展种类丰富且形式多样的促销活动。如社区慈善捐助、季节商品酬宾、幸运抽奖、店内特色娱乐、特色商品展览和推介等，以此吸引顾客。在沃尔玛，每周都进行顾客期望和反映的调查，管理人员根据收集到的顾客反馈信息及时更新商品的组合，改进商品陈列摆放形式，使顾客在沃尔玛不但买到称心如意的商品，而且得到满意的全方位的购物享受。

公司还为顾客提供了“无条件退货”的保证。沃尔玛有四条退货准则：如果顾客没有收据——微笑，给顾客退货或退款；如果你拿不准沃尔玛是否出售过这样的商品——微笑，给顾客退货或退款；如果商品售出超过一个月——微笑，给顾客退货或退款；如果你怀疑商品曾被不恰当地使用过——微笑，给顾客退货或退款。高品质服务意味着顾客永远是对的。沃尔玛宁可收回一件不满意的商品，也不愿失去一位顾客。为此，沃尔玛设立了“200%满意”原则，如果鲜食部门的自制食品出现任何质量问题，沃尔玛都保证退货并免费赠送一份。

基于“顾客至上”的服务理念，沃尔玛还设立了两条尽人皆知的规定：第一条规定“顾客永远是对的”；第二条规定“如果顾客恰好错了，请参照第一条”。面对顾客，沃尔玛要求员工做到打不还手骂不还口，否则可能立刻被辞退或者受到处分。为此，前台特意设立了“委屈奖”，奖励那些能够“担当”的员工；还开展了“优秀收银员”的评比，谁接到的表扬信多谁就将受此殊荣。

4.4.1.3 “天天平价”以增加顾客价值

沃尔玛的经营宗旨是“天天平价，始终如一”，它指的是“不仅是一种或若干种低价商品低价销售，而是所有商品都是以最低价销售；不仅是在一时或一段时间低价销售，而是常年都以最低价格销售；不仅是在一地或一些地区低价销售，而是所有地区都以最低价格销售”。事实上，沃尔玛提倡的是低成本、低费用结构、低价格的经营思想，一般零售商的利润都在45%左右，而沃尔玛只要30%就可以了。沃尔玛有一“女裤理论”：女裤的进价0.8美元，售价1.2美元，如果降价到1美元，每条女裤就会少赚一半的钱，但却能卖出3倍的货，使总利润增加50%。沃尔玛实施“天天平价”竞争策略的关键是培育低成本竞争能力，在各个环节上降低成本。

4.4.1.3.1 低成本的全球采购

为了给顾客提供低价的商品，沃尔玛尽最大可能争取以最低的价格进货，直接进货+全球采购是它降低进货价格的两大法宝。沃尔玛直接从工厂进货，尽量减少中间流通环节。一般的零售商都是由分店向工厂订货，再由工厂将货发到各个分店。而沃尔玛实行的是“统一订货，统一分配”。各分店的订货都先汇总到总部，然后由总部统筹订货。由于是大批量订货，可以享受比其他零售商更便宜的批发价。订货成交后，由公司的车队将货送往公司的分销中心。全球采购使其利用经济全球化所形成的国际分工体系来构建自己的价格竞争优势，确保沃尔玛营销的商品始终来自世界“低价，再低价”的工厂。

为了确保在采购中拿到最低价格，沃尔玛引入了竞争机制，它不会让某个供应商成为某种商品的独家提供者，而是面向全球供应商公开竞价采购，同等条件下价格最低的供应商将得到订单，这就迫使供应商同沃尔玛一样致力于不断降低成本和价格。

不断加强与供应商合作。沃尔玛除宣称不收取供应商的任何进场费用外，还主动为供应商提供必要的信息技术服务，通过电脑联网实现信息共享。供应商可在第一时间了解沃尔玛的销售和存货情况，及时安排生产和运输。供应商因效率的提高而降低了成本，沃尔玛也依靠供应链管理取得了成本优势，将从中获得的优惠让利给顾客。

4.4.1.3.2 建设强大的自动化分销系统

建设强大的自动化分销系统，可以节约物流成本。沃尔玛的远见卓识在于敢投入大量资本来建设自动化分销系统，他们确信这样能够降低成本、提高企业竞争力。沃尔玛是全球第一家建立卫星通信系统的零售商，早在20世纪80年代初，互联网还没有进入商用领域，信息化的重要性还没有被大多数零售商认识时，沃尔玛就花费2 400万美元，购买了一颗人造卫星，并于1983年升空启用，作为全球各分区域中心的信息高速公路。此后，沃尔玛又陆续投资6亿多美元将原先的系统转变为基于因特网的全球信息系统，使之效率更高并更有用处。沃尔玛还是最早使用计算机跟踪存货（1969年）、最早使用条形码（1980年）、最早采用EDI（1985年）、最早使用激光扫描仪（1988年）的零售商。如今的沃尔玛已经实现了四个一，即："天上一颗星"——通过卫星传输市场信息；"地上一张网"——有一个便于用计算机网络进行管理的采购供销网络；"送货一条龙"——通过与供应商建立的计算机化连接，供货商自己就可以对沃尔玛的货架进行补货；"管理一棵树"——利用计算机网络把顾客、分店和供货商像一棵大树一样有机地联系在一起。各部门信息沟通和各种业务流程都可以迅速而准确畅通地运行，从而大大提高了效率、减少了失误、降低了运营成本、提高了服务质量，把营业的高效和准确提升到极致。

沃尔玛的分销中心在美国十分有名。据称每个分销中心楼板的面积加起来有20个足球场那么大，其装货月台可供30辆卡车同时装货，卸货月台有135个卸货位置。沃尔玛拥有美国最大的车队——"沃尔玛运输队"，有卡车2 000辆，拖车11 000辆。与其他建立了分销中心的商店相比，沃尔玛分销中心的效率可以说是非常之高。沃尔玛的商店备有8万种以上的商品，其中85%的货是由分销中心供应的，其他竞争者只能达到50%～60%。沃尔玛的零售商从在计算机上开出订单到货物上架，平均只需要2天时间，而其他竞争者则需要5天。据称，沃尔玛的商品运往商店的成本只占3%，而其他竞争者则需要4.5%～5.0%，这就保证了沃尔玛能以低廉的价格出售自己的商品。这是沃尔玛成功的关键之一。

4.4.1.3.3 严格控制经营成本

为了"为顾客节省每一分钱"，沃尔玛对企业各方面经营成本的控制达到了极其严格的地步，已经"抠"出了名。沃尔玛商店选址尽量在城乡接合部，以避开中心城区的高额地价，店面与办公室装修尽可能简单。在沃尔玛的各线管理人员办公室里，看不到昂贵的办公用品、家具和地毯。时时刻刻提醒员工在打电话、使用办公用品等点点滴滴小事上厉行节俭。公司规定，职员因公外出两人住一间汽车旅馆。商店里诸如照明设施、空调设备等出于节约能源和降低成本的考虑，也实行统一管理。

沃尔玛对营销成本的控制也相当严格，沃尔玛很少做广告，美国一般大型百货公司每年在电视或报纸上要做50至100次广告，而沃尔玛却只有12次，广告上的模特从来没有明星，只有沃尔玛的员工或是员工家属。不仅如此，业界普遍采用的定期邮寄广告画册宣传“超低价产品”的做法也被沃尔玛否定了。所以，沃尔玛的广告开支仅相当于西尔斯的三分之一；营销成本仅占销售额的1.5%；商品损耗率仅为1.1%。而一般美国零售商店这两项指标的平均值分别高达5%和2%。

为了提高员工降低成本的积极性，沃尔玛有一套损耗奖励计划来与员工们共享公司因减少损耗而获得的赢利，如果某家分店把损耗控制在公司的目标之内，该店每个员工都可获得奖金。为此，沃尔玛的全体工作人员，自上而下都为削减成本努力，大量削减成本的措施和上百条削减成本的小技巧相辅相成，使得沃尔玛的经营成本大大低于其他同行业竞争者。

4.4.1.4 绿色营销

作为世界最大的零售业公司，沃尔玛不仅为消费者提供了方便快捷的购物场所，也在绿色环保、可持续发展等方面做着积极的探索。沃尔玛的绿色行动早在20世纪90年代就开始了。1992年沃尔玛就开始建立了验厂程序，其中包括对供应商社会责任的各项规定，环保就是其中重要的内容。进入21世纪以来，沃尔玛的绿色步伐进一步加快，并逐步向纵深发展。在美国本土和全球市场同时掀起绿色浪潮。

2004年沃尔玛提出逐步实现“零废品”的目标，同时还要求6万家供应商也制定自己的环保计划。2005年，沃尔玛提出了在三年之内每年投资5亿美元开发“绿色建筑”以减少商店能源使用量30个百分点，减少能源浪费25个百分点。2006年11月1日，沃尔玛向全球2 000家供应商推广他们的包装计划，这成为沃尔玛未来筛选采购商的一件工具。沃尔玛计划2013年前减少5%的产品包装。减少5%的包装相当于每年减少21.3万辆卡车的能源消耗、32.4万吨的煤炭消耗以及6 700万加仑的石油损耗。2007年，沃尔玛推出了一项“环保360”计划，沃尔玛通过这个计划将环境保护从企业本身延展到员工、供应商、社区和客户，以达到大家一起来参与和分享绿色收益的目的。其中，沃尔玛积极帮助供应商改进运输和物流，以确保从农场运送食品的过程更加高效，同时节省燃料和减少浪费。

2009 年，沃尔玛推出“可持续发展指数”，其目的是设计一种工具用于衡量并促进供应商及其产品的可持续性。与此同时，沃尔玛作为协助者，与全球各大供应商成立了可持续发展联盟（TSC）。到 2012 年，这一联盟已有超过 100 位成员。它的合作机构囊括了顶尖的国际学术机构和非盈利组织，如世界自然基金会、环保协会及自然资源保护委员会。该联盟共开发出了三种工具，以监控和评价商品从产地到货架的全过程。它们包括一份卷宗、一份产品种类的可持续性档案和一系列关键绩效指标。在中国，来自沃尔玛基金会的 200 万美元将会用于协助 TSC 在本地设立办事处，以联合国内供应商、本地零售商和科研人员开展本地化研究并建立相应的报告系统。受益于这一系统，截至 2012 年 7 月，195 家沃尔玛供应商工厂已经将能源利用率提升了 20%。从 2013 年起，沃尔玛使用可持续发展指数评估美国自有品牌产品的设计。此外，沃尔玛全球采购人员将和美国沃尔玛商场及山姆会员商店的主要采购一样，需要在年度评估中明确可持续发展工作目标。

2012 年，美国环保署“绿色电力合作伙伴计划”宣布沃尔玛为美国本土最大的绿色发电企业，因其在全国各地开展了 200 多家太阳能项目。目前，沃尔玛全球范围内 21% 的电力由可再生能源提供。与 2011 年相比，2012 年沃尔玛在全球运输里程减少 11 万英里的前提下，多交付了 2.97 亿件货物，将货物运输效率提高了 10%；同时沃尔玛顺利实现了其 2009 年的承诺——减少 20% 的温室气体排放量，并且比承诺时间提早了 1 年。另外，沃尔玛在中国和日本的商店，通过推行节能措施、使用可再生能源及向员工提供节能最佳实践培训，2012 年年底与 2005 年比较，分别减少 11.3% 和 20% 的温室气体排放量。沃尔玛在深圳香蜜湖门店的屋顶安装太阳能系统，为该门店提供大约 18% 的所需电力。在印度，所有 Cash & Carry 店铺的停车场已使用 LED 照明，另外，停车场亦设置太阳能热水器用以进行洗涤和清洁。集团亦提倡减少使用塑料袋，2012 年年底与 2005 年比较，沃尔玛在中国、印度和日本的塑料袋使用量分别减少 86%、90% 和 40%。

本案例参考文献：

[1] 韩睿. 沃尔玛：天天低价的秘诀. 中国物流与采购，2005（4）：50－52.

[2] 莫姬. 沃尔玛“绿色战略”大变革. 中国商贸，2008（8）：82－83.

[3] 牛秀明. 沃尔玛的绿色物流之路. 物流技术（装备版），2013（11）：69－71.

[4] 汤向阳. 沃尔玛可持续发展之路. （2012－11－02）. http：//www. eeo. com. cn/2012/1102/235536. shtml.

[5] 颜菊阳. 低价仍是沃尔玛的竞争王牌. 中国商报，2014－01－10（P13）.

[6] 庄慧妍. 沃尔玛推动食品安全及节能环保. 社会与公益，2013（5）：88－89.

4.4.2 基于顾客价值视角下苏宁云商竞争优势的构建

4.4.2.1 公司简介

苏宁云商集团股份有限公司的前身苏宁电器于1990年创立于江苏省南京市，是我国商业企业的领导者、中国最大的商业零售企业和商务部重点培育的“全国15家大型商业企业集团”之一。蝉联全国工商联2014年度中国民营企业500强榜首，2015年品牌价值1 167.81亿元，蝉联世界品牌实验室评选的中国最具价值的商业零售品牌。2004年7月在深圳证券交易所上市，成为国内首家上市的家电零售企业。目前，苏宁的经营产品涵盖传统家电、消费电子、百货、日用品、图书、虚拟产品等综合品类。截至2014年年底，经营覆盖中国内地、中国香港、中国澳门和日本东京、大阪等地区，拥有1 696家连锁门店。2014年实现营业收入1 089.25亿元，净利润8.67亿元，员工总数18万人。

4.4.2.2 “阳光服务”的提出与延伸

1999年12月26日，坐落在新街口淮海路的苏宁电器大厦正式开门营业，这标志着苏宁经营模式已经由单一的空调专营成功转为综合电器的经营，与此同时，苏宁正式启动了“阳光服务”工程，创造性地提出了苏宁服务的“四化”建设，即服务体系网络化、服务管理信息化、服务质量标准化以及服务项目制度化。伴随着消费者消费需求的日益理性，苏宁依据在市场多年总结的经验，不断充实与延伸“阳光服务”理念。2000年，苏宁提出的“零距离”服务，改善了市场上特别是电脑、厨卫等家庭耐用品行业普遍存在的服务滞后现象，提前了解消费者需求，真正做到随用户需求变化而变化的动态服务。

2001年3月苏宁就倡导购买彩电提出了新概念——“一开即通”，彩电送出之前，将所有频道都调试好，以满足消费者打开电视无须调试就能够收看到电视节目的需求，受到消费者的广泛好评。2002年3月15日，苏宁提出了“全员服务”的新概念。公司上到总裁下至普通员工的所有成员都是服务人员，都是在为客户服务；同时苏宁的每位员工都要将顾客、供应商、日常沟通协作的同事等与自己工作相关的人视为“顾客”，要提供及时、优质的服务。

近年来，面对竞争激烈的零售市场，苏宁致力于为顾客创造满意的消费环境，提出了十项服务承诺的“阳光服务”行动。此十项服务见表4-2。

表4-2 苏宁“阳光服务”承诺内容

序号	服务承诺	说明
1	产品丰富，质量可靠	作为连锁的大型上市公司，苏宁与各供应商建立了长期的战略合作关系，依托“供商共赢”的资源优势，产品线丰富，对所有的商品严把质量关，让顾客放心购物
2	轻松购物，随心所欲	顾客可享受门店订购、网上订购等多样化服务
3	全天热线，沟通无限	在线客服及客户服务热线4008365365随时为顾客受理各类咨询、预约、投诉等信息
4	方便快捷，送装及时	基于集成化网络管理和先进的信息管理，为顾客提供方便快捷的送货、安装、维修服务
5	精湛技术，专业保修	依托于多年服务积累以及强大的培训体系，为顾客提供专业服务保障
6	透明标准，退换无忧	家电商品自购买次日起，经检测属性能故障，15日内为顾客办理退换货服务（包装完好，附件齐全）
7	绿色通道，亲情关爱	为老、弱、病、残、孕及有应急需求的顾客提供全程导购、送货、安装服务
8	会员积分，至尊享受	顾客购物即可成为苏宁阳光系列会员，可享受积分购物、会员特价、会员沙龙、联盟商家等多方面的增值服务
9	诚信促销，健康消费	定期举办各类促销活动，诚信为本，让顾客真正感受科学消费、健康消费

（续上表）

序号	服务承诺	说明
10	缤纷服务，阳光体验	阳光服务进社区、消费手册、月度顾客交流会、私人家电顾问、顾客意见箱等阳光系列服务，给顾客更多关怀、更多满意和更多感动

资料来源：苏宁云商集团股份有限公司网站。

4.4.2.3 亲切、快捷而周到的售后服务

苏宁的服务不止销售，而是延续到商品的使用过程，乃至废弃回收。苏宁认为，消费者买的不仅是商品本身，更是商品背后的保障和服务，是能够解决所有商品问题的承诺。因此，苏宁精耕售后服务，尽力为消费者打消一切后顾之忧。

1990 年，苏宁电器还是一间 200 平方米的空调专营店，经营的是“三分靠产品，七分靠安装”的空调。当时，空调经营商多以嫌麻烦、利润低为由，不提供空调的配送、安装、维修等服务，而生产商的本地化售后服务也几乎为空白。在这样的背景下，苏宁独辟蹊径，于 1991 年成立了一支近百人的专业售后服务队伍，扛起了空调售后服务的大旗，为苏宁赢得了创业初期的良好口碑，这也成为日后苏宁“专业自营”服务和中国家电服务规范的起点。1994 年，苏宁成立了专门的售后服务部门，新建了 500 多平方米的安装维修中心，开始了信息化的用户资料管理与作业管理。所有的安装、维修工人都需经过严格的培训后方可上岗，同时公司制定了一套严格的管理制度来规范工人作风。苏宁通过直接打电话或者上门征求用户意见，及时改善和提高苏宁服务。此时，苏宁的售后服务已从单调的安装维修转变成为集安装、维修、上门设计、免费保养于一体的综合性、高附加值的售后服务体系。1999 年初，苏宁投资 3 000多万元，建起占地 36 亩的大型售后服务中心和储运中心，同时提出“宁可停销售、决不降服务质量”的口号，进一步制定了在销售过程中的严格制度与工作流程，对网点进行了优化组合。2005 年 3 月，苏宁启动了 5315 服务工程，要在全国建设 500 个服务网点、30 个大型呼叫中心和 15 个第二代大型物流基地，从而建成覆盖全国的服务网络平台。

本着“专业自营”的售后服务理念，苏宁不断拓展服务品类和精细服务，

围绕顾客需求推出了阳光包、IT 帮客等自主服务产品，自主推广的系列家用电器安检标准也成为行业或国家标准，是业内首家国家职业技能鉴定资质单位。自 2005 年起，苏宁实施“蓝领工程”，积极组织售后服务人员进行国家资质证书和苏宁内部证书的考核，实现售后人员 100% 持证上岗，至今已培养 2 万人次。2005 年 12 月 17 日，苏宁正式领取了由中国质量认证中心颁发的 ISO9000 服务体系国际质量认证证书，成为首家通过该项认证的国内家电连锁企业。自 2011 年成立我国首个家电连锁企业售后服务“实训中心”，苏宁不断增强培训效果，提升服务人员专业能力，保障了售后服务的专业性。

截至 2014 年年底，苏宁连锁服务网点覆盖中国大陆 30 个省、直辖市、自治区，300 多个城市及中国香港和日本市场，苏宁售后在全国已建立 500 家电子维修中心，全国售后网点突破 5 000 家，构成中心城市、地县及乡镇的三级纵向售后网络。一、二级城市网点覆盖率达到 100%，三、四级市场网点覆盖率达到 90% 以上。

2014 年 3 月 15 日新版《消费者权益保护法》正式实施，“新消法”不仅对“霸王条款”“三包制度”“召回制度”等方面有了更完善的规定，同时，对个人信息保护、网购平台责任等也有了明确的规定，更首次赋予消费者反悔权，对消费者的权益保护无疑有所帮助。面对“新消法”的实施，苏宁积极响应国家号召，全面落实“新消法”关于网购 7 天无理由退换货条例要求，并主动延长了服务保障期限，将 7 天延长到 15 天。苏宁承诺“15 日无理由退换货”条款，不仅适用于苏宁自营商品，对于苏宁开放平台的商品也同样适合，这给消费者带来了更加便捷、放心的服务体验。

4. 4. 2. 4 加强客户服务管理

苏宁客服管理中心立足线上线下两大平台，开放物流、金融和数据等核心资源，以“创新学习，阳光承诺”为目标，提供专业化的服务，进一步深化服务理念、树立服务品牌，打造支持全业务的联络中心，建立最有运营价值的客户资源管理平台。

苏宁客服热线于 2007 年 8 月 22 日正式上线，负责大陆地区所有线上线下共 1. 6 亿会员的客户服务。以提升客户满意度为目标，客服提供 7 × 24 小时全天候电话、在线、微信、微博等全渠道、不间断的客户服务，拥有 4 000 座席规模，为顾客提供统一、标准的咨询、预约、投诉、回访等服务。

以客户关怀为己任，苏宁在2009年11月全面升级信息管理系统，实行CRM客户关系管理系统，实现了以用户为核心的数据集成，为后期实现客户跟踪，提供专业化、个性化、创新性服务提供了基础。在CRM系统支撑下，致力于消费者需求挖掘，推出了个性定制、专家诊断、家电管家服务等系列增值服务。针对服务渠道拓展与优化、问题解决能力提升、承诺兑现等多方面提升客户体验，在服务渠道上通过电话、PC移动、微博等渠道多元开放，在服务创新体验提升方面，以持续解决顾客需求为导向，强化服务意识，检验处理标准与客户需求的匹配度，持续优化处理标准，有效利用服务资源缩短服务时效，创新并提升行业服务标准，践行“灵活、主动、机智地解决客诉”的服务标准。

苏宁于2010年7月成功上线了“多媒体客户服务平台”，进一步拓展了苏宁电器服务渠道，缩短了顾客的服务需求等待时间，与苏宁易购服务易栈和苏宁邮箱一起，提供全方位、全天候的服务。

2014年8月，客服通过了4PS国际标准认证，正式全面接轨4PS国际标准体系，成为国内首家获得该标准认证的互联网零售企业和虚拟运营商企业。同时客服在2015年3月成功创建江苏省青年文明号集体，积极参加各类党、团员活动，充分培养员工爱公司如家、积极主动的精神。在人才培养方面，苏宁与省内外60余所高校建立校企合作模式，打造人才的培训及孵化基地，建立广阔的职业平台，为客户服务事业的新局面发挥力量。

在全面提升服务质量的同时，苏宁推行顾客满意度的企业内部测评，对于各个环节中发现的问题和顾客的需求，苏宁都会协同服务各体系快速响应，及时解决。苏宁客服全体员工无怨无悔地投身客服事业，在平凡的岗位上坚守，用甜美的声音、细致的服务赢得客户的肯定与满意，将温暖的苏宁服务送进千家万户，为所有消费者提供至真至诚、充满阳光的苏宁服务。

4.4.2.5 丰富增值服务，提升用户体验

2014年，苏宁将提升用户体验摆在了前所未有的战略高度。2014年年初，为了提供更好的用户体验，苏宁对内部组织架构重新调整，并提出“用户体验讲效果，经营创造讲效益，制度优化讲效率”的“三效原则”，将用户体验上升到了战略高度。同时，苏宁将原来负责线下实体门店经营的连锁平台经营总部和负责线上苏宁易购经营的电子商务经营总部进行了整合，组建大运营总

部，打造面向用户的统一的服务窗口。苏宁云商“2013 年年度股东大会暨 2014 年投资者交流会”上，苏宁云商集团股份有限公司董事长张近东明确表示“用户体验为王”，特意把用户体验纳入到总裁办的直接管理范围。

苏宁通过二维码、增强现实、数字化橱窗、RFID、移动支付等新技术缩短顾客寻找、选择和购买商品的时间，将海量商品查询检索、自助便捷购物、用户评价分享等互联网特征植入门店中，使整个过程充满趣味，从而大大提升消费者的购物体验。同时，苏宁发挥实体店的优势，展示现场提货、安装试机等纯电商难以覆盖的功能，打造一条龙服务，建立融合了线上线下服务内容和购物体验的新型实体店。

随着智能手机应用的普及，移动端的用户体验在零售行业特别是 O2O 融合过程中正发挥着越来越重要的作用。2014 年，苏宁上线了“码上省”“身边苏宁”“附近现货”等枢纽产品，帮助用户快速了解附近门店的优惠信息和体验活动，带来意料之外的便捷和惊喜。

2014 年 5 月底，苏宁在全国 34 个城市的核心门店无条件免费为顾客手机贴膜，让贴膜这一需求量大、消费频次高、消费体验不高、散布于街头的产业从此登堂入室，成为免费福利。活动首日即服务近 10 万用户，贴膜超过 18 万张。这一免费服务策略进一步释放了门店服务体验的价值，被评价为“是真正的互联网思维变现，给用户创造价值，颠覆传统模式”。

2014 年下半年，苏宁推出了全新的定制化服务产品——苏宁 V 购。消费者只需登录苏宁易购或至苏宁门店预约服务，即会有专人根据房屋面积和格局、家庭人员、周边环境等情况提供整体的家电解决方案，并解答和协调商品配送安装及使用过程中的问题，给予消费者无忧的售后保姆型服务，做消费者身边最贴心、省心的“梦想改造家”。

4.4.2.6 强化物流体系

苏宁物流始建于 1990 年，前身为苏宁电器股份有限公司（现更名为苏宁云商集团股份有限公司，以下简称云商）物流部，是国内首批从事仓储、配送等供应链全流程服务的企业，2012 年苏宁物流注册成立公司，依托云商集团强大的软硬件支持，由企业内物流独立转型成现代化第三方物流企业。

苏宁建立了物流基地分类、分级的选址标准和功能标准，通过梳理物流基地的功能区布局，优化作业动线和货架层高等立体库的标准，提高了仓储运作效率。2011 年成功启用成都、无锡、合肥、天津物流基地后，苏宁在全国已拥有 8 个第三代物流基地、97 个配送中心、157 个配送点。与此同时，加快建设拥有立体存储、语音拣选、电子标签拣选、自动包装等技术的第四代物流基地——南京自动化仓库。北京、上海、广州等 9 个城市的自动化仓库也在规划建设中。

经过 20 多年的积淀发展，苏宁物流目前已经完成了中国大陆、香港、东京等境内外百余城市的物流网络布局，20 多年来苏宁物流一直坚守着自己的中长期计划，苏宁基于大数据、云计算和标准作业流程等支撑的物流云项目即将完成，包括 4 个航空枢纽、12 个自动化分拣中心、57 个区域配送中心、660 个城市分配送中心、5 000 个综合服务站及 10 000 个快递点，截至 2014 年年底，自建区域物流中心已交付使用 28 个，在建 14 个，在设计 12 个，物流仓储总面积近 500 万平方米。

目前，苏宁物流拥有货物运输车辆 8 262 台（自有 824 辆，租赁7 438 辆），总载重吨位达 15 097. 678 吨；共开辟干线运输线路 125 条，以 7. 6 米、9. 6 米车型为主，12 米以上车型为辅。干线运输以夜间行车为主，单个班车单次运行时长不超过 24 小时，1 200 公里运输范围以内，苏宁物流干线可以追平航空运输的效率。以南京发北京为例，苏宁物流可以实现 21：00 发货，第二天 12：00 抵达，频次高、速度快。在支线运输线路建设方面，苏宁物流共开设支线运输线路 187 条，在全国区域性 DC 范围内以点对点直达线路为主，部分偏远地区通过多点串联运输形式完成配送能力辐射，目前已实现全国范围内配送能力覆盖，2015 年通过时效提升，全面实现各 DC 范围内正向 24 小时达，逆向 48 小时达，全国物流覆盖无死角。（备注：拉萨、喀什、格尔木、锡林浩特、海拉尔、伊犁、德宏、怒江八地暂未实现正逆向 24 小时达）。

2014 年 2 月，苏宁通过国家邮政局快递业务经营许可审核，获得国际快递牌照，由此成为国内电商企业中第一家取得国际快递业务经营许可的企业；2015 年，苏宁物流积极发展跨境物流，目前已顺利完成广州、杭州口岸报关、通关等资质，并已在广州、杭州、宁波三个保税区完成保税仓建设和海外服务平台的数据对接工作；2015 年 3 月，“苏宁物流报关代理服务有限公司”获批，报关的营业执照等三证拿到后，按照计划，苏宁将根据业务需求逐步在广州、杭州等试点城市设立分公司。苏宁的跨境业务在成功对接海外端货物运输后，将海外商品全面纳入苏宁自有的多层级、多方式物流网络进行配送，形成“海外仓库—国内口岸或保税库—国内配送”的高效便捷跨境模式，最终实现国内、国际段海运、空运、陆运等多种配送模式。

苏宁推出了物流“准时配送，延时赔付”制度。凡在苏宁承诺时间范围内没有配送到位，即对顾客进行赔偿。同时，苏宁推出小件物流（B2C物流）。为了满足B2C毛细物流发展需求，苏宁已在全国多个城市建立快递点配送模式。目前，已建快递点的城市皆已实现主城区半日配送，客户回访满意度达99.5%。另外，苏宁上线TMS、配套GPS设备：在“准时”的基础上，提供个性化的配送服务和跟踪送货服务。同时，苏宁实行准时化排程，物流两小时内准时上门服务，提高了服务时效性。

4.4.2.7 顾客价值导向的业绩效应

苏宁的顾客价值导向取得了良好的业绩效应。

一是营业收入持续上升。2010年，苏宁的营业收入为755亿元，2011年、2012年、2013年和2014年分别增长到938.9亿元、983.57亿元、1 052.92亿元和1 089.25亿元。2014年的营业收入比2010年的增长了44.27%。

二是品牌价值持续攀升。根据世界品牌实验室（World Brand Lab）公布的数据，苏宁2006年的品牌价值仅为68.42亿元，2007年增长到400.25亿元，2011年达728.16亿元，2015年增加到1 167.81亿元。品牌价值多年以来一直蝉联中国商业零售第一。2015年苏宁的品牌价值跻身《中国500最具价值品牌》排行榜第13位，成为最具价值的互联网零售品牌。2014年10月，全球领先的品牌咨询公司Interbrand发布“全球最佳零售品牌榜”，苏宁是亚太地区最具价值的中国互联网零售品牌，品牌价值高达511亿美元。

三是竞争实力保持强劲态势。在中国企业500强排位上，苏宁2005年名列117位，2009年上升到54位，2014年再上升到43位。2010年8月，苏宁入选《环球企业家》“最具全球竞争力中国公司20强”。2012年11月，苏宁再度入选“最具全球竞争力中国公司20强”，这是唯一一家上榜的零售企业。2009年，苏宁位居民企第二位，2013年和2014年均排名第一。

4.4.2.8 简评

苏宁电器经过25年的发展，已经成长为全国最大的商业连锁企业。行业领先的连锁规模和服务后台建设，为苏宁向广大顾客提供专业、丰富、便捷、满意的服务建立了基础和有力的保障。在顾客价值的导向下，服务是苏宁的唯一产品，顾客满意是苏宁服务的终极目标，苏宁立志服务品牌定位，始终致力于协同连锁店、物流、售后、客服四大终端，为顾客提供涵盖售前、售中、售后全流程一体化的阳光服务，全方位提升顾客满意度。连锁店服务方面，苏宁以客户体验为导向，不断创新店面环境与布局，制定了系列店面服务原则，率先推出5S服务模式，为顾客提供优质丰富的精选产品、快捷满意的购物体验、一站式的整体解决方案和省心、放心的服务保障。物流是苏宁的核心竞争力之一。苏宁建立了区域配送中心、城市配送中心、转配点三级物流网络，依托WMS、TMS等先进信息系统，实现了长途配送、短途调拨与零售配送到户一体化运作，实现了24小时送货到户；售后服务方面，苏宁实行作业管理一体化，实现了系统自动化结算，建立了统一的资材进销存调管理平台，实行实时化财务管理，全面提升了售后经营效益。同时，苏宁推行规范化的作业流程和作业工艺，实行准时化排程，有力地提高服务效率，苏宁推出售后价格手册，真正做到了服务价格透明化，全面提升顾客满意度；客户服务方面，苏宁成功上线了“多媒体客户服务平台”，建立了以CRM为管理目标的客户服务体系，进一步拓展了苏宁服务渠道，缩短了顾客的服务需求等待时间，与苏宁易购服务易栈和苏宁邮箱一起，提供全方位、全天候的服务。

本案例参考文献：

[1] 杜娟．阳光服务成就苏宁价值．WTO经济导刊，2010（10）：31－33．

[2] 徐卫华．苏宁供应链发展的几次节点．中国商报，013－04－16（A03）．

[3] 张千智．苏宁的“智慧”：IT带动高效共赢供应链．中国企业报，2009－12－17（02）．

[4] 郭晋晖．孙为民：服务是我们唯一的产品．第一财经日报，2013－12－03（A05）．

[5] 张涛．三箭齐发　苏宁今年要踩油门加速跑．中国商报，2015－04－29（P07）．

5　创新商业模式，提升企业竞争优势

5.1　商业模式的含义及其特征

5.1.1　商业模式的含义

“商业模式”这个词最早出现在20世纪70年代的计算机科学杂志上，是被用来描写资料与流程之间关联与结构的。Magretta（2002）认为，“商业模式”这个术语最初来自电子表格软件的广泛应用，它使得计划人员可以方便地根据不同的假设修改参数，从而得到不同的计划方案。在电子商务兴起后，大量的新公司采用不同于以往的方式经营他们的业务，为了和“传统经营”进行区别而广泛地使用“商业模式”一词。① 从文献上看，有关商业模式的定义很多，到目前为止，商业模式的概念仍处在探究中，在学术界与实业界尚未达成共识。

在商业模式的早期研究中，Timmers（1998）的研究成果被较多引用，他把商业模式看成是对商业概念中关于产品、服务和信息流等关键组成部分的简洁描述。② Linder 和 Cantrell（2000）沿用和发展了这种定义，将商业模式抽象为组织创造价值的核心逻辑。③ 后来，Morris 等人通过对30个商业模式定义的归纳，将这些定义划分为以下三个层面：盈利层面、运营层面和战略层面。盈利层定义将商业模式描述为企业的盈利模式，即企业获取利润的逻辑；运营层定义把商业模式描述为企业的运营结构，主要说明企业采用何种内部流程和基

① MAGRETTA J. Why business models matter. Harvard business review, 2002 (5): 86 – 92.

② TIMMERS P. Business models for electronic markets. Journal on electronic markets, 1998 (2): 3 – 8.

③ LINDER J, CANTELL, S. Changing business models: surveying the landscape. Accenture institute for strategic change, 2000 (1): 1 – 13.

本构造来创造价值；战略层定义把商业模式定义为对不同企业战略方向的总体考察，强调建立可持续的竞争优势，其构成要素包括定位、联盟、机会、价值创造等。作为一个经营系统，商业模式应该把以上变量凝聚起来。于是 Morris 等（2003）提出了一个整合性的定义，商业模式旨在说明企业如何对盈利模式、运营结构和战略方向等方面一系列具有内在联系的变量进行规定和整合，以便在目标市场上建立可持续的竞争优势①。

5.1.2 商业模式的特性

商业模式具有如下特性：

（1）业务系统性。作为企业创造价值的方式，商业模式首先表现为具有一定的结构，其组成要素有机联系在一起，构成共同作用、良性循环的业务系统。普适性的商业模式业务系统表现为与微观经济学原理中用户、企业、产品市场、生产要素市场相对应的，由价值主张、价值生产、价值提交和价值获取四项基本要素构成的价值创造系统。商业模式作为一种价值创造方式，它具有明显的系统性。所谓系统性，就是构成企业运营的各方面、各层次存在着相互联系、互相依赖的客观逻辑关系。商业模式具有一般系统所具备的整体性、要素性、层次性以及环境关联性。

（2）组织惯例性。组织惯例表现为一种常规性或固有的做法。这种常规性或固有的做法一旦经由长期贮存就成了惯例，就对企业组织运作或做事有一种规范和约束作用，即惯例成了人们和组织在这些活动中的共识。每个生存的企业组织都是运行于其可靠的商业模式之上，不管其创始人或管理者是否根据这一概念真正去构思过它。每个企业都有一个商业模式，不管它们是否清楚地表达过这一概念。这说明，不管是有意构建，还是无意形成，商业模式总是客观存在的企业价值创造和行为方式。Winter 等（2001）明确指出，商业模式是一整套相互独立的惯例，它们在做事过程中被发现、调整和微调②。

（3）理念认知性。商业模式是与商业相关的真实世界的某些方面在人们

---

① MORRIS M, SCHINDEHUTTE M, ALLEN J. The entrepreneur's business Model: toward a unified perspective. Journal of business research, 2003, 58 (1): 726 – 735.

② WINTER S G, SZULANSKI G. Replication as strategy. Organization science, 2001, 12 (6): 730 – 743.

精神上的表现。从本质上说，商业模式是指一个企业如何通过创造价值，为自己的客户和维持企业正常运转的所有参与者服务的一系列设想，只不过这些设想要经过叙事检验和数字检验。从创业研究的视角来看，有关初始商业模式的看法基于一系列假设，与其说它是企业的商业模式，还不如说是创业者的一种创意。显然，这里的“精神上的表现”“一系列设想”“一系列假设”“一种创意”“认知和信念”等表明，一种商业模式首先表现为企业家或管理者的经营理念和管理认知。

5.2 商业模式创新的含义、特征

5.2.1 商业模式创新的含义

商业模式创新涉及企业内外部环境多种因素，且贯穿于企业经营的整个过程，如资源配置、研发、制造、营销、市场、融资、人力资源管理等。每一个环节和因素的创新，都有可能演变成为一种新的成功的商业模式。对于什么是商业模式创新，有多种观点。现有研究对于商业模式创新多从以下三个方面来界定。一是从客户价值角度出发定义，认为商业模式创新是营造出新的优于现有方法的为客户解决问题的方案。Tucker（2001）认为商业模式创新过程就是从客户角度出发，发挥想象力来看怎样让事情变得更好的过程。[①] Mitchell（2003）也指出，商业模式创新的目标是以最合适的方式提供给客户产品或服务，并剔除客户不要的东西。[②] Aspara 等（2010）把商业模式创新定义为“一种重塑既有市场结构、面向消费者潜在需求、实现顾客价值跳跃式增长、设计独一无二的业务系统、开发新渠道或者彻底改变竞争规则的创新”[③]。二是从战略学的角度出发定义，将商业模式创新理解为企业的一种变革方式，重点关注企业如何改变自己的商业模式以及这种改变所带来的结果。Hamel（2000）认为，商业模式创新是企业层面的一种战略行为，企业之间的竞争在某种程度

① TUCKER，R B. Strategy innovation takes imagination. The journal of business strategy，2001，22（3）：23－28.

② MITCHELL D W，COLES C B. The ultimate competitive advantage of continuing business model innovation. The journal of business strategy，2003，24（5）：15－21.

③ ASPARA J，HIETANEN J，TIKKANEN H. Business model lnnovation vs replication：financial performance implications of strategic emphases. Journal of strategic marketing，2010，18（1）：39－56.

上就是商业模式竞争，不同企业周而复始的创造性破坏和持续不断的商业模式创新是推动行业发展的一种重要动力。Bock 等（2010）把商业模式创新看作一种不同于其他类型组织创新的全新变革过程，一种企业层面开发利用新机会的过程，并且认为一旦渐进式变革和产品创新滞后于外生不连续性，组织管理层就会利用商业模式创新来面对层次更高、为期更长的挑战。商业模式创新是一种不同于其他类型组织创新的新颖变革过程，因而可能是一种非常规的特殊创新。① 三是从商业模式的构成要素来定义。比如，Demil 和 Lecocq（2010）把商业模式创新定义为“商业模式内部不同要素之间的互动引发新的选择，促使企业提出新的价值主张、创造新的资源组合，或者驱动组织系统演化，最终某一环节的变化对其他要素及其构成维度产生影响，进而引发有可能动摇整个行业根基的根本性创新”②。

5.2.2　商业模式创新的特征

商业模式创新具有如下特征：

（1）集成创新性。商业模式创新是一种综合集成创新，它不仅仅限于企业某一方面单一因素的变化，而是常常涉及企业经营活动中多个方面、多种要素同时发生的重大变化，需要企业的较大战略调整，表现得更加具有系统性和整体性，是一种集成创新。

（2）开放性。商业模式创新的出发点，是如何从根本上为客户创造和增加价值。因此，它逻辑思考的起点是顾客的需求，即根据客户需求考虑如何有效满足顾客。这表明，商业模式创新不同于技术创新。产品创新或者技术创新，更多的是从产品、技术本身的功能或者特性的视角出发，寻找它们潜在的市场，它通常具有内向性。而商业模式创新更注重从顾客的角度出发，从根本上思考设计企业的一切经营活动，视野更为外向和开放。Afuah 和 Tueei（2001）也认为，商业模式创新即使涉及技术，也多是和技术的经济方面因素、技术所蕴含的经济价值及经济可行性有关，而不是纯粹的技术特性。

---

① BOCK A，GERARD G. Business model innovation and strategic flexibility：a study of the effects of informal and formal organization. Sumantra ghoshal conference on managerially relevant research，London，2010.

② DEMIL B，LECOCQ X. Business model evolution：in search of dynamic consistency. Long range planning，2010，43（2）：227－246.

（3）实效性。从绩效表现看，商业模式创新如果提供全新的产品或服务，那么它可能开创了一个全新的可赢利产业领域，即便提供已有的产品或服务，也能给企业带来更持久的赢利能力与更大的竞争优势。传统的创新形态，能带来企业内部局部的效率提高、成本降低，但它容易被其他企业在较短时期模仿。商业模式创新，虽然也表现为企业效率提高、成本降低，但由于它更为系统和根本，涉及多个要素的同时变化，因此，它也更难以被竞争者模仿，常给企业带来战略性的竞争优势，而且优势常可以持续数年。

5.3 商业模式创新对企业获取竞争优势的影响

完整的商业模式由商业结构、运行方式、利润模式、共有价值和资源能力五大要素组成。这些要素相互作用、相互影响，形成一个有机的系统。其中，商业结构指企业与其他商业对象在产业价值链中的分工及各自扮演的角色；运行方式指整个商业活动如何在企业与商业对象之间展开；利润模式指企业如何获取收入、分配成本、赚取利润；共有价值指企业与商业对象是否能形成一个共赢的局面；资源能力指支持这种模式运行所需要的资源与能力。

研究表明，商业模式对企业绩效产生直接的影响，是企业绩效差异的重要因素之一。商业模式创新成功会使企业绩效得到极大的改善和提升。Magretta（2002）研究了不同类别商业模式会产生不同绩效，认为商业模式会取代企业经营的旧方式，并成为下一代企业家的竞争标准。[①] Peter Weill 和 Tliomas W. Malone 以 2000 年的总收入规模为依据选取了美国最大的 1 000 家上市公司，根据资产的交易权力和转换程度两个维度将商业模式分为四种原型：创造者模式、流通者模式、房主模式和经纪模式。同时，把公司的资产划分为财务资产、有形资产、无形资产和员工资产四种资产，按商业模式的四种原型和四种资产组合成 16 种商业模式类型，并用利润率和市场价值等指标来衡量财务绩效。结果显示：一些商业模式确实比另一些表现要好，卖资产使用权的商业模式比卖资产所有权的商业模式有更好的利润和市场价值。同时发现，基于非实物资产的商业模式比基于实物资产的商业模式有更好的利润。美国管理协会开

① MAGRETTA J. Why business models matter. Harvard business review，2002，80（5）：86－92.

展的一项研究发现，在改变世界的全球50家公司中，其生存和发展依靠商业模式创新的有31家，占62%，而靠技术创新立足的有14家，另有5家创新的贡献不明。经济学人信息部2005年进行的一项调查表明，半数以上的企业高管认为，企业要获得成功，商业模式创新比产品创新和服务创新更为重要。①

表5－1反映了一些公司商业模式创新的绩效情况。从表5－1中可看到，这些公司商业模式创新的绩效比较明显。其中，特别明显的是空中网，其5年收入几何增长率高达629.45%；百度5年收入几何增长率为195.16%，利润几何增长率为306.83%。

表5－1　商业模式创新的商业价值

公司名称	业务及经营模式	5年收入几何增长率（%）	利润几何增长率（%）
百度	中文搜索	195.16	306.83
德信无线	手机软件和整机方案设计提供商	205.15	188.97
金融界	金融数据服务	92.43	183.47
携程网	网络订酒店及机票	74.83	153.04
九城关贸	B2C电子政务软件提供商	36.05	94.30
博迪森	复合肥系列、农药	77.93	94.07
飞鹤乳业	乳制品	81.80	85.84
美东生物	植物药（中药）	71.22	72.77
前程无忧	人力资源服务	43.35	39.00
第九城市	网络游戏	70.78	—
分众传媒	楼宇广告	326.10	—
掌上灵通	为手机用户提供手机无线增值服务	158.75	—
e龙	网络和24小时呼叫中心提供旅游服务	71.53	—
空中网	手机移动增值娱乐业务	629.45	—

数据来源：童蕾．商业模式创新价值研究．现代商贸工业，2009（19）：19－20。原始数据来源：Bloomberg，中信建投研究所。

① PETER WEILL，TLIOMAS W MALINE. Do some business models perform better than others? A study of the 1000 largest US firms. MIT sloan school of management working paper，*2004*.

另外，商业模式创新是一个集技术、经济、文化等因素为一体的复杂的过程，在此过程中积累的支持商业模式创新成功的资源和能力具有很强的隐含维度和社会复杂性，它产生于组织技能和公司学习，同时其发展也与以前的学习水平、投资、资产和发展活动相关，从这个意义上看，这些资源和能力的发展是路径依赖的，对于这些资源和能力的形成，历史起着重要作用。所以，对于模仿者来说，要复制这样一个发展过程，是有很大难度的。同时，商业模式创新还是一个知识创造和积累的过程，这个过程中大量的隐性知识具有公司专有属性，这使得对手在模仿的时候面对很大的信息不对称，因而难以模仿。另外，商业模式创新过程还具有嵌入性特征，即成功的商业模式创新是嵌入一定公司结构和文化体系以及公司所处的产业竞争状态的，所以难以交易。根据资源观，商业模式创新能为企业带来竞争优势。

5.4 以商业模式提升企业竞争优势的措施

商业模式创新的最终目的是通过改善企业的长期竞争优势来提高企业的长期获利能力。其途径是对企业可利用资源的组合方式进行优化。这种优化表现为企业为改善其价值创造和价值获取能力而进行的价值链的优化和重组。企业是一个由各种价值活动所组成的系统。各种价值活动相互联系、相互作用所形成的价值网络是企业结构的外在表现，而各种价值活动按照一定逻辑关系所形成的价值创造和价值获取，则是企业与外部环境产生联系的功能。企业商业模式创新是为了更好地配置资源，包括企业拥有的内部资源和企业可以利用的外部资源，以达到对环境的进一步适应，从而提高企业与外界环境有效交换价值的能力。商业模式的灵魂在于价值创新。企业经营的核心是市场价值的实现。企业必须借助商业模式进行价值创造、价值营销和价值提供，从而实现企业价值最大化。

5.4.1 基于价值链的创新

5.4.1.1 组合调整价值链

通过对产业价值链进行创造性重组，也能创造出新的商业模式。基本思路就是围绕顾客需求确定重要的部分为中心，组合调整非重要的部分来适应这个中心，即强化企业价值链条上关键环节的主导作用与非关键环节的辅助配合作用，据此来重新组合调整价值链条上资源的配置。具体而言，以价值链条上具有关键作用的某一点或者几点为中心起点，相应调整价值链条上的其他环节来适应这种变化。对本企业的价值链进行重新配置和改善，去掉不必要的或价值不大的活动，将可以合并的活动加以合并，合理安排活动的先后顺序，从而形成有别于竞争对手的理想价值链。比如，近年来，随着信息化浪潮的深入推进，时代创新的先锋产业——通信行业正在经历着一系列必要的转型和进步，用户需求、产业格局和商业模式都在迅速发生着变化。为此，专注于专网通信的行业领军企业——北京佳讯飞鸿电气股份有限公司，在面对信息时代的浩瀚蓝海时把握机遇，组合调整价值链，积极加大技术研发和市场开拓力度，实现了从“通信设备提供商”向“信息化综合解决方案和服务提供商”的角色转变，其在新一轮的市场竞争中获得了发展先机。

5.4.1.2 优化整合价值链

不同企业处于价值链的不同环节，因受各自资源所限，企业很难在价值链条每一环节上都具备优势，而只能在某点或几点具有优势。为获得竞争优势，企业聚焦于核心业务与资源，把非核心业务或弱势环节进行外包，以获得专业化优势和核心竞争力。比如，多年来耐克在美国运动鞋行业中一直处于领先地位。对耐克而言，营销和新颖的设计是其专长，而对于制造，耐克则采取外包策略，耐克还外包部分财务运作。耐克公司自己不设厂，不仅所有的产品都是外包给其他生产厂家制造，甚至连公司设计的样品都是由台湾试制的。耐克向外部借力，通过整合外部资源为其所用，从而扩展自己的疆域，利用外部的能力和优势来弥补自身的不足。

5.4.2 基于价值网络的创新

价值网络创新的实质是以顾客价值为中心，优化配置企业内外部的资源，形成整个产业链协同创新，保障企业在多变的市场环境中动态发展。具体而言，可以通过以下两条途径来实现：重构供应链结构和形成以顾客价值为中心的价值网络。

5.4.2.1 重构供应链结构

关键思想是对供应链资源的优化，加强协作关系，提高供应链应对市场变化的灵活性。这种创新是围绕顾客需求，简化供应链环节，改善企业与供应链上各成员之间的关系，建立关键环节的联盟合作关系，提高其他环节的灵活应变性，保障供应链稳定性的同时，又具有较强的柔性，能快速依据市场变化进行调整。比如，宁波阿凡达的供应链集成模式（M2A2B 工业品商贸新模式，M 为工业品品牌厂商，A 为阿凡达供应链，B 为采购客户）是重构供应链商业模式的一种。为了突破传统商业模式的发展瓶颈，适应经济政策的发展趋势，充分发挥企业积累的众多优势，阿凡达供应链“基于诚信透明、合作共赢的供应链管理理念”，致力于整合多种行业工业品商贸供应链的多方资源，充分挖掘供应链中隐形的、潜在的内在资源，消除传统贸易中企业间的内耗，从而实现全新领域的价值突破。为此，阿凡达供应链开创工业品商贸供应链集成运营模式，即通过汇聚整合品牌厂商、分销商、工程商、大中型企业、物流企业及银行等相关资源，打造一个平台：工业品商贸供应链集成运营平台；经营两大业务：协同采购业务和综合分销业务；提供三类增值服务：供应链金融服务、M2A2B 电子商务服务和综合物流服务；销售多种行业产品：电线电缆、照明、空调、消防、智能化等多种行业工业品。M2A2B 商业模式实现了四个创新：一是敢于采购外包。现在很多企业把销售以后的环节都外包了，但是采购和厂内物流没有外包，造成了很大的成本压力，阿凡达模式在这方面走在了前列。二是第四方物流服务商。阿凡达是一个第四方平台服务商，把生产商、需求商、物流商、经销商、经营商整合在平台上。三是通过互联网技术发展电子商务。四是整合银行参与。供应链金融已经成为银行一个重要的产品，这是资金流、信息流、物流、商品流一体化的运作。宁波阿凡达供应链自 2010 年 8 月成立五年多来，工业品商贸供应链集成运营模式成功构建了一条“信用链”，有效遏制了“商业腐败”，获取了巨大的“信任红利”，得到了社会各界的普遍认可，社会影响力获得大幅度提升。同时，销售业绩实现了超常速发展。

5.4.2.2 形成以顾客价值为中心的价值网络

这个价值网络是以顾客价值为中心，企业考虑利润产生的环节和自身的实力，选择合适的合作伙伴、供应商、分销商，并建立相互之间的伙伴关系和隔绝机制，发挥协同效应的同时，也带来难以模仿的竞争优势。通过这个价值网络，优化配置企业内外各种资源要素，为顾客提供更多的价值。苏宁公司可以说是以企业内部价值链进行商业模式创新的典范。苏宁公司围绕市场需求形成了旗舰店、社区店、专业店和专门店四大类；开发方式上，苏宁电器采取“租、建、购、并”四位一体、同步开发的模式，每年新开 200 家连锁店；2011 年以来，“店商 + 电商 + 零售服务商”的云服务模式进一步深化，逐步探索出线上线下多渠道融合、全品类经营、开放平台服务的业务形态。苏宁公司基于内部价值链所创新的商业模式，使产品、市场、收益、合作网络要素不再单一地发挥作用，而是通过相互作用形成一个整体，协同作用得以凸显。现在苏宁的经营商品涵盖传统家电、消费电子、百货、日用品、图书、虚拟产品等综合品类，线下实体门店 1 700 多家，线上苏宁易购位居国内 B2C 前三位，线上线下的融合发展引领了零售发展的新趋势。

5.4.3 基于收入模式的创新

收入模式定义了企业的商业模式如何取得收入。收入模式的要素包括：①收入的介质，即选择什么产品、服务获得收入；②交易方式，即通过什么样的方法和渠道取得收入；③计费方法，即怎样对收入介质定价。灵活地改变收入模式中的某些要素，可以刺激顾客的消费欲望，增加购买，或者提高单位产品的收入。企业通过改变收入介质，与竞争者形成差异，往往会获得新的利润来源。例如，世界上最大的零售公司沃尔玛主要的利润来源并不是产品的差价。有时沃尔玛的经营会处于亏损的状况，但凭借快速的现金周转率，沃尔玛会将大量的现金投资于其他行业，以获取高额利润。改变交易方式可以考虑是否采用信用交易，推行消费信贷，是采用批发还是零售交易，是否实行竞标等。比如，eBay 公司改变传统的交易方式，提供网上拍卖交易，为大量的注册用户提供服务。消费者很方便地从 eBay 购买或销售从芭比娃娃到二手车等成千上万的产品，eBay 的商业模式把原来不可能实现的交易变成了现实；在计费方法上，可考虑选择不同的计费单位、进行分期付款、折扣、捆绑定价等方法。比如，Google 创造了“竞价广告”的商业模式，依据客户购买的关键字，以纯文本的方式把广告安置在相关搜索页面的右侧空白处，只有有人点击广告时才付费，使搜索引擎变成企业推广的利器，给企业带来了高额利润。

5.4.4 基于企业资源整合的创新

资源整合与商业模式创新之间有着内在的必然联系。原因在于：企业的经营过程是价值不断产生、交换、增值的过程，在此过程当中，企业需要整合资源，并对资源进行优化配置，使资源实现价值最大化。不同的资源整合要求有相应的商业模式相匹配，当一种资源整合形式变化为另一种形式时，便产生新的商业模式。反之，企业进行商业模式创新需要利用闲置资源或未发掘的资源，并进行资源的整合。因此，企业可以通过资源整合，改变其原有价值链定位，形成与以往不同的商业模式。Osterwalder（2004）的研究表明，企业特征与商业模式创新程度之间的关系。通过案例研究，Osterwalder 把商业模式创新分为存量型创新、增量型创新和全新型创新三类，并认为能够获得新资源、核心能力或分销渠道的企业可采用存量型创新方式提供与过去相似的产品或服务，在某些方面滞后的企业可采用增量型创新方式，在现行商业模式中增加新要素以加强竞争优势，而拥有新技术并能把握机会的企业，可在新市场形成过程中进行商业模式的全面创新。麦当劳开发的麦乐送业务是通过资源整合进行商业模式创新的一个典型案例。麦当劳发现其当前的资源没有得到充分的利用，冗余的资源包括消费者群体、品牌、门店、供应链系统、人力资源、促销资源等。在高峰时段，店内人满为患，所有座位都被顾客占用，还有很多人在柜台前等候。同时，后厨食品加工设备和企业供应链管理体系的使用价值还没有得到充分的发挥。于是，麦当劳重新审视了这些资源的潜在价值，通过 400 送餐电话将现有资源用新的方式结合在一起，开发了麦乐送业务。这一模式整合了消费者的外卖需求，并将单店外卖业务整合为集中式外卖，在满足顾客需求的同时，麦当劳也实现了资源价值的最大化和营业收入的增加。

5.4.5 基于商业定位的创新

5.4.5.1 重新定义顾客

洞察顾客的需求是企业经营的起点，企业只有使其商品和服务获得顾客的认可，满足顾客的需求，才能在市场上立足，从而获得更大的发展机会。买方市场使顾客有更多的选择权，顾客变得更加挑剔，他们的需求更加多样化、个性化，这就给企业带来了更大的挑战。企业应敏锐洞察顾客需求，提供顾客需要的产品和服务，否则即使企业开发出最高端的产品，最终也会被市场淘汰。顾客需求不断发生变化，企业根据这种变化重新定义顾客，选择新的细分顾客，以更好地适应顾客需求，获取潜在的利润，从根本上创新企业的商业模式。比如，红牛饮料最初定位的目标顾客是倒班工人和卡车司机等蓝领，产品的功效是帮助这些顾客在通宵熬夜工作时保持清醒。后来红牛饮料不断创新，努力拓宽顾客群体，在中国逐渐成为汽车司机、夜场娱乐人士、经常熬夜的上班族、青少年运动爱好者的最爱，同时公司还将产品引入产房、考试等特殊领域的顾客中，消费群体的扩宽，让红牛饮料销量大增。红牛还通过赞助极限运动、汽车运动和飞行运动等建立品牌声誉和影响，产品行销全世界。

5.4.5.2 提供特别的产品或服务

提供什么样的产品（服务）是商业模式的重要组成部分。美国战略学家波特认为，如果一个企业能够提供给顾客某种具有独特性的东西，那么它就具有了有别于其竞争对手的经营新异性。产品的差异化是竞争优势的一种重要来源，提供特别的产品/服务的商业模式是难以被模仿的，能够为顾客创造独特的和附加的价值，更有效地保护利润流。企业提供特别、更新、更好、更快、更全的产品和服务给顾客，具体的方法有开发先锋的产品，通过宣传、促销手段改变顾客的感知，新颖的设计，对产品（服务）进行捆绑组合及提供综合的解决方案等。IBM 开拓电脑行业新领域，推出了大型主机，巩固了其在电脑行业中的地位：EDC 着眼于“小型机”的开发，赢得了新的顾客群，成为第二大电脑公司；“苹果”首先推出个人 PC 也取得了很大的成功。

5.4.5.3 改变提供产品或服务的路径

改变提供产品（服务）的路径就是要改变分销渠道，分销过程中的流通和服务提高了产品的附加值，企业可以通过增加（压缩）渠道的层次和环节，改变与分销商的合作形式，或者采用全新的渠道，节省成本，提高分销的效率。最终目的是让利于顾客，创造更多的顾客价值，使企业获得竞争优势。例如，戴尔公司采用的直销商业模式，减少了流通环节，降低了销售成本，由销售人员为顾客提供“一对一”的服务，直接把产品送到顾客手中，成为所在行业中经营较为成功的企业。

5.5 案例分析

5.5.1 宝洁的商业模式

5.5.1.1 公司简况

宝洁公司创立于1837年，是全世界最大的日用消费品公司之一。宝洁公司在全球80多个国家设有工厂或分公司，所经营的300多个品牌的产品畅销180多个国家和地区，其中包括美容美发、居家护理、家庭健康用品等。2014财政年度，全球雇员达11万，公司全年销售额为830.6亿美元，净收益为116.4亿美元（见图5-1、图5-2）。在2015年《财富》杂志最新评选出的全球500家最大工业/服务业企业中，排名第100位。

数据来源：宝洁公司年报（2002、2004、2009、2014等年份）。

图5-1 宝洁公司净销售收入变化趋势（2001—2014）

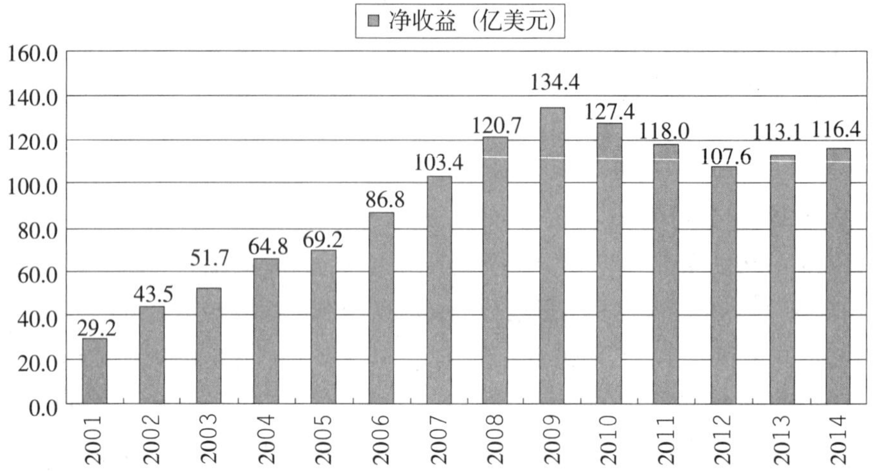

数据来源：宝洁公司年报（2002、2004、2009、2014 等年份）。

图 5－2　宝洁公司净收益变化趋势（2001—2014）

5.5.1.2　多品牌策略

宝洁在全球称得上是实施多品牌策略最成功的公司之一。1931 年公司创立市场营销机构，宝洁品牌管理系统正式诞生。1946 年宝洁公司推出“汰渍”洗衣粉，1955 年宝洁推出“佳洁士”牙膏，1961 年宝洁首创的婴儿纸尿片“帮宝适”面世，1983 年宝洁推出“护舒宝”妇女卫生用品，1986 年宝洁推出“飘柔”洗发水，1992 年宝洁推出“潘婷”品牌，2001 年宝洁公司收购“伊卡璐”系列，2003 年收购威娜公司“玉兰油”。宝洁公司为了拓展市场，产品逐步向其他领域渗透，从香皂、牙膏、漱口水、洗发精、护发素、柔软剂、洗涤剂，到咖啡、橙汁、烘焙油、蛋糕粉、土豆片，以及卫生纸、化妆纸、卫生棉、感冒药、胃药，包括清洁用品、食品、纸制品、药品等多种行业。其中，许多产品大都是一种产品多个牌子。比如，洗衣粉有“汰渍”“洗好”“欧喜朵”“波特”“世纪”等近 10 个品牌。目前，宝洁旗下有 300 多个全球及地域品牌。宝洁公司多品牌策略的特点体现在多个方面。

5.5.1.2.1　集中发展少数大品牌

大品牌战略是指提供主要品牌所有可行的机会扶植其成为最大品牌。宝洁强调市场占有率，支配市场的品牌最终成为获利最大的品牌。在宝洁公司董事长兼 CEO 雷福礼的极力主张下，宝洁要把重心摆在建立并维持核心品牌成为全球领导品牌上。在大品牌战略下，宝洁降低了开发新产品的频率，转而把新品牌的需求空间用大品牌下的功能细分来满足。例如，在洗发水产品方面，在“飘柔”“海飞丝”“潘婷”“沙宣”“伊卡璐”等大品牌下，还有多种功能细分。如“飘柔”分为鲜果系列和精华系列。鲜果系列强调鲜果去屑、鲜果防毛躁；精华系列的功能有人参、焗油、焗油去屑、维他命、多效、薄荷、盈润卷发、滋润去屑、首乌黑发。“潘婷”洗发水的功能有丝质滑顺、丝质去屑、乳液滋养、乳液去屑、弹性卷曲、日光护理、滋养防掉发、乌黑、莹彩、倍直垂顺。

2014 年 8 月初，宝洁首席执行长 A. G. Lafley 表示，该公司将保留 70 至 80 个最大的品牌，并最多剥离其他 100 个表现落后的品牌。宝洁保留的品牌为其 830.6 亿美元的年销售收入贡献了 90%，为其利润贡献了超过 95%。而计划裁撤的品牌数量超过总数一半以上，均属于年销售额基本都在 1 亿美元以下的小品牌。

2015 财年，宝洁公司美容、梳洗护理、健康护理、纺织品护理及家居护理、婴儿女性及家庭护理 5 个品类的销售占公司净销售收入的比例分别为 18%、10%、11%、32% 和 29%。而它们的净收益占公司净收益的比例分别为 20%、17%、11%、25% 和 27%。其中，有 21 个品牌的销售收入达 10 亿美元以上（见表 5－2）。

表 5－2　宝洁公司 2015 财年 5 个品类的销售与收益占比状况

品类	范围	销售收入占公司净销售收入比例	收益占公司净收益比例	销售收入达 10 亿美元以上的品牌
美容	皮肤和个人护理（止汗剂和除臭剂，个人清洁，皮肤护理）；头发护理	18%	20%	Head & Shoulders, Olay, Pantene, SK－II
梳洗护理	剃须护理（男女用刀片和剃须刀，前后剃须护理，其他剃须护理）；电子脱毛器	10%	17%	Fusion, Gillette, Mach3, Prestobarba

（续上表）

品类	范围	销售收入占公司净销售收入比例	收益占公司净收益比例	销售收入达10亿美元以上的品牌
健康护理	个人卫生保健（胃肠道，快速诊断，呼吸，维生素/矿物质/补充剂，其他个人卫生保健）；口腔护理（牙刷，牙膏，其他口腔护理）	11%	11%	Crest，Oral－B，Vicks
纺织品护理及家居护理	织物护理（洗衣剂、促进剂、洗涤剂）；家庭护理（空气保健，菜护理，P&G 专用，表面护理）	32%	25%	Ariel，Dawn，Downy，Febreze，Gain，Tide
婴儿女性及家庭护理	婴儿护理（婴儿尿布，尿布和裤子）；女性护理（成人失禁，女性护理）；家庭护理（湿巾，卫生纸）	29%	27%	Always，Bounty，Charmin，Pampers

资料来源：宝洁公司。

5.5.1.2.2　消费者至上

宝洁认为，市场是消费者的市场，产品是消费者的产品，品牌是消费者的品牌。品牌是一种对消费者的承诺，成功的品牌是要通过品牌让消费者感觉到舒适和快乐，因此要回归让“消费者来决定”。20 世纪 60 年代中期，宝洁研发出一次性纸尿布“帮宝适”，迎接它的是无数欣喜若狂的妈妈和她们的宝宝。尽管处于市场领先地位，宝洁公司也从未停止过对其的改进。“帮宝适”最初是方形的，后来宝洁开发出了一款像内裤一样贴身的新型尿布。但是，宝洁“自作聪明”地认为，裤形尿布的成本太高，一旦“帮宝适”因改型而变得昂贵，可能会输给产品价格更低的竞争者。于是，宝洁用另一个品牌推出了裤形尿布。与此同时，竞争对手金佰利也推出了类似产品——“好奇”尿布。

结果，“帮宝适”的市场份额瞬间下跌了25%。但到此时，宝洁内部仍然为是否改进“帮宝适”争执不下。因为如果改变形状，不但成本飙升，而且原先价值上亿美元的生产线也将成为一堆废铁。最后，宝洁邀请了几位母亲来参加会议，这几位消费者的意见惊人的一致：喜欢裤形尿布！顾客最终帮宝洁做出了决定，宝洁斥巨资建立了新的生产线。结果证明顾客是对的，“帮宝适”的利润立刻就停止了下滑。到今天，“帮宝适”的市场份额已经超过了竞争对手“好奇”尿布三倍，成为全球纸尿裤市场第一品牌。

5.5.1.2.3 开发优质产品

为了开发出优质产品，宝洁公司每年要通过各种市场调研工具和技术与全球近千万消费者进行沟通交流。通过访问、跟踪观察、举办消费者座谈会、问卷调查、店面访问、消费者信件以及接听消费者电话等措施赢得消费者的认同，在全面满足消费者需求的同时也促进了公司的长远发展。当宝洁推出“汰渍”洗衣液时，经过家庭访问，研究人员发现消费者在倒洗衣液时，常常会有部分洗衣液随着瓶口溢出来，研究人员敏锐地注意到这一现象后，在产品瓶口加装类似漏斗的装置，回收溢流而出的洗衣液。如此细致贴心的改进立即受到消费者的欢迎，也让“汰渍”创造出更高的销售佳绩。可见，宝洁发展优异产品理念的背后有更全面深入的思考，而这一点又体现在宝洁独特的品类管理中。

5.5.1.2.4 “品牌经理”制度

宝洁公司是世界上最先采用品牌经理制的公司，“将品牌当作事业经营”是宝洁进行品牌经营的至理名言。品牌经理制就是公司为每个品牌的产品或产品线配备一名具有高度组织能力的经理，由他对该品牌的产品开发、产品销售额、产品毛利率负全责。他还负责产品开发部门、生产部门以及销售部门的工作，负责品牌管理的全过程，成为影响品牌所有活动的牵头人。品牌经理的职责就是打造一个能够维系与消费者长期友好关系的成功品牌。通过实行品牌经理制，宝洁改善了品牌运营效率。

5.5.1.3 渠道战略的变化

5.5.1.3.1 传统渠道模式

宝洁主要靠的是传统渠道营销模式，比如宝洁在中国成立一级代理公司，各省的代理商创建二级代理公司，宝洁的各种宣传主要是为企业和各级代理商服务。

1999年之前，宝洁在中国的销售部按区域划分为四个部分，即以广州为中心的华南区、以北京为中心的华北区、以成都为中心的西南区和以上海为中心的华东区。每个区域中心除设有区域分销中心外，还设有人力资源、营销、财务、行政、后勤等部门。区域分销中心分管所属区域内的分销商（见图5－3）。销售任务由分销商承担，分销商不仅承担销售和回款，还承担分销职能，即将产品卖到目标消费者可能出现的所有场所，包括零售终端、批发市场、夫妻店，甚至企业客户、洗浴中心和美容美发店。在1993—1998年间，宝洁发展了300多家经销商，依靠传统的“人海战术”，其产品分销率得到了极大提高。1999年宝洁超过80%的销售额是通过分销商销售的。这个商业网络帮助了宝洁公司最初的业务发展，“海飞丝”“飘柔”就是借助这个网络被成功地推广。

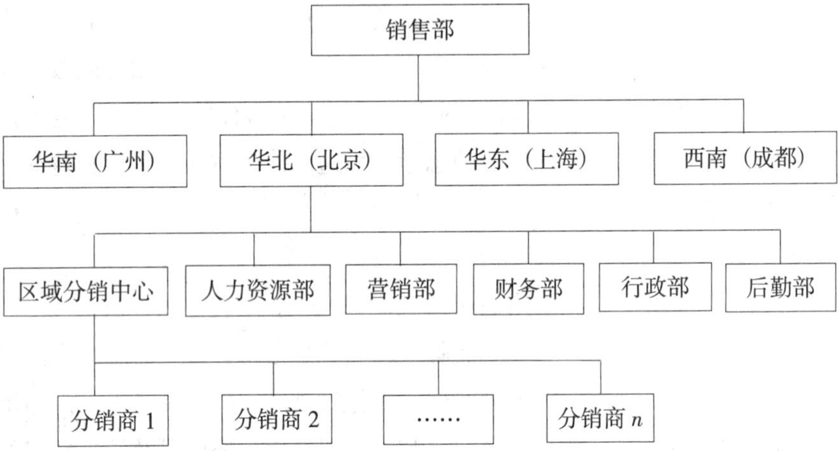

图5－3　宝洁1999年之前的渠道组织结构

但是相关问题也接踵而至。由于大量的分销商生意规模都比较小，而且竞争激烈，“串货”现象严重。而且，零售市场由于连锁零售终端大量出现，他们希望和宝洁公司进行直接合作，这无疑挤压了分销渠道的生存空间。而最难的还是宝洁的销售经理们，他们不仅要应对各方面的挑战、负责众多品牌的推广，而且要负责各个渠道的管理和沟通等事宜。这些都促使宝洁公司的渠道改革势在必行。

1999 年，宝洁取消销售部，设立了客户生意发展部（CBD），逐渐开始向重点零售商直接供货，全面负责客户生意的发展及服务工作，打破了原来分区的组织结构，建立了集分销商、批发商、主要零售商、大型连锁商及沃尔玛为一体的综合渠道。这使渠道员工集中精力研究各自渠道的运作，同时作为顾问型营销专家，更好地解决零售终端的服务问题。分销商减少到 100 多个。（见图 5 –4）。

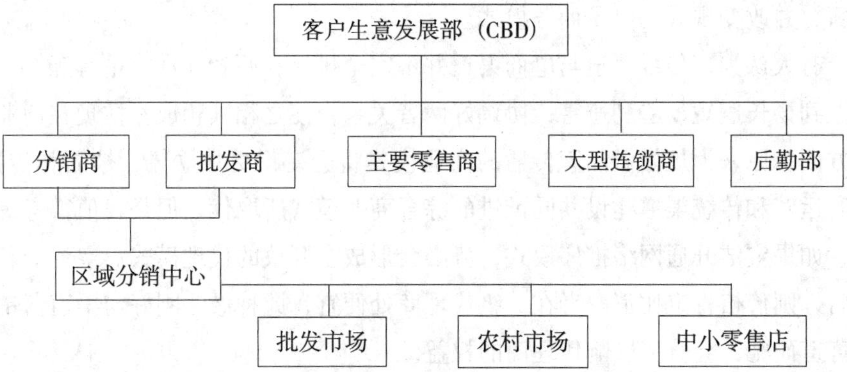

图 5 –4　宝洁 1999 年后的渠道组织结构

在此模式的基础上宝洁还采取了一些积极有效的措施解决其渠道问题：在分销商方面，控制分销商数量，加强培训激励工作。经过甄选和考核，渠道改革后宝洁大大减少了分销商数量，仅保留了一部分实力强、忠诚度高的分销商；在大客户方面，直接建立联系，成立战略联盟。成立客户生意发展部的最主要职能就是与家乐福、沃尔玛这样的大卖场、大客户直接建立联系。

5. 5. 1. 3. 2　尝试新渠道模式

传统的营销渠道模式曾给宝洁公司带来了巨大的成功。但由于行业竞争的加剧，微利时代已经来临，“赌注”单一传统渠道，日化行业的边际效益已经为负。另外，电商大军崛起，宝洁传统渠道的盈利模式遭遇巨大挑战。

众所周知，“O2O”是当前电子商务领域最受推崇的商业模式，意谓“Online to Offline”（线上到线下）的有效整合。宝洁公司近年来开始积极尝试运用数字营销手段来展开全新的品牌攻势，以扩展自己的品牌优势。近年来，宝洁在中国市场上陆续推出了“东方季道”“海肌源”“帮庭”“朗白先生”“香必飘”等五个新品牌。但是，这些新品牌无一例外地都绕过了对宝洁有着举足轻重意义的超市、商场等渠道，而是选择了电子商务和化妆品专营店渠道。日前，宝洁公司新推出的高端草本护养品牌“东方季道”已经正式在天猫商城上开卖。

电子商务渠道是一种非常贴近消费者的销售方式，该渠道凭借方便、快捷的特点吸引了越来越多的消费者。而天猫作为宝洁的战略合作伙伴，希望与其共同构建一个平台，通过加入高端奢华的品牌体验，从而进行电子商务领域的创新，并改变现有的电子商务模式。

有人认为，传统渠道与电商渠道并不完全排斥，两者在冲突中有互补，如何做到扬长避短、趋利避害，协调好两者关系，使之相辅相成？体现在商业模式方面，原来大规模做品牌传播的商业模式将会变得更加立体，被品牌传播、电商运营和传统渠道建设共同推进的综合商业模式所取代。但是，值得考虑的是，如果宝洁开通网络推广模式，势必会形成全开放的代理模式。宝洁如若有网店，则价格肯定比消费者在二级代理商处便宜，此种做法刚好与渠道营销模式背道而驰，会直接影响代理商的权益。

5.5.1.4 广告策略

“世界一流产品，美化您的生活”——这是宝洁公司在世界各地推广其品牌的承诺。广告之于宝洁，是发展必不可少的武器。宝洁公司的广告传播具有以下几个特色：

5.5.1.4.1 广告定位的细化

宝洁产品从低端到高端，有一条完整覆盖市场的品牌与产品链。从基本的清洁功能型产品到中端的时尚型产品，再到品牌精神行销的高端产品，这是宝洁的品牌定位策略，而品牌的定位则是通过广告传播的产品定位策略来实现的。如“海飞丝”的去屑，“潘婷”的保养，“飘柔”的柔顺等，然后通过广告传播不断强化。宝洁公司认为，一千个消费者心目中有一千个哈姆雷特，针对总结出的各个不同点，用多种品牌分别攻克各需求市场。于是宝洁洗发水麾下有“飘柔”“潘婷”“海飞丝”三大品牌，洗衣粉系列有“汰渍”“碧浪”，香皂市场有“舒肤佳”。然而，宝洁并不担心各种品牌在同一货架上的相互竞争，因为宝洁广告已经明白无误地告诉了消费者，各种不同需求应使用对应的各种品牌。例如，“海飞丝”使用“头屑去无踪，秀发更干净”的广告语彰显个性；“潘婷”的个性在于对头发的营养保护，于是就有“含丰富的维他命原B5，能由发根渗透至发梢，补充养分……”；而“洗发护发一次完成，令头发飘逸柔顺”的广告，则强调了“飘柔”的个性。

5.5.1.4.2 品牌推广的亲近感

宝洁对营销概念的包装与诠释，走的是利益诉求与情感诉求相结合的路径。宝洁公司的电视广告不像竞争者联合利华那样一直聘请国际大腕级女名人做形象代言人，宝洁的代言人通常是符合宝洁产品个性、气质定位的平民化广告新人，大部分产品的广告甚至是由中国普通女性直接陈述产品性能或使用的体会。这类广告让广大消费者耳目一新，给他们带来了平和、亲近的感受。比如，“飘柔”广告代言人，通常是公司的白领，而平常注重形象、愿意头发更柔顺的消费者也常是受过教育的白领阶层，自然“飘柔”广告深受他们的欢迎。宝洁的家庭产品广告通常都贴近消费者，运用消费者熟悉的情景和语言与消费者直接交谈。如“舒肤佳”香皂，其广告就是一个小孩在游泳池受到各种不洁环境的影响，然后一家庭主妇形象出现，提出细菌危害家人健康，而舒肤佳则可以杀菌和抑制细菌再生，所以“舒肤佳”才是最佳的选择。

5.5.1.4.3 持续的广告攻势

宝洁习惯“兵马未动，粮草先行”的做法，也就是说在它的一款产品市场测试成功后，就着手启动一轮大规模的高空轰炸式广告，然后通过强势渠道地毯式铺货，其后展开线下的大量互动活动拉动销售。宝洁公司采用无间断广告策略和“波形递加式投放法”，总是保持高频率、持续的广告攻势，对消费者产生持续的影响，即使是市场上已经占有绝对优势的“海飞丝”“飘柔”等品牌，宝洁公司也继续投入大量的广告费予以支持。消费者几乎每隔一段时间就要采购一次日用洗洁品，反复广告会引起消费者尝试购买的欲望，而递加式的投放也有助于强化消费者对产品的认知和认同感，逐渐使消费者成为其固定消费群。

5.5.1.4.4 广告转向新媒体

作为全球最大的广告客户，宝洁2011年的广告支出达到93.15亿美元，在过去两年大幅增长了近24%。按照宝洁的广告预算，它每年的广告支出大概占到总销售额的9%~11%，而一般快速消费品公司的广告支出仅占到总销售额的5%~6%。宝洁广告投放的媒介选择以目标消费者的收视习惯为指导。2003—2006年宝洁连续四年成为央视黄金段位广告标王，在电视广告上支出最大，但现在很多年轻人、中年人都减少了看电视的时间，转向网上看电视剧、电影等，在巨额广告支出的重压下，宝洁的广告策略开始向新媒体倾斜，这几年宝洁在网络视频网站上投入增加明显。据艾瑞咨询2011年中国互联网广告投放数据显示，2011年宝洁中国互联网广告投入2.86亿元，已经成为中国互联网广告的最大客户。而2010年宝洁中国互联网广告投入是1.2亿元，2009年是0.4亿元。近几年来宝洁的新媒体广告投入增长迅猛，而在网络投放上偏重于视频网站与社区网站。根据艾瑞咨询的统计，宝洁互联网广告投放最多的网站是优酷网、土豆网等视频网站，其次是新浪、搜狐等门户网站以及人人网等社区网站。与此同时，宝洁高度重视社交媒体如facebook等，由于社交媒体有二次传播、口碑传播的效果，因此受到全球各大品牌的关注。一个好的活动在社交媒体可以免费得到数十亿次的点击和关注，如一个微博话题可以带来很多关注，它的穿透力非常强，散布的方式又快速。

5.5.1.5 开放的创新模式

在2000年之前，宝洁对公司外的创意闭门拒之。但现在，公司意识到“靠企业内部出创意”的旧模式已经不管用了。2006年，宝洁做的一次全球范围内的统计发现，其52%的创新活动至少有一个外部合作者，平均每周有两桩联发交易达成，通过这些交易宝洁上市了200多种新产品。于是，宝洁开始变革企业文化，推出了“联系与发展”模式（即“联发”模式）。

企业可以首先与众多外部资源（科研院校、政府研究室、以网络为基础的前景市场、供应商甚至竞争对手）进行联系，接着通过企业的内部研发机构、生产机构的相互协调将这些获得的信息概念植入新产品的理念中，这种方式不但经济而且高效。宝洁公司将“联系与发展”概念引入品客薯片（Pringles）的印刷技术中——薯片上印有具有娱乐效果的图片和文字——在一定的时间内完成并且花费少量成本。宝洁并没有在公司内部寻找解决如何将图像印在薯片上的方案，而是利用它的全球生产网络个体及机构，发现了一个由大学教授经营的意大利面包作坊，该教授曾经发明了在蛋糕或曲奇上打印可食用图像的喷墨打印方法。宝洁随即采用了这个方法——这给北美品客薯片销售带来了两位数的增长。

现在，宝洁每年要对超过5 000个来自个人、大学、研究所、大型公司、贸易伙伴的创新机会进行评估，与超过400个供应商、高校、零售商、制造商甚至是竞争对手公司保持联发方面的合作关系。与全球约150万名科学家联手，群策群力，迸发创意。其中包括了杜克大学、哥伦比亚大学、GE、惠氏、高露洁、联合利华、惠普、迪士尼、沃尔玛等一系列著名的机构和公司。在进行联发战略之后的几年，宝洁把创新成功率从35%提高到了60%。更加令公司感到兴奋的是，他们花了更少的钱。2008年，宝洁投入研发的费用是22亿美元，仅相当于销售额的2.6%，在八年前，这个百分比大约为5%。

2009年3月26日，宝洁的"创意集市"联发网站在中国推出，其目的是拓展更多的中国合作者，并让消费者参与到宝洁的产品研发中来，外部研发机构、企业、个人，都可以在此提交自己的创新解决方案，在八周的审核时间后，宝洁会告知消费者，这是否正是他们在寻找的答案。这个举动正在颠覆着传统的研发模式，"产销合一"成为一种可能——任何人既可以是宝洁产品的消费者，也可以成为宝洁产品的创意和方案提供者，这种"开放式创新"将能够让宝洁站在最前沿的角度去洞察消费者需求。这种通过大规模协作而建立起来的新经济研发生产模式将消费者吸引过来，将更有可能抓住最及时的消费趋势，从而实现"开放、对等、共享以及全球合作"。

本案例参考文献：

[1] 宝洁的广告策略：不断强化概念. 品牌，2008（5）：56－57.

[2] 陈芳. 宝洁谋变　新品牌尝试新渠道. 中国商报，2013－05－24（07）.

[3] 韩洋. 宝洁：从内部研发到外部联发. 商界（评论），2013（11）：62－63.

[4] 黄锴，张天阔. 宝洁CTO：开放式创新的"联发"效应. 21世纪经济报道，2010－11－05（22）.

[5] 李玉进. 宝洁公司的营销与广告策略. 中外企业家，2007（1）：40－43.

[6] 刘源. 宝洁渠道之变. 知识经济，2005（8）：26－28.

[7] 屈丽丽. 宝洁"反向O2O"实验长期效果待考. 中国经营报，2014－04－28（C04）.

[8] 汤向东. 试析宝洁品牌. 经济论坛，2012（3）：171－172.

[9] 田茗. 联系与发展　宝洁的创新引擎. 财经时报，2007－12－21（E02）.

[10] 徐春梅. facebook等促宝洁广告策略生变. 中国经营报，2012－02－13（C03）.

[11] 杨育谋. 宝洁：创新没有边界. 改革与开放，2009（7）：35－37.

[12] 张杰．宝洁难题留给谁．华夏时报，2014－02－24（22）.

[13] 周伟．宝洁公司渠道战略转变分析及其启示．企业活力，2005（5）：36－38.

5.5.2 基于商业模式视角下“格力电器”竞争优势的构建

5.5.2.1 “格力电器”简介

成立于1991年的珠海格力电器股份有限公司，是一家集研发、生产、销售、服务于一体的国际化家电企业，以“掌握核心科技”为经营理念，以“打造百年企业”为发展目标，凭借卓越的产品品质、领先的技术研发、独特的营销模式引领中国制造，旗下拥有格力、TOSOT、晶弘三大品牌，囊括格力家用空调、中央空调、空气能热水器、TOSOT生活电器、晶弘冰箱等几大品类家电产品。

2012年格力电器实现营业总收入1 001.10亿元，成为中国首家超过千亿的家电上市公司；2015年4月27日，格力电器发布2014年业绩报告。报告显示，公司2014年实现营业总收入1 400.05亿元，同比增长16.63%；归属于上市公司股东的净利润为141.55亿元，同比增长30.22%，继续保持稳健的发展态势。2014年格力官方商城重磅上线。

格力空调是中国空调业唯一的“世界名牌”产品，业务遍及全球160多个国家和地区。家用空调年产能超过6 000万台（套），商用空调年产能550万台（套）；2005年至今，格力空调产销量连续10年领跑全球，用户超过3亿。2015年5月，格力电器大步挺进全球500强企业阵营，位居“福布斯全球企业2 000强”第385名，排名家用电器类全球第一位。

作为一家专注于空调产品的大型电器制造商，格力电器致力于为全球消费者提供技术领先、品质卓越的产品。在全球拥有珠海、重庆、合肥、郑州、武汉、石家庄、芜湖、巴西、巴基斯坦等九大生产基地，7万多名员工，至今已开发出包括家用空调、商用空调在内的20大类、400个系列、12 700多个品种规格的产品，能充分满足不同消费群体的各种需求。格力电器累计申请技术专利15 600多项，其中申请发明专利近5 000项，自主研发的磁悬浮变频离心式制冷压缩机及冷水机组、光伏直驱变频离心机系统、双级变频压缩机、无稀土变频压缩机、R290环保冷媒空调、1赫兹变频空调、多功能地暖户式中央空调、永磁同步变频离心式冷水机组、超低温数码多联机组等一系列“国际领先”产品，填补了行业空白，改写了空调业百年历史。

5.5.2.2 “格力电器”渠道模式创新的发展历程

作为目前国内空调行业的领导品牌之一，“格力”的名字几乎家喻户晓。从寂寂无闻到成为行业“霸主”，格力的营销模式被认为是强劲的推动力之一。格力在营销领域的创新从未间断过，“先付款后发货”“淡季贴息返利”“废除年底退货”“区域性销售公司”都开创了行业内的先河。其所开创的“与地方经销商结成利益共同体”的营销模式在拓展市场的过程中攻城拔寨，几乎无坚不摧，甚至被业界赞为“21 世纪经济领域的全新革命”，受到追捧与模仿。

格力渠道模式的创新大致经历了以下六个阶段：

5.5.2.2.1 第一阶段：推销阶段（1994 年前）

20 世纪 90 年代中期以前，空调对于普通老百姓来说属于高档次的奢侈品，可望不可即，主要用户是社会集团、机关、工矿企业等。鉴于当时商品短缺，家电业处于卖方市场，家电制造商主导家电市场。在市场条件很不成熟的背景下，家电生产厂家采用传统的家电营销渠道模式。一般认为，传统的家电营销渠道模式主要是大中小各类商场以及小型电器商店。在该模式中，家电制造商是渠道权力的绝对掌控者，经销商从属于家电制造商，消费者的消费行为是被动的、单一的和缺乏个性化的。1991 年成立的格力电器实力弱小，面对强势品牌“春兰”“华宝”等，格力电器所采取的是“农村包围城市”策略，集中优势力量开发国内空调强势品牌影响力和覆盖力较弱的皖、浙、赣、湘、豫、冀等区域，树立品牌形象，建立市场阵地。经营渠道重点是专卖店和百货店，通过良好的售后服务保证顾客利益。专卖店的来源较多，有的是由五交化公司转变而来的电器专卖店，有的是从百货公司家电部分离出来的，还有的是由各种所有制成分经营电器的小店逐步发展起来的。在家电制造商主导家电市场的时期，格力对经销商的依赖程度较低。许多经销商靠厂家的扶持发展壮大，厂家也在客观上利用大户经销商的销售渠道、资金、流通设施及人力开拓市场。这一时期格力电器的渠道权力结构向厂家倾斜。期间，格力沿袭了计划经济时的做法，采取先发货、后付款的方式，这很容易产生数不清的“三角债”现象，为避免滑入“三角债”，格力采取了“先付款后发货”的政策。

5.5.2.2.2 第二阶段：大户制市场模式阶段（1995—1996 年）

随着业务的迅速拓展，格力空调的产销量和收入也大幅提高，1994 年，其营业总收入达 3.71 亿元，是 1991 年 1.03 亿元的 3.6 倍。但格力电器销售渠道却显得混乱，缺少章法。1994 年年底，董明珠出任公司经营部部长，针对当时公司销售管理混乱的状况，董明珠开始了大刀阔斧的改革。在营销方法的探索和实践上，董明珠一直拥有超前的眼光，并走在竞争对手的前列。1994 年，首创“淡季贴息返利”模式。1996 年，首创“年终返利”模式，被誉为“格力模式”，业内沿用至今。“淡季贴息返利”和“年终返利”均为一种厂商合作模式。“淡季贴息返利”模式是在空调淡季时，经销商向格力电器购买空调，格力电器支付合理的利息给经销商，同时保证经销商在旺季时充足的货源。该模式既解决了格力电器淡季生产资金短缺，又缓解了库存压力和旺季时集中供货压力，同时又使经销商与格力电器结成紧密合作体。“年终返利”模式就是在一个年度开始时，厂方通过一定的形式向经销商做出一定的承诺，全年销售不同的数量，便在年终给予不同比例的利润返还。该模式是一种典型的鼓励多销、培植大户的政策：销得越多年终得到的返利越多，得到的返利越多，就更有实力以价位优势扩充网络，网络更大，得到和有望得到的返利更多。1994 年，空调市场竞争激烈，商家不得不降价销售空调，由此造成亏本。为弥补经销商的亏损，格力决定拿出 1 亿元返还给经销商。董明珠的一系列举措使得格力的经销商开始紧密地“团结”在格力周围，自 1995 年起，格力没有一分应收款拖欠，创造了空调行业货款百分之百回笼的奇迹。1995 年，格力空调的产销量首次超过昔日中国空调业的领航者——春兰，一举跃居全国同行第一，当年的营业总收入达到了 25.64 亿元，比 1994 年的营业总收入增加了 591%，标志着格力的营销模式已进入了大户模式阶段。

5.5.2.2.3　第三阶段：区域销售公司模式（1997—2000 年）

1994 年以来，格力电器先后在家电行业首创“淡季贴息返利”和“年终返利”政策，并由此奠定格力的行业龙头地位。1996 年后，家电业从卖方市场转入买方市场，群雄四起，诸侯割据。比如，湖北四大经销商为抢占地盘，彼此之间开始竞相降价、窜货、恶性竞争，极大地扰乱了格力的价格体系，同时也严重损害了厂家利益。“凉夏血战”的结果，最终导致了大多数经销商和厂家血本无归。在这场血战中，格力虽然依靠人情的力量杀出重围，但最终无序的市场竞争还是使格力的经销商无利可图。1996 年年底，格力不得不忍痛拿出 1 个亿补贴经销商。痛定思痛后，格力意识到，恶性价格战不仅损害了品牌的声誉，而且低廉的价格也将使经销商无力承担对消费者的售后服务，最终导致消费者的根本利益受到损害。经过深思熟虑后，董明珠做出了“把大家捆在一起”的决定，并开始了全新销售模式的探索与实践。1997 年，格力联手湖北四家经销大户组建了一家以资产为纽带、以格力品牌为旗帜、互利双赢的经济联合体——“湖北格力空调销售公司”。这是格力独创的中国第一家由厂商联合组成的区域性品牌销售公司。这种以股份制组成的销售公司模式是：统一渠道、统一网络、统一市场、统一服务，开辟了独具一格的专业化销售渠道，统一价格对外批货，共同开拓市场。在这种模式中，格力只输出品牌和管理，在销售分公司中占有少许股份。湖北格力空调销售公司的成立，大大规范了湖北地区格力空调的市场，使销售公司成为格力在当地市场的二级管理机构，从而保障了经销商的合理利润，使广大经销商能够切实做好消费者的服务工作，同时，格力作为制造商不必再建立独立的销售分支机构，很多工作转移给了合资销售公司。

1998 年，格力空调在湖北销售大增 40%，销售额达 5.1 亿元。各二级、三级经销商的销售也“水涨船高”，大家共同致富了。此种模式被格力迅速推向全国，先后在重庆、安徽、湖南、河北等全国 32 个省市成立了区域性销售公司，成为格力空调参与激烈市场竞争的“撒手锏”。

5.5.2.2.4　第四阶段：专业代理模式（2001—2003 年）

2000 年末，格力在巡查全国市场时发现，湖北公司一些人想采用“移花接木”和“偷梁换柱”的手法，借格力品牌搞“体外循环”，将格力的资源转移到个人注册的小公司中去，损害二、三级经销商的利益，从中牟取暴利。湖北公司却认为，格力由于发展迅速，不把各地的销售公司放在眼里。事件本质上是渠道控制力与利益之争。2001 年年初，格力集团在湖北成立了“新欣格力公司”，随后年销售逾 5 亿的湖北格力空调销售公司开始停止营运，董事长兼总经理郎青被炒鱿鱼，这就是名闻一时的“湖北兵变”。类似的事件还在安徽、重庆、东北等地上演。安徽格力与格力总部的矛盾滋生于 2001 年 4 月中旬。结局是格力总部在 4 月 17 日强行封了安徽格力的银行账户和仓库，停止供货并不准办公，安徽格力至此彻底停止营业。接着，格力相继对安徽、湖北、广西等全国各区域股份制销售公司进行了股份调整，成了大股东，并从总部派遣人员在各销售公司管理层任职。实际上，董明珠的真实意图非常明显：

通过吸收其他实力小的经销商参股，削弱原大股东的地位，这样其他股东均为小股东，不足以跟格力叫板，实际操控权便牢牢掌握在格力手中。与此同时，格力也在积极适应市场的变化，对以国美、苏宁为代表的新兴的家电连锁业态并没有漠视，而是选择两条腿走路，积极地与家电连锁企业进行尝试性合作，以期进一步发展紧密的关系。这种模式可称为专业代理模式，也叫“格力模式”，其特点是制造商以资本为纽带，用品牌把有实力的经销商“捆绑”在一起，直接参与终端市场拓展。同时这种营销模式在没有改变传统销售通路的情况下，大大减少了厂商冲突，具有一定的普遍意义。如果说联合代理模式偏重于保护一级经销商利益，那么可说专业代理则是把注意力转移到了市场终端。另外，前者是特定历史条件下的粗放经营，后者是新的历史条件下对市场的精耕细作。

5.5.2.2.5　第五阶段：自建渠道模式（2004—2006年）

随着空调业的空前发展，市场竞争愈演愈烈。2004年2月中旬，国美开展“空调大战”计划，全国各地国美分店对空调品牌进行降价促销，成都分店尤为突出。2月20日，成都国美为启动淡季市场，在相关媒体上刊发广告，把格力两款畅销空调的价格大幅度下调，零售价原本是1 680元的1P挂机被降为1 000元，降幅达40%，零售价原本为3 650元的2P柜机被降为2 650元，降幅达27%。格力认为国美在未经自己同意的情况下擅自大幅降低了格力品牌空调的价格，破坏了格力空调在市场中长期稳定、统一的价格体系，并有损其一线品牌的良好形象，因此要求国美“立即终止低价销售行为”。在交涉未果的情况下，格力停止向国美供货，“格力国美事件”正式拉开序幕。其实格力、国美的“积怨”早在2003年深圳国美策划的“买威力·送格力”的促销活动时就已开始。由于双方在随后的2004年合作谈判中未能达成共识，3月9日，国美电器向全国分公司发了一份《关于清理格力空调库存的紧急通知》，要求各地分公司将格力空调的库存及业务清理完毕，暂停销售格力产品。国美对此举的解释是：目前国美销售的家电产品主要以厂商直接供货方式为主，这样做的目的是节省中间成本，降低产品价格。但格力空调一直通过各地的销售公司向国美供货，代理商多级分销模式导致成本过大，空调价格太高，同品质的空调，格力要比其他品牌贵150元。在价格上不能满足国美的要求，国美因此无法实现其提倡的“薄利多销”原则。按照格力的说法，国美要求格力给其销售返点偏高（是其他经销商的 2 ~ 3 倍），并且要求在空调安装费上扣除 40% 作为国美的利润。从 2001 年下半年开始进入国美、苏宁等大型家电卖场的格力认为，其对所有经销商的政策都是一样的，国美不能有特殊待遇。格力在全国有 1 万多家经销商，而国美不过是其中的一个。格力空调的消费者对格力空调的认同度都很高，因此，靠市场说话的格力空调并不畏惧国美的“威胁”，格力坚持认为，如果国美不按照格力的游戏规则处事，格力将把国美清除出自己的销售体系。至此，双方的合作关系正式宣告破裂。此后，格力带领各地销售公司下大力气在全国开设专卖店。1996 年 9 月 1 日，格力第一家专卖店在安徽开张，2006 年 8 月 20 日，格力第 3 000 家专卖店在湖南长沙成立。截至 2006 年年末，格力在全国已拥有专卖店 3 000 多家，逐渐形成了一个以城市为重心、以地县为基础、以乡镇为依托的三级营销网络。在大卖场整合不断加强的趋势下，格力专卖店的发展状况备受外界关注。摆脱国美之后，格力 2004 年度依然稳居国内空调销售第一，而且超出第二名 30 亿元。2005 年，格力电器销量突破 1 000 万台，成为名副其实的世界冠军。而在格力电器当年 182.48 亿元的销售额中，绝大多数的销售额由格力专卖店完成。

5.5.2.2.6　第六阶段：股权捆绑经销商模式（2007 年以后）

在价格和原料成本的双重压力下，格力和区域专业销售公司双方通过对关系的持续投入形成了针对对方的专有资产，因此彼此高度依赖的权力结构得以不断维持。2007 年 4 月 28 日，格力宣布将 10% 的股权转让给各地核心的经销商。此次调整从制度上再次把经销商的利益与格力的利益牢牢捆绑起来，充分调动了经销商维护和提升格力品牌的积极性，进一步巩固了格力销售网络的地位。同年 6 月，格力集团再作出减持格力电器股权的决定，控股比例进一步降至 28.58%。此举是进一步引进战略投资者，有利于格力集团的健康发展。

5.5.2.3　业绩及竞争地位分析

5.5.2.3.1　经济业绩分析

各项业绩可从财务指标上分析（见表 5 - 3）。从总资产指标上看，1996 年，格力电器总资产为 18.43 亿元。到 2004 年跨过 100 亿元大关，达 127.61 亿元。到 2012 年超过 1 000 亿元大关，达 1 075.67 亿元。2014 年增加到 1 562.31亿元。1996—2014 年间，格力电器总资产年平均增长率达 26.3%。

表5-3　格力电器总资产、营业总收入和利润总额变化情况

年度	总资产（亿元）	营业总收入（亿元）	利润总额（亿元）	年度	总资产（亿元）	营业总收入（亿元）	利润总额（亿元）
1991	—	1.03	—	2003	82.89	100.42	3.95
1992	—	1.62	—	2004	127.61	138.32	5.05
1993	—	2.47	—	2005	126.81	182.48	6.12
1994	—	3.71	—	2006	159.94	238.03	7.92
1995	—	25.64	—	2007	255.48	380.41	14.26
1996	18.43	28.41	2.19	2008	305.65	422.00	24.06
1997	19.80	34.51	2.48	2009	515.30	426.37	33.80
1998	29.26	42.98	2.57	2010	656.04	608.07	50.56
1999	34.24	51.66	2.70	2011	852.12	835.17	63.29
2000	57.86	63.42	3.00	2012	1 075.67	1 001.10	87.63
2001	69.22	65.88	3.26	2013	1 337.02	1 200.43	128.92
2002	71.44	70.30	3.54	2014	1 562.31	1 400.05	167.52

数据来源：《格力电器报》，2014（10），第1版；珠海格力电器股份有限公司年度报告（各年度）；CSMAR数据库的中国上市公司财务报表数据库。

从营业总收入指标上看，1991年，格力电器营业总收入为1.03亿元。到2003年超过100亿元大关，达100.42亿元。到2012年超过1 000亿元大关，达1 001.10亿元。2014年增加到1 400.05亿元。1991—2014年，格力电器营业总收入年平均增长率达35.1%。

从利润总额指标上看，1996年，格力电器利润总额为2.19亿元。到2007年超过10亿元大关，达14.26亿元。到2013年超过100亿元大关，达128.92亿元。2014年增加到167.52亿元。1991—2014年，格力电器利润总额年平均增长率达25.6%。

5.5.2.3.2　竞争地位分析

近些年，格力的竞争实力得到大幅度的提升。2008年10月8日，由国际管理咨询公司罗兰·贝格和《环球企业家》杂志联合评选的“2008年最具全球竞争力中国公司”揭晓，格力电器携手联想、华为等行业巨头一起挺进20

强；这是格力电器连续第二次获此殊荣。截至2014年年底，格力电器家用空调年产能超过6 000万台（套），商用空调年产能550万台（套），拥有20个大类、400个系列、12 700多个品种规格。格力家用空调产销量自1995年起连续20年位居中国空调行业第一，自2005年起连续10年位居全球第一；2013年7月22日，胡润发布2013中国品牌榜。格力电器以170亿元的品牌价值夺得“2013家用电器品牌价值排名”第一位，位居“2013最具价值国有品牌”第25位。根据“中国最有价值品牌500强”榜单，2015年，格力品牌价值达1 221.56亿元，在500强品牌中排名第15位，家电行业排名第1位；另外，格力在“中国500强”和美国《福布斯》杂志公布的“全球企业2 000强公司”的榜单排名均有明显的上升。在“中国500强”榜单上，格力2010年排名第143位，2013年上升到第41位，2015年再上升到第36位，格力电器5年内在榜单上排名上升已超过百位次。在《福布斯》“全球企业2 000强公司”的榜单上，格力2012年排名第706位，2013年和2014年的排名分别上升到第668位和第501位。特别值得一提的是，2015年，格力电器位居“全球企业2 000强公司”第385位，大步挺进了全球500强。这是格力多年来一直奋斗的宏伟目标，如今终于实现了。

5.5.2.4 简评

格力电器在不同的发展阶段选择了不同的商业模式，这些模式不仅适应了市场的变化环境，同时，还保障了相关方的利益，即消费者的利益、经销商的利益以及厂家自身的利益。格力商业模式的不断创新始终坚持三方利益共赢的原则，把消费者的利益放在首位，同时兼顾厂商双方的利益。这决定了格力能得到渠道商的支持，得到能长久立足市场竞争的根本，保证了经销商对格力的向心力和凝聚力，有效避免了市场竞争的无序对格力的冲击。格力首创的“淡季贴息返利”“年终返利”和“不定期返利”政策，得到了众多经销商的拥护，降低了经销商的销售亏本的风险，很好地稳住了经销商。格力的“股份制区域销售公司”模式，明晰了格力总部与区域销售公司的产权关系，不仅很好地解决了利益的创造和分享的问题，同时还让销售公司拥有制定价格和政策的权力，有很大的自主权，充分调动了各区域经销商的积极性和主观能动性。格力所创造的这种营销模式在产品相对短缺、渠道为王的时代具有重大意义，最大限度地利用了当地的渠道资源强化销售，曾被誉为“21世纪全新营销模式”。当苦心经营的价格体系受到国美的干扰时，格力坚持了自身制定的原则和游戏规则，毅然退出国美，并致力于专卖店的建设，反映了格力的正确判断和明智选择。其实，格力叫板国美，是基于自身渠道信心的把握，其“股份制区域销售公司”所形成的紧密的经济利益关系构筑了格力的坚实后盾。格力通过转让10%的股权，以引进格力核心经销商作为战略投资者，不失为一种创新的商企合作模式。与核心经销商建立一种产权关系，从制度上将经销商与格力电器的利益牢牢捆绑在一起，这将充分调动经销商的积极性，有利于企业在渠道管理方面与经销商建立和谐、共赢的战略合作伙伴关系，进一步提高格力电器的市场竞争能力。一路走来，对于格力模式，褒扬者也有之，质疑者有之。其实，渠道模式好不好，不是某个人说了算，而是市场、经销商、消费者说了算。20多年来，格力以自身的经营思路、企业精神、营销手段创造出良好的经营业绩，以事实证明格力每次商业模式的创新都是适合自身发展的，因而是成功的范例。同时我们可以看到，格力模式有着深厚而独特的企业文化做支撑，因而很难被复制。

本案例参考文献：

[1] 崔冬冬. 格力：渠道新政. 理财杂志，2008（2）：67-69.

[2] 海蓝. “中国创造”的“全球领先”呼唤更多的格力. 人民日报，2015-02-28（07）.

[3] 剑锋. 格力模式：开创经济领域新革命. 日用电器，2007（11）：11-13.

[4] 郎朗. 疏远国美　格力模式难以复制. 21世纪经济报道，2006-05-15（018）.

[5] 郎雅琼. 中国企业走向全球：谁能担大任？——珠海格力电器股份有限公司“走出去”发展战略纪实. 人民日报，2015-02-28（07）.

[6] 李静，蔡晓玲，胡晓虹. 和谐共赢的“格力模式”. 珠海特区报，2006-09-27（01）.

[7] 马红霞. 格力营销渠道模式解析. 中国商界，2010（7）：223-224.

[8] 庞芳兰. 格力电器营销渠道权力结构探析. 学术论丛，2009（10）：26-27.

[9] 王成. 格力渠道策略探析. 商业经济，2014（7）：59-61.

[10] 王永强. “霸道”背后的“王道”. 中国经营报，2012-03-19（C08）.

[11] 围围. 格力：渠道先行. 中国企业报，2009-02-13（02）.

[12] 颜菊阳. 对抗“美苏”渠道霸权　格力转股“捆绑”经销商. 中国商报，2007-05-18（02）.

[13] 杨帆. 揭开格力模式之谜. 机电信息，2008（6）：7-15.

［14］杨子电．家电企业多渠道冲突：以格力空调为例．经营与管理，2011（3）：44－45．

［15］张东臣．格力的模式就是不断地创新．中国经济时报，2008－03－19（010）．

［16］张德华．格力渠道的前世今生．电器，2006（5）：50－52．

6 践行社会责任，赢得企业竞争优势

6.1 企业社会责任的概念及其特征

6.1.1 企业社会责任的概念

企业社会责任（CSR）的概念最早于1924年由美国学者Sheldon提出。Sheldon认为企业为了生存发展不能只在乎产业内的股东的利益，还需要考虑产业外其他利益相关者的利益，并且涉及了道德成分。虽然Sheldon对CSR的概念没有给出具体的阐述，却引出了一个全新的研究领域。Bowen于1953年出版了《商人的社会责任》一书，并提出了商人社会责任的概念。Bowen在书中第一次正式地强调了基于社会的目标和价值观，企业需要承担社会责任，这是一项义务。这标志着真正意义上企业社会责任研究的开始，从此掀起了研究企业社会责任的热潮。美国佐治亚大学教授Carroll（1979）在前人研究的基础上提出了一个CSR三维模型——企业社会责任观、企业社会响应观、企业社会价值观，并将企业社会责任分为经济责任、法律责任、道德责任和企业自由决定的责任。后来，Carroll（1991）进一步完善了企业社会责任的模型和定义，提出了由低向高排序包括经济责任、法律责任、道德责任和慈善责任等四层企业社会责任的“金字塔”模型，他在模型中将原先的由企业自由发挥的社会责任转换为慈善责任。这无疑是一个研究企业社会责任规范的史无前例的创新，从而使今后的探究有了一个明确的方向。[①] Brummer（1991）在Carroll所认为的四个责任的基础上加进了环境责任。2001年，Lantos提出了战略性责任，并构建了由道德性责任、慈善性责任和战略性责任组成的企业社

---

① CARROLL A B. The pyramid of corporate social responsibility: toward the moral management of organizational stakeholders. Business horizons, 1991, 34 (4): 39-48.

会责任模型。Jamali（2007）则在 Carroll 的四层次金字塔模型和 Lantos 的三分类模型的基础上提出了企业社会责任“3+2”模型，认为企业社会责任应该是强制性的社会责任和自愿性的社会责任的结合。① 强制性的社会责任指的就是 Carroll 所说的除了慈善责任之外的另外三个方面（经济责任、法律责任、道德责任），而自愿性的社会责任则是慈善责任和跟 Lantos 提出的战略性责任相关的策略责任（自由决定的策略性责任、自由决定的慈善性责任），这是一种理性和感性的成分融合。

从文献上看，企业社会责任在不同社会阶层和利益主体面前，其含义各不相同。同时，法学、经济学、伦理学、哲学、社会学等领域的学者对其有不同的阐述。但总的来看，学者对“企业社会责任”的理解存在着国际上普遍认同的理念，即企业在创造利润、对股东利益负责的同时，还要承担对员工、社会和环境的责任，包括遵守商业道德、生产安全、职业健康、保护劳动者合法权益等有关的责任。

6.1.2 企业社会责任的特征

（1）经济性。企业是国民经济的细胞，是宏观经济的微观基础。作为经济组织，企业的目标少不了追求经济利益。只有这样，企业才能得到生存和发展，社会资源才能得到有效的配置，社会财富才能得到不断的增加。否则，企业就难以生存和发展，更谈不上什么社会责任的问题了。

（2）社会性。企业社会责任社会性的表现是多方面的，比如，为国家提供税收、为社会提供就业机会、为市场提供产品和服务等。另外，企业在发展过程中也会引发一系列的社会问题，诸如贫富分化、社会贫困、环境污染和劳资冲突等，因此，企业必须面对这些问题并作出积极的反应。

（3）法律性。企业追求经济利益无可厚非，但其经济决策行为必须在符合国家法律法规的前提下进行。事实上，企业承担的某些社会责任不是出于自身的意愿，而是出于外部的强制力量，如安全生产、环境保护、产品质量等。也就是说，这类企业社会责任往往是由政府机构通过法规、标准等强制推行的，是法律和制度要求的强制社会责任。

① LANTOS G P. The boundaries of strategic corporate social responsibility. Journal of consumer marketing, 2001, 18 (7): 595-630.

（4）道德性。企业社会责任的道德性是指企业应履行的义务，但仍未上升为法律，其包含着广泛的企业行为规范和准则，体现了对消费者、雇员和当地社区心目中的正义价值观的全面关注，也反映了尊重和保护股东权利的道德精神。比如，企业广告的内容应是真实的，这才符合社会道德。

（5）慈善性。企业社会责任的慈善性是指非由法律和伦理道德所要求的企业可自行决定参与的义务，例如企业向社区捐款行为是一种慈善事业，表明了企业的慈善性，体现了社会要求企业成为优秀的企业公民之愿望。

6.2 企业社会责任对提升竞争优势的影响

6.2.1 企业社会责任有助于企业提升声誉

企业声誉反映了企业的外部形象、声望等的评价，而这种评价主要由利益相关者做出，它是利益相关者根据自己的直接经验、有关企业的行为及其主要竞争对手的相关信息做出的全面评价。Fombrun 和 Shanley（1990）的研究显示，企业社会责任（以公司的慈善捐款和慈善基金来衡量）对公司声誉评价具有正面的影响。[①] Fombrun、Gardberg 和 Barnett（2000）将企业社会责任视为一种声望、荣誉资本的积累，认为这种声望、荣誉资本也可以反过来有助于企业经济效益的提高。[②] 在当前市场竞争日益激烈、产品差异不明显的情况下，企业通过履行慈善责任、环境责任、客户责任等，树立良好的社会责任形象与声誉能有效地吸引消费者、促使员工忠诚、增进与其他利益相关者群体的关系，并最终形成企业难以被模仿和复制的重要竞争力。Gray 和 Balmer（1998）指出，企业声誉最终能够为企业带来竞争优势，它是一种重要的战略资源。[③] 调查表明，如果某企业在履行社会责任时给公众留下积极印象，则消费者对其产品也有积极的评价，消费者更愿意购买积极承担社会责任的企业的产品。相反，如果顾客对某企业的社会责任方面形成负面印象，则此负面印象

① FOMBRUN C, SHANLEY M. What's in a name? Reputation building and corporate strategy. The academy of management journal, 1990, 33（2）：233－258.

② FOMBRUN, C J, GARDBERG N A, BARNETT M L. Opportunity platforms and safety nets：corporate citizenship and reputational risk. Business and society review, 2000, 105（1）：85－106.

③ GRAY E R, BALMER J M T. Managing corporate image and corporate reputation. Long range planning, 1998, 31（5）：695－702.

极易延伸到该企业的产品上。

20世纪80年代，非洲、拉美的第三世界国家有上百万人感染了河盲症，这种疾病的成因是大量的寄生虫在人体组织里游动，最后移到眼睛，造成失明。100万个顾客是规模相当大的市场，只是这些人都很贫穷，买不起昂贵的药品。默克公司知道，研制针对河盲症的药品不可能有什么投资回报，却仍然推动这个计划，希望产品通过检验后，某些政府机构或第三方会购买这种药品，分发给病人。但药问世后没有机构愿意购买，于是公司决定免费赠送药品给需要的人，且自行负担费用，直接参与分发工作，以确保药品确实送到受这种疾病威胁的上百万人手中。默克为什么推动这项名为“美迪善”的计划？默克公司CEO魏吉罗指出，若不推动生产这种药品，可能会瓦解默克旗下科学家的士气——因为默克公司明确提出自己从事的是“保存和改善生命”的事业。魏吉罗说：“我15年前第一次到日本时，日本的企业界人士告诉我，是默克公司在第二次世界大战之后把链霉素引进日本，消灭了侵蚀日本社会的肺结核。我们的确做了这件事，而且没赚一分钱，但是，默克今天在日本是最大的美国制药公司，这一点儿也不意外。（这种行为的）长期影响并非总是很清晰，但我认为它多多少少会有回报的。”

默克公司在创建以后的大部分时间里，都同时展现崇高的理想和本身的实际利益。乔治·默克二世在1950年解释了这个矛盾：“我希望……表明本公司同仁所必须遵循的原则……简要地说，就是我们要牢记：药是为了救人的，不是为赚钱的。但利润会随之而来。如果我们记住这一点，就绝对不会没有利润。我们记得越清楚，利润就越大。”

6.2.2 企业社会责任有助于企业吸引人才

知识经济时代，人才作为企业人力资源，是企业竞争力的基础和保障，企业的生存和发展依赖于员工的积极性和创造性，企业之间的竞争最终归结为人才的竞争，吸引和留住人才是企业获得竞争力的根本途径。企业社会责任要求企业为员工提供合理的薪酬和福利，创造安全、卫生、平等、无歧视的工作环境，为员工提供个人职业发展机会等，提高员工满意度、忠诚度，从而提升员工的生产率和士气，促进员工的团队精神和工作技能的发挥。企业具有良好社会责任形象，可以更容易吸引和留住优秀人才。Turban和Greening（1997）研究发现，社会责任型企业比不负责任的企业对员工的吸引力更大。他们还发现一些企业通过宣传他们的企业社会业绩来吸引高质量的员工。他们通过对633个组织的实证研究结果表明，慈善捐赠能增加组织对应聘者的吸引力。[①] 美国的一项调查表明，超过一半的MBA学生在发现自己的价值观与所供职的公司发生冲突时，会选择另谋高就。

6.2.3 企业社会责任有助于企业提高创新能力

企业创新能力归结为对产品、生产过程和管理活动的创新。通过创新企业在竞争中可以赢得先机，获取超额利润，企业对其利益相关者如消费者、社区、环境等履行社会责任，不断改进生产工艺，发展新技术，生产优质、低成本、环保、安全的产品，从而提高创新水平，获得竞争优势。Rachel Bocquet, Christian Le Bas 等（2011）对企业社会责任和创新之间的关系进行了实证分析，结果表明，为了经济利益履行社会责任的公司在产品和过程的创新上更具有创新力，而那些履行社会责任是为了更好学习的公司采取组织创新。[②]

例如一般开采石油时都会把表层的天然气放出来烧掉不用，既污染空气又浪费能源，但英国石油公司通过改进技术，把开采石油时表层的天然气成功回收。英国石油公司这样做不仅能够减少二氧化碳的排放，而且还可以增加天然气的收入。不仅如此，英国石油公司还投资了2 000万美元来解决降低二氧化碳排放的问题，结果到2001年二氧化碳的排放量比1990年的排放量水平降低10%，同时还获得了516亿美元的增值回报。这就证明，企业履行社会责任也会激发企业的创新，为企业带来收益。

6.2.4 企业社会责任有助于企业提高危机处理能力

企业危机是指对企业存在潜在负面影响的不确定性事件，如产品和服务存在质量问题的重大危机。企业将社会责任根植于核心价值观中，平时注意履行对各利益相关者的责任，这样即使在个别环节出现纰漏时，也能主动承担责

---

① TURBAN D B, GREENING D W. Corporate social performance and organizational attractiveness to prospective employees. Academy of management journal, 1997, 40 (3): 658－672.

② RACHEL BOCQUET, CHRISTIAN LE BAS, CAROLINE MOTHE, NICOKAS POUSSING. CSR firm profiles and innovation: an empirical exploration with survey data. GATE working paper, 2011.

任，获得利益相关者的谅解和支持，渡过难关，化“危”为“机”，化险为夷。Klein 和 Dawar（2004）研究了企业社会责任的溢出效应在企业陷入有害产品危机时的作用，结果表明，企业社会责任在企业发生产品危机时是有效的“缓和剂”，能很好地影响责任源（内部责任或外部责任）、持续性和可控性这三个要素，从而减少消费者对企业谴责的程度，进一步影响消费者对品牌的评价以及他们的购买意愿。①

承担社会责任的企业能有效地规避自身引发危机，同时还能让企业抵御外力诱发的危机，将危机造成的损失减至最低，甚至将危机成本转化为一种新的投资。比如，美国强生公司泰伦诺尔危机就是由于外部不可控因素诱发的，在处理此危机时，强生公司遵循“首先保护人身安全，然后才是财产”的企业固有的价值理念，不惜花巨资收回所有可能有问题的药品，并花 50 万美元向有关的医生、医院和经销商发出警报。并在证明药品本身没有问题，而是人为下毒的前提下，强生公司为防止此类事件再次发生，斥巨资为药品研制、更换安全装置，当时许多业界人士认为此举实属多此一举，但该公司倡导无污染药品包装，引领行业包装新标准的行为，使其在危机中声名鹊起，在最短时间内战胜了竞争对手，其危机成本收益率可能是最高的。

6.3 企业社会责任的战略行为

企业社会责任战略是一个承诺系统，它将企业社会责任理念与标准作为企业核心价值观的重要组成部分融入企业愿景与使命，并且同企业发展目标相协调，与企业发展战略相匹配，通过资源配置等手段，使企业社会责任管理与企业运营体系和业务流程相融合，与不断发展变化的环境相适应，通过有效的公司治理与绩效评估，使企业在发展过程中实现自身目标的同时，能够与利益相关者“多赢”共存，提升企业竞争优势，构建企业社会责任竞争力，从而实现企业可持续发展。②

通常，一个企业承担社会责任有四种战略方式，分别是：对抗型战略、防

① KLEIN J, DAWAR N. Corporate social responsibility and consumers' attributions and brand evalutations in a product - harm crisis. International journal of research in marketing, 2004, 21 (3): 203 - 217.

② 邵兴东. 企业社会责任战略研究. 开发研究，2009（5）：121 - 125.

御型战略、适应型战略、提前行动型战略。

对抗型战略的特征是企业拒绝承担社会责任，认为企业承担社会责任是不必要的，不会也不愿意按照企业社会责任方式行动与运营，同时会尽可能地躲避或隐瞒自己不负责任的行为。这是一种既不合理也不合法的战略类型，不利于企业长期发展，最终将被市场与社会摒弃。“三聚氰胺重大食品安全事故”中三鹿集团采取的就是这种战略形式，最终导致企业破产。

防御型战略的特征是接受社会责任但是尽量少履行社会责任，是一种被动服从型战略。企业遵循国家有关法律法规、道德底线、国家政策、行业规范，以及各种强制性标准的要求。其目的是降低外部约束的影响，消除强制性约束对企业经营活动的负面影响，避免惩罚，降低交易费用，以获取可持续的成本领先优势。

适应型战略的特征是企业接受社会责任并全部履行。企业会比较自觉地使其行为与公共法则相一致，并且尽力满足利益相关者的期望要求。该战略的局限在于企业仅仅在必要时才履行社会责任以适应管制的要求。比如，交通运输可能有废气产生，企业主动选择好的交通工具运输原料和成品，减少废气排放。在营销上，不拿弱势群体的痛处做广告，不拿幼稚天真的小孩做广告，不做虚假广告，做广告的时候注重顾客信息的隐私保护。

提前行动型战略的特征是预测社会责任并提前采取行动。采取此种类型战略的企业并不把利润最大化作为企业的目标，企业会积极主动地预防社会责任事件的发生。一旦发生社会责任问题，企业会主动承担。企业在发展过程中注意并预期利益相关者的要求，在解决社会问题的过程中也为企业创造价值。

通用电气公司（GE）是提前行动型战略的典范。自 GE 创始以来，一直扮演着行业的先驱者和领导者，不断寻找下一个赢利点。“市场需要什么产品，我们就开发什么产品，而且生产出来的产品要适应未来市场的需要。GE 目前开发的清洁产品均达到了环保性和经济性双重标准。这些产品既帮助客户解决了问题，同时也给我们自身的发展创造了空间。”“Green is green”是 GE 对环保的一句口号。前一个 Green 是指环保，而后一个 Green 则代表美元，其理念就是“绿色即盈利”。2005 年 5 月 GE 推出“绿色创想”战略（Ecomagination），将盈利与节约能源相结合，为全球企业提供盈利性环保解决方案。“绿色创想”是 GE 的全球战略，目的在于满足客户对节能环保产品和解决方案的需求，努力保护环境，并且不断创新，从而推动营业额增长。GE的“绿色创想”计划堪称全球范围内由企业主体发起的规模最大、影响力最强的绿色环保产品研发和推广计划，其中包括可再生能源、先进的气化和清洁煤技术、燃料利用率、混合动力系统、照明和水。通过对这一系列前瞻技术的研发，“绿色创想”战略快速取得了经济和社会意义上的成功，在为客户带来清洁创新技术的同时，还通过采用具备节能、环保特性的产品和服务，大幅度减少了自身在能源、水资源方面的成本和废物排放量。经过几年的培育，绿色创想产品种类从2005年的17种增加到2009年的90种。截至2009年年底，通用电气“绿色创想”研发投入已超过50亿美元，提前一年达到预定目标。2009年，公司在运营过程中的温室气体排放量比2004年的基准线减少22%，温室气体排放强度则比2004年减少了39%。不仅如此，经济效益也取得了理想成果，运营成本减少了1.3亿美元。“绿色创想”是GE最成功的跨业务、跨行业战略之一。“绿色创想”2009年的收入在财富排行榜上排130位，增长速度相当于其他公司平均增长速度的两倍。从财务绩效看，绿色创想产品对GE的贡献越来越大。2005年至2009年，GE的年销售额从1 363亿美元增长到1 568亿美元，年均增长约为3%。其中，具有环保优势的产品和解决方案给GE带来的收入从50亿美元增加到180亿美元，增速超过30%。此外，公司在“绿色创想”的研发项目上的大胆投入，也为股东带来了丰厚的回报。

6.4 美、欧、日企业社会责任的实践

6.4.1 美国企业社会责任的实践

企业社会责任思想起源于美国，美国钢铁集团公司的创始人安德鲁·卡内基（Andrew Carnegie）最早提出了CSR的观点，他认为企业管理者应将自己视为社会利益的受托人。1899年，他在著作《财富福音》中写道，富人有回馈社会的义务，应该捐献财富为社会谋取福利。他提出商人必须“把自己手中掌握的公司资金视为一种信托资金，他有义务为了使社会最大限度地受益而管理好这笔资金”。在前人的基础上，美国的鲍恩（Bowen）于1952年第一次给出了较为规范和明确的“企业社会责任”概念，被誉为“企业社会责任之父”。企业履行社会责任，从一开始就充满争议，争论点主要在于企业要不要

对股东以外的其他利害关系群体负责任，为此曾发生了两场著名的论战。其中一场争论发生于1930年美国哈佛大学法学院的贝利（Berle）与多德（Dodd）两位教授之间，称为“哈佛论战”，主要焦点是“公司的管理者是谁的受托人”，这场争论最终于1954年宣告结束，贝利宣布接受多德的观点，认为公司应该有服务社会的功能。另一场争论发生于1960年的“贝利—曼恩（Manne）之争”。曼恩认为企业是个经济组织，企业的管理者根本不具备承担社会责任的能力，经过双方辩论，最终还是曼恩妥协让步，承认“企业利润最大化可以与企业社会责任和谐共处”。在辩论中，曼恩从社会责任的反对者彻底转变为倡导者，从企业传统和狭义的理解（企业唯一的社会责任就是追求利润最大化），到企业生存和发展的需要（除股东利益外，企业还要关注与企业相关的其他群体的广泛利益），他认为在现代经济条件下，由于存在垄断，以自由市场的框架要求现代企业是不合适的，企业实质是一种社会机构，具有社会属性，当然应该承担社会责任。这一思想最终发展成为企业履行社会责任的主流。后来，经卡罗尔（Carroll）、琼斯（Jones）、弗里曼（Freeman）、弗里德曼（Freedman）等学者的努力，企业社会责任理论得到了长足的发展。同时，美国的CSR活动也更加活跃，由美国提出的SA8000、ISO9000、ISO14000等企业社会准则、标准被全球广泛认可和采用。美国企业社会责任的实践与特点如下：

6.4.1.1 完善的企业社会责任法律体系

美国自20世纪70年代开始，先后颁布了一系列关于要求企业承担相应社会责任的法律法规，成为较早采用颁布法律、法令、条例等强制性手段对企业社会责任行为进行规范的国家。这些法律规范涉及的内容是多方面的，如环境保护、决策伦理、利益相关者的合法权益、信用管理、社会福利等。总体上看有三大类。第一类是公司法法律体系，如《公司法典》《商业公司法》。第二类是保护利益相关者的法律体系，比如《全国劳工关系法》《反歧视公约》《社会保障法》《同工同酬公约》《最恶劣形式的童工公约》《雇员健康与安全法》等。其中，《全国劳工关系法》《社会保障法》等，主要就员工的集体谈判权、工人的最低工资和最高工时等加以规定，大大巩固了员工在公司中的地位。《社会保障法》规定符合条件的公司必须实行失业保险。第三类是社会法律体系，比如《经济、社会和文化权利公约》《公司权利和政治权利公约》

等。它们为维护社会的公共利益进行了明确的规定。此外，1997 年，总部设在美国的社会责任国际发起并联合欧美部分跨国公司和其他一些国际组织，制定了 SA8000（Social Accountability 8000 International Standard，简称 SA8000 标准）社会责任认证标准。它涉及童工、强迫劳动、健康与安全、歧视、惩戒性措施、工作时间、工资报酬、管理体系等内容。SA8000 是全球第一个社会责任认证标准，其宗旨是为了保护人类基本权益，确保供应商所供应的产品皆符合社会责任标准的要求。SA8000 标准的要素引自国际劳工组织（ILO）关于禁止强迫劳动、结社自由的有关公约及其他相关准则，人类权益的全球声明和联合国关于儿童权益的公约。其依据与 ISO9000 质量管理体系及 ISO14000 环境管理体系一样，皆为一套可被第三方认证机构审核之国际标准。

6.4.1.2 非政府组织（NGO）与企业社会责任

美国是非政府组织最为活跃的国家。自 20 世纪 60 年代以来，美国非政府组织迅速发展，几乎涵盖了社会生活中的各个领域、各行各业，并逐步成为与政府部门、企业并列的“第三部门”。目前美国非政府组织的种类包括：各类学术研究机构、教育培训机构、医疗保健机构、生态环境保护协会、文化艺术社团、宗教团体、慈善机构、互助合作社等。美国的非政府组织数量众多。1991—2001 年 10 年间美国官方认可的非政府组织的数量从 27 000 个迅速增加到超过 60 000 个，而在 2010 年非政府组织的数量实际上已经超过了 600 万个。

在美国，非政府组织是推动企业承担社会责任的主体，在监督企业社会责任方面发挥着积极的作用。他们会采用各种各样的策略来促使企业承担社会责任，包括谈判、写信、演讲、向立法机构和有关部门请愿、发起研究项目以及编辑出版有关观点等。同时，他们活跃于劳动者权益保护、消费者权益保护、生态环境保护等领域。

（1）劳动者权益保护。20 世纪 90 年代初期，美国劳工及人权组织针对美国服装制造商 Levi - Strauss 血汗工厂事件，迫使其制定了世界第一部公司生产守则，以后又陆续制定了相应的社会责任审核体系，并对公司供应商进行社会责任审核。此后在各种非政府组织的压力下，许多知名品牌公司如福特、沃尔玛、迪斯尼等陆续制定了公司生产守则，后来演变为“企业的生产守则运动”。由非政府组织发起的劳工运动不仅维护了工人的合法权益，而且还有力地监督了企业的社会责任的履行。

（2）消费者权益保护。在美国，有众多的民间或行业团体等非政府组织积极参与消费者权益保护。这些组织的主要任务是受理消费者的申诉；给消费者提供咨询；对不法生产经营者进行起诉；代理消费者进行索赔和谈判；通过自己的检验机构对产品质量进行鉴定并做出书面鉴定报告；通过自己办的报纸、杂志，公布一些不正当交易和竞争的违法行为；为政府提供建议等。有些国家的消费者权益保护民间组织已发展成为一种职业性的组织，正发挥着越来越重要的作用。如美国消费者联盟，通常为消费者提供诸如法律咨询和消费指南的信息服务，并向政府机构提出意见和建议。美国商业事务改进局（BBB）是著名的社会性质量监管机构，BBB 收集报告商业可靠性信息，建立了强大的消费者信息数据库，警告民众有关消费者和商人的欺诈，提供民族商业惯例信息，充当消费者和商业之间相互信任的媒介。

（3）生态环境保护。在美国，各种类型的环保 NGO 多达 1 万多个，不同环保 NGO 都有自己的核心活动，涵盖环境和生态保护的方方面面。美国环保 NGO 在整个国家环境保护与管理方面发挥的重要作用表现在以下两个方面：一是促进环境立法，监督环保执法。美国的环境保护往往是针对已经出现的问题，由环保 NGO 代表社会公众向法院起诉，向议会呼吁、游说，最终通过立法，实现对污染和生态破坏的监督、治理、补偿和控制。环保 NGO 发挥作用的一个非常重要的方面就是通过发动环境公民诉讼监督政府和企业遵守环境保护法，以维护公众的环境权益。二是合作共赢，促进环保。美国环保 NGO 除了利用法律手段，敦促政府和企业遵守各项环境法规之外，还积极与企业合作，开展环保方面的培训和技术研究，倡导企业履行在环保方面的社会责任。美国环境保护基金协会与麦当劳的成功合作就是经典的一例。为了改善塑料包装盒，减少污染，他们共同研究，确定使用一种薄纸包装。它不但保温性能好，存储方便，而且减少了漂白工序。实践证明，这一改进既有利于企业，也有利于保护环境。

6.4.1.3 消费者与企业社会责任

美国消费者非常重视企业社会责任履行状况。美国消费者联盟曾发起一项电话调查，有 800 名美国成人参与。结果表明，47% 的受访者会通过互联网获取信息去判断一家企业的社会责任履行情况。很多美国消费者认为，要调查一家企业的社会责任履行状况，最可靠的途径就是在互联网上进行在线调研。消费者之所以会信赖互联网和口耳相传的信息，是因为他们更喜欢未经过滤和加工的新闻、信息及观点。由于互联网的广泛使用，有越来越多的人关注甚至参与企业社会责任的活动。约 40% 使用互联网的人曾经给某企业就其产品或服务问题发送过电子邮件，41% 的人曾给某一州或联邦官员就某一问题发过邮件。消费者们普遍认为，要证明企业良好履行社会责任，最重要的是要证明企业如何善待员工。同时，他们坚持认为，会优先选择那些与个人价值观相契合的商品品牌，也会优先考虑为这些企业工作。另外，美国大部分消费者愿意为企业的社会责任投资支付更多，如大学生买运动鞋时会看看鞋上有没有贴“负责任的企业”的标签，消费者会以远高于市场的价格购买一杯星巴克“有社会责任的咖啡”，这使企业的社会责任投资在美国变成了有利可图的事情。有责任的企业如强生、可口可乐、3M、施乐等，在 20 世纪 50 年代到 90 年代的年增长率达到 11.3%，而同期道琼斯行业平均增长水平约为 6.2%。并且，对个体权利的尊崇，对自我利益的追求，使美国消费者大多具有自主维权的天性。

6.4.1.4 加强企业社会责任管理

在美国，越来越多的企业注重社会责任管理。这表现在多方面：

一是将企业的社会责任制度化。美国立法部门制定了许多有关企业社会责任的法律法规，但是，能直接指导企业行为的还是企业的规章制度。只有将社会责任明确地写进企业的规章制度，并严格执行，才能将社会责任融入企业的日常管理和经营活动中。美国强生公司早在 1943 年就制定了公司的信条，明确指出公司首先是对顾客负责，然后依次是对雇员、社区、股东负责。许多知名或不知名的企业都制定有详尽的企业行动宪章（Business Conduct Code）或类似的道德守则。企业行动宪章是企业社会责任实践的权威性实施规则，它将每个员工在日常生产、业务活动中应当遵守、遵从的规范具体明白地写在上面，是每个员工行为的依据和具体指针。据美国伦理研究中心的资料显示，1964 年美国大企业中约有 40% 的企业制定了企业行动宪章或类似的道德守则。而 1987 年的调查显示，在 200 家大企业中约有 87% 的企业有宪章或类似的道德守则。到了 90 年代中期，在《幸福》杂志排名前 500 家的大企业中，有 90% 以上的企业通过制定成文的企业行动宪章来规范员工的行为。

二是设立专门的社会责任管理机构。美国的一些企业为了更好地对有关社会责任的问题进行管理，纷纷设置了直属董事会的企业道德委员会或道德责任者等专门机构。道德委员会是企业定期召开的处理经营道德问题的专门会议，当企业准备进入新领域或做出重大决策时，由该会议制定应当遵循的道德基准，对报告的道德问题进行研究并提出改善方案，委员会大多数由经营层人员构成，吸收人事、销售、财务、生产等部门的负责人参加。因此，道德委员会是企业道德管理的最高决策机构。到 20 世纪 90 年代中期，美国约有 60% 的大公司设有专门的伦理机构和伦理主管，负责处理各种利益相关者对企业发生的不正当经营行为提出的质疑。而现在，美国企业的社会责任已远超过慈善义举阶段，有专门的伦理官员、公司社会责任履行计划、系统的项目设计、科学的决策机制和完善的执行程序与控制系统。对于企业的法律责任，美国企业一般都聘请了专业人士担当法律顾问，有些比较大型的企业还有自己的法律顾问委员会，专门对企业的法律责任履行情况进行指导。

三是加强社会责任信息披露。美国的政府机构如联邦贸易委员会、环境保护局等均要求企业提供社会责任履行情况。同时，学术研究和资本市场成为企业社会责任信息披露的主要推动力量。美国注册会计师协会（AICPA）、美国会计学会（AAA）、全国会计师协会（NAA）发表了一系列研究成果，对企业社会责任信息披露的研究做出了贡献。另外，巨额社会责任投资基金的存在也会促使企业更加规范地披露社会责任信息。

四是加强社会责任审计。社会责任审计是评价与报告那些在传统的企业财务报告中没有涉及的企业成果及影响，旨在全面、广泛地了解和掌握企业社会责任的履行情况，督促各方面的工作，保护各企业相关者的利益的活动。在美国，来自企业外部的社会责任审计机构主要是投资基金组织和环境保护协会、消费者权益保护协会等社会公共利益监督机构。前者审计的目的是确保资金投向那些有较高社会责任感的企业。同时，是为了敦促接受投资的企业遵守投资者的要求。后者审计的目的是给消费者、投资者、政策制定者、雇员等企业的相关利益者更好地作出经济决定提供信息，同时也对公司起到监督作用。企业内部进行的社会责任审计是为了了解自身履行社会责任的状况。企业社会责任审计的内容是企业对有关的经济与社会问题的活动绩效。这些问题可能随产业不同而体现不同的侧重点，但一般都体现利益相关者的要求和伦理的导向。

6.4.2 欧盟企业社会责任的实践

相对于美国而言，欧盟国家的企业社会责任运动开展得较晚，从某种程度上说，欧盟的社会责任运动受到了美国的影响，同时也顺应了全球对社会责任问题持续关注的趋势。在欧盟，各国注重发展企业社会责任运动是有其特别背景的。首先，在20世纪80年代，英国、丹麦、芬兰、荷兰和瑞典等欧洲福利国家受到了挑战，多国爆发了经济危机，失业、社会排斥、贫困现象严重，国家的社会服务减少。同时，人口老龄化也给福利国家带来很大的压力，公共福利体系无法自行解决上述所有边缘群体的问题，因此必须建立起公共部门与私营部门之间的伙伴关系。企业应自觉为解决危机在妇女就业、职业培训、工作条件的提供、社会保障等方面作出自己的努力。其次，经济的发展会带来一系列环境治理问题。可持续发展与经济增长、环境保护和社会进步紧密相连，因此要求企业承担起相应的社会责任是关系到保护环境和自然资源，实现经济、社会的可持续发展的重要问题。最后，面对来自美日强劲的竞争对手，企业必须通过承担社会责任来提升企业自身形象和竞争力。

20 世纪 90 年代中后期以来，欧盟将可持续发展和企业社会责任列入重要的公共政策议事日程。欧盟企业和工业总司、就业总司等设立了专门内设机构和人员负责推动企业社会责任工作。2000 年 3 月，欧盟十年经济发展规划“里斯本战略”获得通过，确定以经济增长和就业为优先目标。企业社会责任这一构想被看作是实现里斯本战略目标的组成部分，并认为搞好企业社会责任将会给劳资双方带来“共赢”。2001 年 7 月，欧盟委员会发布了《欧洲企业社会责任框架绿皮书》，开启了关于企业社会责任的讨论；2002 年 7 月，发布《关于企业社会责任的报告：企业对可持续发展的贡献》，提出了欧洲企业社会责任行动框架。2006 年 3 月，发布了《实施以就业与发展为目标的伙伴关系：使欧洲成为企业社会责任的卓越标杆》，并由企业主导建立了企业社会责任欧洲联盟，以推动企业社会责任实践。2008 年 12 月，欧盟委员会发布欧洲竞争力报告，报告指出企业社会责任在增强公司竞争力上起到积极作用。2013 年 2 月 6 日，欧洲议会通过了“企业社会责任：可衡量、透明及负责任的商业行为和可持续增长”和“企业社会责任：增进社会利益与可持续的包容性增长”两项决议，申明环境和社会事务透明度的重要性。

从总体上看，欧盟及其各成员国企业社会责任的实践与特点如下：

6.4.2.1　**将企业社会责任上升至国家战略**

2011 年 10 月，欧盟发布《新版欧洲企业社会责任战略报告 2011—2014》（简称“欧盟 CSR 战略”）。该战略既是对原来欧洲 CSR 政策的深化，也是“对欧盟 2020 战略”承诺的呼应，同时也表明欧盟在 CSR 方面达成了新的共识。欧盟 CSR 战略的主要内容包括评估欧洲 CSR 政策的影响、提出欧洲对 CSR 新的共识、提出具体的行动议程等。在欧盟 CSR 战略中，欧盟提出了一系列企业社会责任的行动计划：如搭建多利益相关方 CSR 平台，出台 CSR 良好行为准则；提高 CSR 行为可见度，为最佳实践案例颁奖；通过将来的法律，要求企业披露 CSR 信息；把 CSR 理念介绍到普通教育和职业教育中；建议各成员国出台 CSR 计划；企业将 CSR 纳入经营战略中，企业在第三国开展业务时，遵守 CSR 要求，并关注所在国和关联企业 CSR 行为；对 CSR 执行较好企业，予以市场回报等。欧盟 CSR 战略认为，CSR 对于企业本身和社会整体都是非常有好处的。对于企业来说，能实现可持续发展、提高竞争力，对于社会整体来说，企业社会责任的价值观念有助于建立一个更有凝聚力的社会，并实现全社会的可持续发展。在经济危机损害公众对企业的信心的时候，发布这个战略对于重振公众的信心显得尤为重要。

在欧盟成员国中，德国率先出台了企业社会责任国家战略。2010 年 10 月 6 日，德国出台了国家 CSR 战略——德国联邦企业社会责任行动计划。其内容框架为：在全社会营造一个适合企业履行社会责任的氛围，推动竞争制度框架的建立，以确保企业可通过积极履行社会责任来构筑企业的竞争优势。同时特别鼓励中小企业、员工和消费者都参与企业社会责任能力建设。其主要目标有两个方面：一是通过提升企业社会责任在社会公众心目中的认知程度，进而在国内外强化德国企业社会责任的特色；二是为实现全球化背景下生态环境保护与经济社会协调发展做出贡献。“行动计划”设定了与企业社会责任活动实践有关的目标、课题、公约和措施等内容。“德国联邦企业社会责任行动计划”明确了政府介入的领域。政府介入和干预有助于国家 CSR 战略目标的实现。“行动计划”明确政府介入的领域主要有六个方面：一是提升企业社会责任的可信度和透明度；二是对企业社会责任的推广进行引导，向全社会传播企业社会责任信息；三是推动教育、培训和科研领域对企业社会责任有关问题进行研究分析；

四是在国际上注重企业在所在国履行社会责任，保持德国公司履行企业社会责任的一贯性；五是推动企业社会责任为解决社会问题做出贡献；六是创造一个有利于企业履行社会责任的环境。

作为执行“欧盟 CSR 战略”的回应，英国外交和联邦事务部在 2013 年年底公布了企业履行社会责任的国家计划和行动要点，进一步梳理和明确了于 2013 年 9 月份发布的“英国国家行动计划”。该计划旨在向所有英国企业传递出政府在商业与人权保护方面的期待和要求。

6.4.2.2 建立和完善法律体系

自 20 世纪 60 年代以来，欧共体一直在为趋同各成员国的公司法而不懈努力，先后发布了多项旨在消除成员国公司立法上差异的公司法指令。1968 年公司法发布第一号指令，要求成员国对股东、债权人和其他与公司从事交易的利益相关者提供切实保护。1972 年拟定《关于公司法的第 5 号指令草案》，其思想是公司经营决策应当为公司构成要素及全社会负责。该草案又历经 1983 年、1990 年、1991 年等多次修订。它对唤醒成员国的社会责任具有重大意义。在环保方面，1997 年欧洲议会和欧盟理事会制定的欧盟层面《包装和包装废弃物处理指令（94/62/EC）》开始实施，对包装废物回收和再循环率都提出了具体的要求。2003 年欧洲议会的欧盟与理事会通过了《关于报废电气电子设备指令》和《关于在电器电子设备中限制使用某些有害物质指令》，对电子设备污染环境做出了法律要求。在保护劳动者权益方面，1994 年欧盟委员会通过了《未成年人保护法令》，1996 年发布《兼职工作的框架性协议》，旨在消除对兼职劳工的歧视。在消费者保护方面，1975 年的《关于共同体消费者保护和信息政策初步方案的理事会决议》是欧共体消费者保护的起点，1998 年实施的《欧盟消费者法》不仅通过法规保护了欧盟范围内的消费者权益，还统一了各种安全标准。

从欧盟各成员国上看，英国是制定涉及社会责任法律较早的欧洲国家之一。早在欧盟关注企业社会责任问题前，英国就比较重视企业的社会责任问题，并制定了较为详尽的法律。这些法律涉及环境保护、劳动者权益保护、消费者权益保护等有关方面。英国 1980 年《公司法》，规定董事必须考虑雇员的利益，1985 年该法修订后仍强调董事会决策时应该考虑雇员等利益相关者的利益。2001 年 11 月，环境、食品和农业事务部发布环境报告宣布新的指导条例，要求公司报告其温室气体排放和废物废水的处理情况。同时，政府还通过了《企业运作与财务审查法案》，要求企业提供社会责任财务报告。2004年，英国《企业（审计、调查及社区企业）法案》鼓励发展社会企业机构，使企业形成一种新型的公司，被称为“社会利益公司”，其利润和资产用来造福社会。从2007年10月开始，上市公司还要披露公司在环境保护、公司雇员、社会和社区事务以及公司其他的安排等方面的信息。

法国政府也逐步完善企业社会责任法律法规。1977年，法国出台了第一个与企业社会责任有关的《社会报告法》，要求拥有300名员工以上的公司发布社会报告，内容主要是报告员工和社会政策。2001年的《雇员储蓄计划法》和《公共养老储备金法》要求投资计划要披露对社会、环境和伦理考虑的情况。公职人员补充养老保险机构（ERAFP）将100%的资金用于社会责任投资，全国度假支票管理署（ANCV）将三分之一的资金投向符合社会责任投资要求的领域。另外，法国国有金融机构信托投资局也实行社会责任投资政策。在法国，有关社会责任和可持续发展比较重要的法律是2004年6月颁布的《新经济规制法》。该法规定企业必须按照负责任的方式采取行动，尤其要求上市公司要将其活动的社会环境后果纳入可持续发展报告中。2005年3月“环境宪章”被写入《宪法》中，该法第六条规定，公共权力机构必须推广可持续发展。企业社会责任属于四大指导原则之一。此外，其他领域，如公共采购、反歧视和平等机会、社会凝聚力和公平贸易等领域也有相关法律的规定。

6.4.2.3 设立推进机构

英国曾于2000年3月由英国首相在英国贸易工业部框架内设立了企业社会责任部长一职。该职位的目标就是与企业一起推广企业社会责任实践，同时起草部际间的规划以协调政府企业社会责任行动，从而形成跨部门的企业社会责任战略。目前企业社会责任事务由商业企业和监管改革部负责，企业社会责任部长更名为竞争力部长。同时，部际间还有企业社会责任小组负责具体的企业社会责任事务。

在法国，2003年6月社会事务、劳工和团结部成立了部级企业社会责任工作小组。2004年3月，就业、劳工和社会凝聚力部，成立了部际企业社会责任工作小组，完成了企业社会责任报告，界定了企业社会责任中的战略要素，实施该战略由生态与可持续发展部负责。

在德国，经济合作与发展部是负责开展企业社会责任的主要官方机构，政府提供推动社会责任活动的绝大部分经费。

在瑞典，政府在外交部、瑞典国际发展合作署、瑞典经济与区域发展局、瑞典消费者管理局等机构均设立企业社会责任推进机构。

在荷兰，企业社会责任跨部门委员会成立，以协调各个不同的政府部门所开展的企业社会责任活动。

在意大利，政府在劳动社会事务部内，设置了负责企业社会责任的各类职能，并设立家庭、社会权益和企业社会责任总局。

在奥地利，联邦经济和劳工部与商业部门一起，在发展企业社会责任方面起着主导作用。此外，希腊也设立了社会责任委员会——经济与社会理事会。

6.4.2.4 **强化信息披露**

社会责任信息披露是企业承担社会责任的一个重要内容。企业应及时、充分、真实、有效地对外披露其社会责任管理和绩效信息。透过这些信息，分析师和投资者可以更加全面了解企业的运营状况，尤其是持续运营的能力，从而做出更为准确的研判和投资决策。欧盟成员国很注重企业社会责任信息披露工作，而且各具特色。

德国企业采取了三种披露企业社会责任信息的形式：社会责任报表、传统报告、目标社会责任报告。社会责任报表是以货币形式报告了企业在反对污染、雇员关系、与一般大众的关系等方面所投入的成本和获得的收益。而近些年来，使用社会责任报表的德国公司几近消失，其原因是没有大家公认的对社会福利的计量方法、指标体系。传统报告也就是描述性报告是更加谨慎的方法，通过收集信息，然后定期或者不定期公布这些信息。这是德国企业最经常采用的企业社会责任信息披露方式。目标社会责任报告这种披露形式除了对企业所从事的社会责任活动进行详细披露之外，还详细列示了企业未来的社会责任目标，该模式被称为“目标社会责任报告”。

英国政府2001年3月首次发布《企业社会责任政府报告》，并于2001年开展了3项主要基于公共、民营和非营利性组织的调查研究，旨在提高企业社会责任潜在的经济附加值，促使中小企业关注社区和社会问题。2001年10月，英国政府发布了企业环境报告指导方针，以指导企业发布环境报告。英国公司法规定，大型公司必须把业务回顾（Business Review）作为公司执行官年度报告内容的一部分。从2007年10月开始，上市公司还要披露公司在环境保护、公司雇员、社会和社区事务以及公司其他安排等方面的信息。

法国政府 2001 年颁布了诺威尔经济管制条例（Nouvelles Regulation Economiques），要求所有在第一股票市场（Premier marche）上市的公司在 2002 年的年度报告中强制披露社会和环境信息，这个规定建立了指标体系，要求上市公司必须披露劳工、健康与安全、环境、社会、人权、社区参与问题等信息。与 1997 年所颁布的以强制披露雇员信息为主的法规相比，诺威尔经济管制条例在 2002 年实施之后，法国上市公司强制披露社会责任信息的内容大幅度增加。

2007 年，瑞典政府出台新法律，要求所有瑞典企业在年终报表中必须呈交企业可持续发展报告。

2014 年 9 月 29 日，欧盟理事会通过了要求大型企业和集团披露非财务信息和多元化信息的指令。根据该指令，符合要求的企业必须按年度披露企业在社会、环境、员工、人权、反腐败、贿赂等议题上的政策、绩效以及风险。根据该指令，没有发布相关信息和制定相关政策的企业必须做出解释。

6.4.2.5 非政府组织的积极 CSR 运动

在欧盟推行企业社会责任的进程中，非政府组织扮演着十分重要的角色。1995 年成立的“欧洲企业社会责任协会（CSR Europe）”是欧洲从事企业社会责任理念推广和实践活动的非营利性组织，由 70 家跨国公司作为其会员单位和 37 个国家的组织组成。其宗旨是通过将企业社会责任纳入公司实践的主流这一方式来帮助公司获取利润、实现可持续发展以及推动人类进步。目前 CSR Europe 在欧洲企业社会责任商业网络中占主导地位，通过合作伙伴，其服务已经扩展到全球超过 5 000 家公司。1973 年成立的欧洲工会联盟，旨在欧洲层面上维护劳工的合法权益。欧洲工会联盟下的工会组织旨在通过推广 CSR 来改善欧洲劳工的状况和加强社会对话。要求政府监督企业遵纪守法，履行劳动协议。同时，要求企业保障劳工的基本权益，特别是国际劳工组织的各项公约和世界经合组织的公司治理原则，这在工会看来是企业社会责任内容的重要组成部分。成立于 1958 年的欧洲雇主联盟由 33 个欧洲国家的 39 个国家雇主协会组成，代表 2 000多万大型公司及中小型企业的雇主。

英国政府注重通过非政府组织来加大推进企业社会责任工作的力度。在政府的推动下成立了旨在推行企业社会责任的组织，比较知名的国际机构有：商界之声——英国工商联、社会责任指数——富思公司、国际商业领袖论坛、乐施会（Oxfam）、可持续发展委员会（Sustainable Development Commission）、世界未来协会（World Future Society）、商业在社区、AA1000社会道德责任协会等。此外，英国的道德贸易促进会（ETI）、“企业在社区”运动、“企业在英国”运动等在英国也具有较大的影响。这些非政府组织，在英国推进企业社会责任的过程中都发挥了重要作用。“企业在社区”运动、“企业在英国”运动等社会性组织经常以举办宣传活动和召开研讨会等形式，通过讨论、交流和探讨，使企业认识到企业社会责任是企业发展的动力，而不是额外负担，并起到了较好的效果。

6.4.2.6 大力支持中小企业推进CSR活动

据欧盟中小企业调查报告显示，2013年欧盟约有2 000万家中小企业（SMEs），占欧盟企业数量的99%，就业人数近9 000万，占欧盟就业人数的三分之二。其中，雇员在10人以下的微型企业占据中小企业数量的90%。由此可知，欧盟经济生态主体由广大中小微型企业构成。欧盟企业社会责任实践的推行在世界范围内取得成功，中小企业因其数量和经济总量巨大成为欧盟经济发展和解决就业问题的主推手，中小企业社会责任政策成为成功实施欧盟企业社会责任政策重要的因素。欧盟2002年建立“利益相关者论坛”，在相关利益者之间建立对话和交流，中小企业作为被邀请方参加论坛。2004年3月5日，欧盟委员会正式出版了“利益相关者论坛”的圆桌会议报告《在中小企业中推动企业社会责任》，开始将中小企业作为特殊群体和重要群体对待。报告重点推介了在中小企业中推动企业社会责任的方法。2004—2005年欧洲商会和欧洲中小企业手工业联盟举办了共同推动企业社会责任的活动。欧盟在中小企业社会责任政策方面扮演了一个先锋角色，为这个领域的研究和促进提供资金，并与专家组一同开发了一套帮助中小企业承担企业社会责任的课程，于2007年出版了名为“机会和责任：帮助更多的中小企业将环境和社会问题融入到经营中”的中小企业社会责任指南。这些项目大大提高了欧盟和中小企业双方在企业社会责任领域合作的积极性。同年，欧盟与欧洲的专家组一起研究怎样更好地支持和鼓励更多的中小企业加入履行企业社会责任的行动中。从2007年开始，为中小企业创办名为“欧洲负责任企业家精神”的电子新闻简报，每季度一刊，主要宣传中小企业社会责任与企业家精神。“负责的企业家精神”是对社会和环境的关注，并将这种关注囊括到公司活动中，以此来确保事业的成功。它要求你在满足顾客的同时，也照顾其他人的需求，例如雇员、供货商以及周围社区。企业对社会做出积极的贡献，控制自身对环境造成的影响，这不仅能为企业带来直接的利益，也能有助于企业长期竞争力的提升。2012 年 6 月，在德国柏林举行了“更好地在中小企业间倡议企业社会责任”研讨会，支持欧盟 2010 年提出的“欧盟 2020 战略”，将社会责任作为企业提高市场竞争力、发展创新经济的动力而不是企业的负担。

6.4.2.7　**善于运用经济工具**

经济工具是利用财政、税收和奖励政策，通过经济刺激和市场力量影响企业行为的一种政策工具。在财政政策上，法国主要靠公共采购制度促进企业社会责任的发展，2005 年 11 月，法国成立了公共采购观察所，负责采集和分析公共采购方面的数据，利用公共采购的工具刺激企业注重并践行社会责任。2006 年，英国政府公布了可持续性采购行动方案，到 2009 年时将全面实现政府可持续性采购。针对部分政府机构采购的产品，实施了强制性的生态标准，如木质材料，同时还制定了支持该行动方案执行的措施。克罗伊登地方议会已经建立了政府采购清算部，目标就是确保采购的透明度和效能。在税收政策上，欧盟实行了对劳动税负定向减免以促进就业和环境税制改革政策。特别强调定向减免对税收变动敏感的人群的税负，包括低收入者、青年工人、低技术水平者、老年人、妇女以及单身母亲等。欧盟成员国自 2011 年起实施欧盟定向降低税负的建议，政策对象范围不断扩展，实施方式多种多样。2011—2012 年，相关税收改革侧重于对劳动所得和低收入人群收入实施的税收优惠。比如，芬兰对劳动所得给予免税待遇，丹麦和荷兰降低个人所得税（PIT）最低档所得的适用税率。2012—2013 年，各国加强了对于特定税负敏感群体的税收优惠。比如，比利时给予低收入者税负减免，匈牙利给予年老就业者税负减免，比利时和匈牙利给予低技能就业者税负减免，比利时、匈牙利和意大利给予年轻就业者税负减免，匈牙利和意大利还对女性就业者税负给予减免。2013—2014 年，各国一方面延续减轻特定群体劳动税负的做法；另一方面扩大优惠群体范围，将优惠方式从劳动者向雇主扩展。比如，比利时对低收入者劳动所得免税或者延长个人所得税抵免期，拉脱维亚和爱沙尼亚对被扶养者增加税收抵免。在环境税制改革上，其主要举措在于提高柴油的消费税，提升能源的税率以及改革车辆税等。比如，2013—2014 年，法国扩大了能源税的税基，意大利、荷兰、立陶宛和匈牙利分别引入或者扩展各自对废物的税收，拉脱维亚提升了对自然资源的税收，并计划开征新的资源税，意大利和西班牙推出了对氟化温室气体的税收，匈牙利对重型卡车开征道路税，克罗地亚开征机动车特别税。在奖励方面，丹麦企业领导者网络组织于1999年设立了企业社会责任年度奖。德国联邦总统资助设立了“自由与责任”奖项，就业和社会事务部设立了“代际正义”奖项等。奥地利生活部设立了“奥地利可持续报告奖励”，联邦经济事务和劳动部设立了“最爱尊敬奖”，奥地利负责任行动组织设立了年度负责任的经理人奖以及“TRIGOS”企业社会责任奖等奖项，以表彰在社会责任方面表现良好的企业。

6.4.2.8 加强合作与交流

欧盟各国政府认识到，要督促企业承担社会责任，利益相关者间的交流与对话必不可少。通过交流和对话可以使企业和利益相关者在企业承担社会责任的基本观点与做法上达成一致，并可以将践行企业社会责任良好案例和经验在广大企业推广。2002年10月，欧盟委员会建立了由社会各阶层代表参加的“多方社会论坛”，在欧洲范围内建立企业社会责任对话和信息交流机制，并提出一些切实的落实方案和措施。

德国政府希望在国际层面上为可持续发展的商业加强企业社会责任体系建设。为了达到这一目标，政府将加强在诸如联合国、八国集团、二十国集团和欧洲联盟等相关论坛上有关企业社会责任体系的国际对话。德国政府一直积极参与企业社会责任主题的交流，如欧盟与亚洲、欧盟与拉美就企业社会责任的合作。2011年11月，德国联邦劳工和社会事务部与中国政府部门，包括商务部、人力资源和社会保障部、国资委，开展了企业社会责任对话。2011年12月，德国联邦劳工和社会事务部在柏林组织了企业社会责任国际会议。1 000多位参会者讨论了德国政府的企业社会责任与国家战略、国际上活跃的德国企业的实践经验及欧盟和其他国际组织的活动等一系列主题。

虽然法国的企业社会责任发展模式主要是法律规制为主，但是法国依然注重利益相关方的合作。2005年11月，法国企业社会责任观察组织发布了企业与非政府组织的战略合作关系报告。法国政府积极地与企业、联合国、非政府组织合作，共同促进企业社会责任的发展。在法国劳动、就业和社会凝聚力部与AFRC（法国客户关系管理协会联盟）和SP2C（专业工会接触中心）的主持下，建立了社会责任标签客户联络中心。法国政府还积极与联合国的一些国际标准合作，推动法国企业积极加入联合国《全球契约》，加入该契约的法国企业达700多家，是联合国最大的国家企业团体。法国政府积极推进欧盟范围的欧盟生态管理和审核计划认证。2005年，法国环境与可持续发展部发起多方利益相关者对话，名为“企业宣言和可持续发展”。2012年6月30日在里约热内卢举行的世界可持续发展大会上，法国与南非、巴西、丹麦成为4个创始成员国，倡导生态、可持续发展。

6.4.2.9 **深入开展研究和广泛宣传**

在研究上，德国将企业社会责任融入教育、培训和科研。德国政府致力于改进经济技术，并计划把关于企业社会责任的知识带进中学课堂、职业培训和大学教育。与商会合作，促进学校和企业之间的联系，在职业学校中推动企业社会责任议题的培训。政府还鼓励德国高校在研究和教学中重视企业社会责任相关主题。德国政府将促进着眼于企业社会经济管理方面的国际研究网络的建设，并会考察将这些研究网络发展成为一个卓越的跨学科研究中心的可能性。2000年7月，为了协助英国企业提高落实企业社会责任的能力，提升竞争力，并强化英国推动企业社会责任的世界领导力，英国政府建立了一家CSR线上学院，其主要功能是提供教育与发展的信息资源，以协助企业把企业社会责任落实到日常的营运之中。丹麦的丹麦社会研究院和“哥本哈根中心”、英国的企业社会责任学院、意大利的社会责任中心、荷兰的企业社会责任知识和信息中心都致力于企业社会责任知识的研究与推广。法国政府成立了社会责任研究小组，帮助公共权力机构将可持续发展和环境保护纳入公共采购中。比利时也成立了包括所有利益相关者的部际企业社会责任研究小组。

在宣传上，德国政府致力于公众更加广泛了解企业社会责任，以为相关目标群体（如消费者）增加透明度和改进决策指导。政府在自己的网站（http：//www. csr - in - germany. de）上提供了大量关于企业社会责任的信息，网站在2012年3月进行了修改并重新上线。现在这个网站集中整合了有关企业社会责任的信息和联邦各部的参与情况，包括联邦各部参与CSR相关活动的丰富信息，将整合和（或）链接到其他联邦各部的网站。另外，德国政府正在考察一个关于企业责任信息的中央门户网站的开发。通过可持续管理系统和标准（如ISO14001和ISO26000）的宣传册，政府力图提高消费者和投资者的企业社会责任意识。英国建立了一个政府企业社会责任网站（http://www.csr.org.uk）。英国政府在企业社会责任运动中的主要作用是提高公众意识、提供指导、推动英国和国际实践准则调查、促进社会和环境报告与标签框架的建立。丹麦政府启动了“我们共同关心的问题——企业界的社会责任”等活动。法国开展了“我买生态标签”的宣传活动，推广购买获得生态标签的认证产品，并从2003年开始每年都有可持续发展周的宣传活动。奥地利进行了“中小企业中的负责任企业”宣传活动，并从2004年开始举办“可持续周”宣传活动。这些活动提升了全民的社会责任意识。

6.4.3 日本企业社会责任的实践

早在16—17世纪的江户时代，日本的商业中就出现了CSR的迹象。当时，商家已意识到买卖的成功取决于“三方得利”，即卖家、买家和世间（社会）均要从交易中得到利益。商家的这种创业理念一直作为企业的精神支柱而被传承下来，并发挥着深刻的影响作用。1946年成立的“东京通信工业”公司（即现在的索尼公司），在《设立趣意书》（公司宗旨）中写道：“要实现自由豁达的理想工场”“绝不一味追求利益”，索尼公司的“趣意书”虽然没有CSR的字眼，但明显带有CSR的色彩。1956年，日本产业界的经济同友会在“经营者对社会责任的觉悟及实践”的决议中首次提出企业社会责任的概念。20世纪60年代，是日本经济的高速成长时期，但由此造成的负面影响也非常严重。环境污染日益加剧，直接导致了很多与环境污染有关的疾病，比如水俣病、痛痛病、四日市哮喘（三种公害病）等。当时的日本并没有管制大气污染和重金属污染物质排出的法律，企业履行超越法律的“社会责任”就变得势在必行。在社会公众和受害者运动的推动和压力下，日本政府于1967年颁布了《公害对策基本法》，并于1970年设置了中央公害对策本部。1973年，日本经济团体联合会制定了《行动宪章》，明确提出了完成企业的社会责任的七条原则：向社会提供有用的财富和服务，努力实现职工的精神与物质两方面的富裕，在注意保护环境的前提下开展各项企业活动，通过各种活动积极为社会做贡献，通过各项事业活动努力提高所在地区的社会福利水平，不参与破坏社会秩序及安全活动，努力使企业的行动原则与社会常识相一致。1974年，日本经济新闻社发表了《企业社会责任贡献度评价标准》，同时，日本生产性本部制定并颁布了《综合社会责任指标》。进入 21 世纪后，日本企业的国际意识逐渐加强，与此同时作为国际社会一员的 CSR 意识逐步增强。2003 年被称为日本的 CSR 经营元年。

从日本企业社会责任的实践上看，其特点主要有如下几方面：

6.4.3.1 深受日本传统文化的影响

日本是一个非常传统的国家，日本企业社会责任的实施带有很重的传统文化色彩。日本传统文化中蕴含着重“恩”的思想。“恩”是指“感恩”，是一种报德思想。这种报德思想包括“天道人道论”，它是关于人与自然关系的阐述，对现代企业履行保护环境的社会责任具有积极意义。20 世纪 60 年代，日本在经济高速发展的过程中出现过工业污染等问题，日本政府与民众很快认识到用牺牲环境来换取经济利益是不可行的。现在，日本不仅将生产过程中的环保问题纳入法律范畴，更大力扶持、鼓励对环保产品的研制和生产。很多日本企业哪怕是增加成本、降低利润，也要坚持生产环保的“绿色”产品，并将其视为企业的使命和义务。此外，报德思想还包括“一圆融合论”，它认为即使是对立、矛盾的事物也可以互相融合、转化，这也与“企业与社会双赢、共荣”的现代企业社会责任理论相契合。这种报德思想的文化内涵对日本企业社会责任的实施有着非常积极的意义。日本最大的汽车生产厂家丰田公司把“为客户提供更好的产品”作为企业宗旨，体现出道德与经济的和谐统一。然而，日本文化里还有“忠”和“和”的思想。“忠”源于对天皇的忠，延伸到企业就是对企业的忠。这种“忠”在很多情况下是一种无条件地服从，这就会导致其他利益相关者（比如少数股东、新闻媒体等）的权益很可能遭到忽视。所谓“和”就是一种从众心理，就是要求既不出类拔萃，又不低于平均水平。这就会导致企业漠视消费者、少数股东、社区公众等的权利。此外，日本传统文化倡导“集团主义”（或“集体主义”），它虽然为战后日本经济的复兴起到重要作用，但对 CSR 来说易引起责任缺失，其主要表现在过度强调集团利益。从国际层面上看，突出强调本国利益，把环保较差的项目、产业向落后国家转移，对国内外的 CSR 实施双重标准。而从国家层面上看，则过分强调本企业的利益，而向外部推卸责任。更有甚者，这种被强化的“集团主义”使得日本人有这么一种思想——“企业有什么问题，先内部解决”，于是内部的包庇事件层出不穷，比如，在日本拥有悠久历史的著名大企业“雪印乳业”出现的“雪印牛奶中毒事件”。又如，日本最大的公用事业公司——东京电力（TEPCO）不仅隐瞒了多起核电站事故隐患，而且还多次篡改核电站定期检查记录。

6.4.3.2 企业推行CSR的动力主要来源于外部压力

欧美将CSR活动视为重要课题进行推进，尤其是在里斯本宣言后，欧洲从政治层面开始重视CSR活动，从法律层面也引进先进的环保法，比如，针对电器电子产品和汽车产品含有的特定化学物质而制定了RoHS指令，从此，制造业和进口业不得不将供应链管理问题提上议事日程。日本企业认为，CSR是企业走出去、国际化经营中不可缺少的组件，各国CSR进展是日本企业经营应关注的重大问题。在CSR国际化的背景下，索尼率先发行了CSR报告书，同时针对给电子产业带来巨大影响的RoHS指令，索尼建立了一套独特的、可以实现全球化供应链统括管理的系统——绿色伙伴制度。此外，日本企业推行CSR，其外在压力还包括政府的引导性政策、媒体和非政府组织的舆论影响、民众日益提高的社会责任需求以及国外同行业的竞争。其实，最初日本对企业社会责任内涵的理解是狭义的，仅限于遵纪守法和风险管理。随着经济社会的发展，日本对企业社会责任实践的理解逐步从狭义向广义演变，环境保护、慈善捐赠、责任投资都盛行一时。可以认为，日本CSR运动的兴起是在众多企业从丑闻带来的危机感中诞生的，因此，遵纪守法成为日本企业社会责任的核心内容。相比之下，日本的CSR还落后于欧美。日本对CSR的研究和关注不是内生的，主要来源于外部压力和从众心理，加上工会组织势力的削弱以及削减成本的需求，企业承担社会责任的动力明显小于欧美企业。目前日本无论是关于CSR的民间组织还是政府部门的数量都少于欧美国家。在日本，NGO的力量相对来说比较弱，除了少数国外业务规模大的企业以外，NGO很少能够直接向企业施加压力。因此，针对国外规制和国际性指南的积极应对成为日本企业的国际化CSR活动开展的紧要课题。

6.4.3.3 日本CSR出现了新的发展趋势

近年来，日本CSR出现了一些新的发展趋势：

第一，发布环境或可持续发展报告有新变化。从2003年起，很多日本公司开始发布企业社会责任报告。根据世界著名调研咨询机构KPMG（毕马威）的报告，在各国前100家企业（按规模排列）的CSR报告（含环境或可持续发展报告）发布状况中，发现大约99%的日本企业都发布了CSR报告，现在约有1 100家日本企业已经在发布CSR报告。这些CSR报告有两个趋势：一是发布综合报告。即把企业的财务和非财务的信息都整合在一份报告中，当然并不是两种信息的完全的机械整合，而是将CSR嵌入整个公司的核心价值观、战略和日常的运营当中，虽然现在日本只有很少的几家企业（比如武田制药）在发布综合性的CSR报告，但是这会给日本带来CSR领域的革命，并且这个趋势会越来越强；二是CSR报告整合全球和本地的需求。在日本，很多公司不仅仅发布全球的CSR报告，还发布本地CSR报告。比如，索尼、松下等公司已经发布了中国的CSR报告，日本财产保险公司也发布了中国的CSR报告。

第二，积极推进企业社会责任标准化。ISO26000在2010年11月份发布以后，很多日本公司都已经开始运用了。根据日本咨询公司2009年的调查，34%的日本公司早已经用不同的方式在运用ISO26000，还有66%的公司还没有运用，但很多都已把运用ISO26000提到了议事日程上。值得一提的是，日本参照ISO26000，创造了一个新的日本企业社会责任国家标准：JISZ26000。它和ISO26000是完全一致的，已于2012年3月正式发布。除了与ISO26000一致的内容外，JISZ26000还有四项日本特定的倡议，比如说委员会的章程和公司的行为等，这是日本特定的。

第三，建立综合的利益相关方参与系统。日本企业的挑战不仅是面对行业竞争者，更包括全球供应链、价值链上的任何一个部分。对于日本的公司来说，让各个领域相关方参与将能够促进全球化的合作伙伴关系，同时也能够在企业经营中更好地履行社会责任。日本电气株式会社（NEC）发布的2015年的中期发展管理规划中，NEC表示将致力于成为社会价值的创造者和创新者，促进社会的发展。它有三个主要基于CSR管理的原则：风险管理合规、促进社会问题的解决、与利益相关方沟通。CSR可以帮助企业了解利益相关方的需求，这也意味着CSR可以为公司提供一个很好的解决方案，也可以进一步通过利益相关方的参与，优化企业的战略。

6.5 以企业社会责任提升竞争优势的措施

6.5.1 不断提高认识，将社会责任融入企业发展战略管理

积极履行社会责任是适应国际国内经济社会发展趋势的必然要求，社会责任的履行水平反映出企业的经营哲学和文化价值观，企业对财富、价值和责任的态度将深刻影响企业的发展战略和管理模式。只有当企业把社会责任的理念贯穿到整个管理体系当中，将社会责任融入企业发展战略和日常经营管理，落实到生产经营各个环节，才能为经济社会和谐发展做出重要贡献。实现企业可持续发展，主动采取行动适应社会要求，既是企业生存的利益所在，也是一种坚持社会道义的公共利益行为。包含社会责任的企业发展战略有两个部分的战略任务：一是利润目标，它是企业赖以生存的物质基础；二是社会责任目标，它是企业获得持续竞争力的重要保障。企业要将社会责任的构成要素（投资者、消费者、供应商、员工、政府及社区环境等）充实到企业战略中，通过对企业的管理方式和预期目标进行再规划，在整体核算体系中安排社会责任的具体量化支出，制定社会责任的目标，实现企业与利益相关者的和谐共生，最终达到既满足了利益相关者的要求，又实现了企业的预期目标。同时，企业要积极加入国际社会责任体系建设，与国际惯例和标准接轨，按照国际社会责任标准约束自身的经营活动。要及时跟踪 CSR 的国际标准，动态收集和分析本行业技术、环保、劳工标准和社会声誉等方面的信息，及早发现问题并采取相应的对策。要将国际标准的要求与企业的实际结合起来，创造出适合自身的管理方法，以提高产品的社会效益和企业的社会形象、社会声誉。要积极申请并取得相关的国际标准认证，把社会公众对企业的评价纳入企业竞争力的范畴，使其成为组织核心竞争力的重要组成部分。

6.5.2 积极改造社会责任，切实改善与利益相关者的关系

利益相关者是企业生存的必要条件，企业要重视利益相关者的权利和作用，切实改善企业与利益相关者的关系，以获得利益相关者各方的大力支持。早在 1943 年，美国的强生公司就制定了制度，明确指出公司不但要对顾客负

责，还要对雇员、社区以及股东负责。强生公司的经验成为企业履行社会责任、保障利益相关者的典范。切实改善企业与利益相关者的关系需做好如下工作：

第一，要提高产品（服务）质量，保护消费者利益。企业最基本的价值在于满足消费者，如果一个企业不能提供消费价值和社会价值，也就失去了存在的意义。企业要诚信为本，遵循道德规范，为客户生产出质量优良的产品，确保消费者生命财产安全。同时，要为顾客提供更便捷、更周到、更专业、更人性化的服务，不断提升服务水平，以提高顾客的满意度和品牌的影响力。

第二，把员工的根本利益作为工作的出发点和落脚点，保障员工的合法权益。依法与职工签订并履行劳动合同，坚持按劳分配、同工同酬，建立工资正常增长机制，按时足额缴纳社会保险。为员工提供较好的工作环境和工作条件，加强员工培训，维护员工安全，保护好职工的生命和健康。积极推进关爱工程，丰富员工文化生活，切实解决员工最关心、最直接的现实问题，努力为员工提供良好的发展机会和广阔空间，促进企业发展与员工发展的和谐统一，以激发员工的工作积极性、责任心和创造力，增强企业内部的凝聚力，实现员工与企业共同成长。

第三，加大环境保护力度。自觉保护生态环境，生产研发绿色产品，努力使用清洁能源。开发环境治理技术，减少能源消耗，减少污染排放，做低碳企业，以促使环境效益和经济效益同步提高。

第四，积极参与公益事业，促进社区和社会共同发展。企业的成长发展离不开国家政策的扶持、公众的支持、安全有序的市场环境，企业应心怀感恩，做到“取之社会、回馈社会”，这是一个富有社会责任感的企业义不容辞的责任，也是企业成长的必由之路。企业在推动科学发展的同时，心系社会民生，热心支持各项社会事业发展，积极参与社区教育文化发展和环境卫生建设，支持社区公益事业，关注社会弱势群体，推动社会和谐发展等。

第五，企业要严格遵守国家各项法律、法规，有效防范腐败等不正之风，坚持全球公认的商业道德和行为标准。同时，企业应当依法经营，照章纳税，做一个有社会责任感的好企业。

6.5.3 搭建合作交流平台，实现信息资源共享

实施网络化战略，搭建网络化合作交流平台，实现信息资源共享。网络化

战略是企业通过内外部网络关系的建立，充分利用内外部资源，实现企业内部和企业之间的互动发展。企业建立合作网络的目的在于信息共享、业务整合、资源优化配置，以实现资源共享和优势互补，并试图控制更多资源。信息共享指的是企业、员工、顾客、合作伙伴、供应商、销售商之间以企业信息化网络平台为基础，实现信息互通，第一时间掌握最新信息，保证产品从市场、研发、试验、投产、销售到售后的整个过程的全生命周期管理；业务整合是通过保持和快速提升支柱型业务，加大对贡献型业务的投入，集中优势资源提高企业运营效率，实现企业战略目标；资源优化配置建立在企业信息共享和业务整合的基础上，通过企业协同管理，实现资源的优化。因此，网络化平台对企业的成长有极大的帮助，它不仅降低企业生产成本，提高资源利用率，减少污染，提高企业产品的市场竞争力等，使企业合作伙伴之间更好地开展合作，还可以监督企业合作伙伴的违法、违规及违德行为，使企业更好地对合作伙伴履行社会责任。在构建网络化平台过程中，企业需要基于社会责任与利益相关方之间建立良好的社会责任沟通机制，这既是企业改善管理的重要途径，也是企业增进交流和共识的有效方式。有效的社会责任沟通机制的关系是互动的良性循环系统，只有确保企业对利益相关方正向的信息传导、逆向的信息反馈，互动的对话交流和共同行动，整个社会责任系统才能够得到有效控制。借助网络化平台，企业要在发挥社会责任报告价值和推动利益相关方参与上下功夫。要充分借鉴国际国内先进报告的经验，不断提高社会责任报告的质量，增强报告规范性，提升报告的影响力，增进利益相关方对企业的理解和共识。

6.6 案例分析

6.6.1 索尼（中国）的社会责任

索尼（中国）有限公司于 1996 年 10 月成立，是一家独资区域性管理公司，负责统一管理和协调索尼在华的业务活动，充分利用集团总部的资源优势，在中国强力打造适合本土发展需要的集产品企划、设计、研发、生产、销售和服务为一体的综合性运营平台。

6.6.1.1　责任管理架构及其体系

6.6.1.1.1　责任管理架构

索尼（中国）强调企业社会责任的持续推进，建立了系统的企业社会责任管理架构，索尼（中国）董事会对公司责任战略进行决策管理（见图6－1），评估公司企业社会责任议题方面的计划和实践。索尼（中国）CSR推进办公室作为索尼（中国）CSR协同各部门以及所有索尼在华工厂落实企业社会责任相关决策的枢纽，是索尼形成自上而下和自下而上全面贯通的驱动力。

公司在完善责任管理组织体系的同时，建立了社会责任管理制度，涉及不同业务部门的运营和规划，以增强责任管理的稳定性和长效性。索尼立足于长远目标，在企业各方面的日常运营中不断调整和改善工作方法，通过缩短管理链条、压缩管理层级来提升工作效率，建立相对灵活的管理模式。

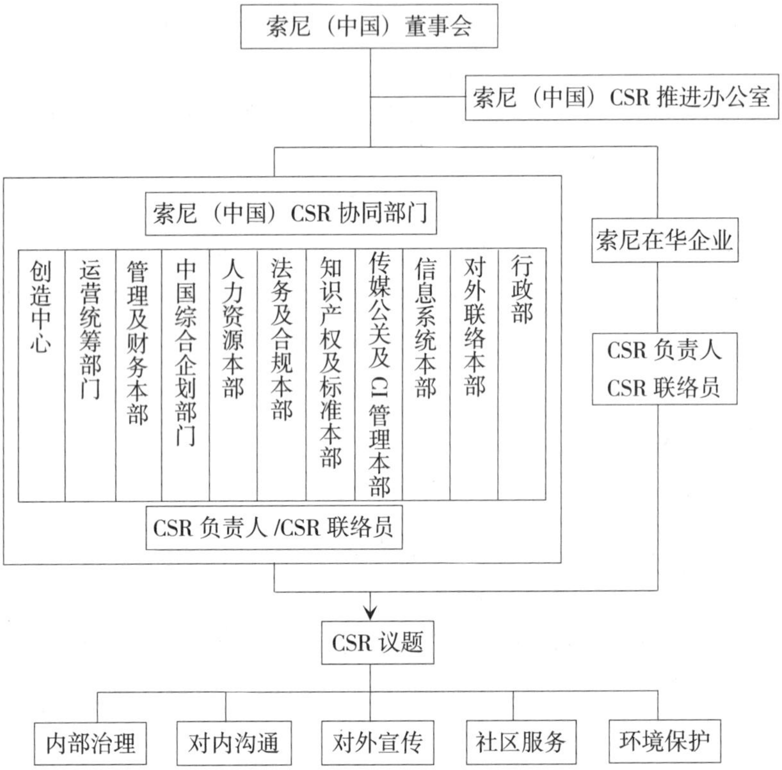

图6－1　索尼社会责任管理架构

6.6.1.1.2 责任管理体系

索尼（中国）凭借圆桌会议制度、社会责任联络人制度与社会责任培训的三位一体结构，形成了独具索尼特色的责任管理和推进模式，不断强化索尼在华企业的社会责任意识，将企业社会责任不断深入每个员工的日常工作中，让社会责任内化于心、外化于行，切实践行企业社会责任理念。

内部企业社会责任圆桌会议。索尼（中国）企业社会责任圆桌会议是由索尼（中国）CSR推进办公室主办，邀请索尼（中国）公司各职能部门代表和其他索尼在华各企业代表出席，通过自上而下的方式整合索尼在华企业社会责任能力、资源和绩效等，加强索尼（中国）各职能部门、索尼在华企业和索尼（中国）CSR推进办公室之间的沟通和合作。

联络人制度。索尼（中国）建立的联络人制度是索尼在企业社会责任方面开展内部沟通和进行战略部署的重要渠道，是以企业社会责任部门为中枢加强各个职能部门和子公司参与、企业社会实践和项目落地的重要制度安排。联络人制度实现了索尼（中国）CSR内部协调、管理、联络和咨询完整功能的整合，在日常工作中保证了企业社会责任意识在各个层级的宣传和培养，并使社会责任部门的项目在不同业务部门和团队中得以有效推进和顺利完成。

推进社会责任培训。索尼（中国）深入推进以公益慈善基本知识和企业可持续发展相关主题为主要内容的企业社会责任在线培训，并不断在更广泛的索尼在华员工中推广。社会责任在线培训的推进，有力加强了索尼在华子公司企业社会责任工作的指导，大大强化了索尼在华企业的社会责任意识，使企业社会责任不断深入每个员工的日常工作中，从而切实践行企业社会责任理念。

6.6.1.1.3 利益相关方沟通

利益相关方沟通与回应是索尼企业社会责任管理的重要组成部分，索尼（中国）在植根中国的近20年中已与不同利益相关方建立了常态的沟通渠道和机制。一方面，通过良好的沟通帮助索尼深入理解各方关注重点与诉求，及时发现问题并在企业社会责任实践中有针对性地进行回应；另一方面，与企业社会责任业界保持沟通与合作，帮助索尼及时参与全球性企业社会责任关键议题的解决，通过分享经验、交流做法，共同寻求解决方案。

2015年，索尼针对客户、员工、政府、供应商、合作伙伴和社区等六大类别的主要利益相关方（见表6-1），制定了深化参与的沟通策略，并针对关注的不同问题等进行了富有成效的沟通，将相关方意见和建议作为改善管理的重要指向。索尼不但在企业经营层面继续发挥领跑者的精神，与价值链伙伴共成长，还继续努力提高员工和消费者满意度，以实际行动为相关方创造价值。

表6-1 索尼（中国）利益相关方沟通内容与方式

利益相关方	期望和要求	沟通内容	回应措施与成效	主要沟通渠道
客户	•时尚优质高效的绿色产品 •快速安心便利的售后服务	•改善服务质量与产品 •客户信息	•持续加大产品创新和服务投入 •进一步完善服务流程 •“神秘顾客”项目 •对特约维修站进行5S检查 •客户隐私保护	•客户满意度调查 •NPS（净推荐值）计划 •客户关系管理
员工	•保障合法权益 •尊重多元文化与生活方式 •合理的薪酬激励 •良好的工作环境 •能力提升和职业发展 •归属感与认同感	•员工参与企业经营 •员工职业发展与培训 •员工权益	•严格遵守法律法规、严格执行《索尼集团行为规范准则》 •建立网络学习系统和全面的培训课程体系 •建设多元、互助、平等的企业文化 •倡导工作和生活的平衡	•工会会员代表大会 •总裁员工座谈会制度 •员工内部网络沟通平台 •关心员工职业健康与安全 •员工投诉与反馈 •员工培训

（续上表）

利益相关方	期望和要求	沟通内容	回应措施与成效	主要沟通渠道
政府	•诚信守法 •依法纳税、保障就业 •促进社会和谐发展	•政策落实 •公益慈善类项目合作	•支持政府宏观经济政策 •守法合规 •积极履行社会责任 •创新发展 •创造就业	•积极与主管及相关部门开展沟通对话 •信息透明化沟通
供应商	•促进共同发展 •公平透明采购	•合规管理、检查与反馈 •业务拓展以及潜在合作机会 •企业社会责任和可持续发展理念 •公益项目	•继续深入落实《索尼供应商行为规范准则》 •导入“全球采购合同”制度 •开展供应商企业社会责任培训	•召开供应商大会 •索尼（中国）的“绿色伙伴”制度审查 •培训与交流
合作伙伴	•共享发展成果 •共促行业发展	•企业社会责任相关议题 •产品与技术 •行业发展	•共同推进“绿色伙伴”认证制度 •共享“企业社会责任采购”框架	•行业会议、研讨会

（续上表）

利益相关方	期望和要求	沟通内容	回应措施与成效	主要沟通渠道
社区	•缩小数字鸿沟 •扶助弱势群体 •积极推动环境保护	•社区需求 •科技主题融入 •公益项目实施效果	•通过“索尼探梦”科技馆等旗舰教育类项目，放飞青少年科技梦想 •通过内部自组织和外部活动开展环保类的活动 •灾害救援	•与 NGO 以及政府机构等开展项目合作 •与学校开展教育类合作 •参与社区公益活动

资料来源：索尼（中国）企业社会责任报告（2015）。

6.6.1.2　**热心关注与支持教育事业**

对教育的关注可以回溯到索尼的创业期。成立于 1964 年的这家跨国企业有井深大和盛田昭夫两位创始人。其中技术出身的井深大对于幼儿教育和儿童教育有着非常浓厚的兴趣，他在日本设立了理科教育基金和相关的机构，采取措施进行科学普及。创始人的一系列举措和今天索尼 CSR 的很多活动是一脉相承的，“为了下一代”，已经成为索尼在全球范围内 CSR 的主题。

6.6.1.2.1　“索尼探梦”

“索尼探梦”于 2000 年 10 月启动，由索尼（中国）有限公司提供全面支持，是索尼公司在全球第一家以“光”与“声音”为主题的公益性科普场馆。“索尼探梦”的主要项目包括缤纷科普大讲堂、科普童话剧、探梦实验室和实验梦工房（见表 6－2）。“索尼探梦”科技馆紧紧围绕着“为了下一代”的公益主题，融汇了索尼最新数码技术和美国旧金山 Exploratorium 展馆经典科教展示经验，为广大青少年打造了一个能够亲身体验科学的神奇、了解科学的意义、培养对科学的浓厚兴趣的场所，开启了中国青少年对科学的好奇心，积极地支持中国教育事业的发展，持续不断地履行索尼的企业社会责任。开馆 14 年，索尼公司在“索尼探梦”项目上已经累计投入人民币 5 亿元，截至 2015 年 3 月底，“索尼探梦”已累计接待 215 万名参观者。“索尼探梦”也得到了社会各界的认可和教育界的充分肯定。“索尼探梦”被评为全国科普教育基地、北京市青少年科普活动基地。

表6-2　“索尼探梦”主要项目

项目	主要内容
缤纷科普大讲堂	缤纷科普大讲堂是“索尼探梦”科学馆与来自中国科学院的权威科普杂志《Newton 科学世界》联手合作推出的科学名家讲座。在系列讲座中，特邀中国科学院在业界享有盛誉的科学名家来到“索尼探梦”科学馆，与青少年朋友促膝长谈并解疑释惑，让大家轻松学习新知识，注目新发现，亲身体验科学的乐趣
科普童话剧	“科普童话剧”是“索尼探梦”独创的艺术表现形式，将新颖的科学实验与离奇生动的剧情相结合，由青少年们共同演绎，妙趣横生。截至2015 年3 月底，“科普童话剧”已演出2 000 场，深受青少年的喜爱
探梦实验室	“探梦实验室”是索尼根据生活中简单易得的素材，进行各类花样翻新的实验表演，以趣味实验的形式让青少年们充分感受科学的神奇魅力
实验梦工房	“索尼探梦”科技馆定期举办“实验梦工房”互动活动，由索尼的志愿者和员工担任指导，帮助青少年们亲自动手，感受实验的神奇和科技的力量

6.6.1.2.2　*索尼梦想教室*

科技的飞速发展使城市生活更加便捷，为弥合城市与贫困地区间由于技术发展不均带来的教育鸿沟，索尼积极联合多方合作伙伴广泛开展适合当地需求的公益活动，利用索尼的产品和独有的教育资源，并将最优秀的员工等资源融入项目的整体设计——即项目成为拥有教学设施“硬环境”和科学课堂“软环境”的新型项目。

“索尼梦想教室”项目于2013 年启动，在原有的“索尼爱心助学工程”基础上进行调整和创新，是一个针对农村留守儿童和城乡流动儿童推出的科普教育类项目。新项目在传统慈善中注入科技元素，将索尼独创的科普实验室带入校园，鼓励员工志愿者和大学生积极参与助学活动。而创立近十年之久的“索尼爱心助学工程”已惠及了遍布25个省市自治区的172所学校，这些丰富的学校网络为未来实施“索尼梦想教室”项目提供了基础。

此外，索尼CSR在项目改良过程中更加关注并推动利益相关方对话与合作——在“索尼梦想教室”项目中，索尼公司便联合了团中央和学校等形成多方合作，致力于解决欠发达地区教育资源匮乏问题，并尽己所能最大限度地发挥资源优势弥补教育资源分配不均现象。

6.6.1.2.3　索尼学生设计工作坊

索尼的教育项目贯穿中小学到大学整个教育阶段，不仅投身于青少年的基础教育，也关注大学生的素质水平和职业发展。“索尼学生工作坊”是由索尼（中国）有限公司主办的设计类公益活动，致力于中国创意人才培养，是为学生提供创造平台所打造的设计类公益项目。“索尼学生设计工作坊”每年会设定一个主题，邀请参赛者根据主题，以年轻人的独特视点，设计出一款创新产品作为消费电子产品公司所做的提案。产品要求可在五年内实现，并具有全新体现和体验索尼的设计哲学。不同于同类其他设计竞赛，除提交图纸作品等平面作品外，优胜者仍须将设计制作成成品。优胜者通过与索尼的资深设计师配对成组并深入交流，对创意进行深化和再创作，亲身体验索尼产品设计的独特流程。这一赛事从2006年至今已经成功举办了八届，旨在激发中国青年大学生创意潜能，促进中国工业设计领域的人才培养，推广索尼设计理念。索尼（中国）将“索尼学生设计工作坊”和上海交通大学媒体与设计学院设计专业大学生的设计课程相结合，深化企业和校方合作，实现产、学、研相结合，共同推进设计领域青年人才的培养和实践教学，使“索尼学生设计工作坊”活动能够创造出更出色的设计精品。2014年6月23日，“2013索尼学生设计工作坊”的作品率先亮相索尼直营店南京东路店。随后这些作品还将现身上海高校设计展以及北京索尼探梦科技馆。

6.6.1.3　积极参与环保公益活动

遵循“为了下一代”的责任理念，索尼（中国）以“认识地球环境”为主题开展形式多样、内容丰富的环境教育宣传活动，以游戏、知识竞赛和大型会议等形式将环保主题贯穿到幼儿园、中小学和大学等各个教育阶段，期待通过系列环境活动加强环境教育，提升公众的环保意识，促进下一代对绿色环保和美好社区的追求。

6.6.1.3.1 Hello Recycle

关注电子垃圾回收是索尼公司推动环境可持续发展的重要内容之一，除在生产过程中保证绿色环保标准，致力于公众行为和消费者意识改变也是索尼公司的责任所在。包括 Hello Recycle 在内的不同形式的项目是索尼公司在中国本土推动社会的环境保护意识和公众倡导的常规项目，并联合不同利益相关方形成开发利用电子废弃物的社会氛围。

为提高电子废物正确回收并引导公众关注绿色环保，索尼公司已连续多年在中国不同城市和地区开展不同类型的废弃物和电子垃圾回收活动。Hello Recycle 则是索尼 CSR 与环境部门通过积极整合内外部资源，针对电子废弃物中含有的大量有毒有害化学物质所开展的年度环境倡导类项目。项目设计中包括了环保论坛、废弃物兑换礼品等不同活动，鼓励参与者了解废弃电子产品的相关政策，增强公众有效处理废弃物的环保意识，以索尼自身技术优势为改善环境、守护地球贡献力量。

2014 年 12 月 8 日，索尼（中国）联合环境保护部宣教中心等共同举办了“资源综合利用，为了可持续发展的未来——Hello Recycle（你好，回收）索尼电子废弃物回收活动”。三百余名来自深圳各高校的大学生亲身体验电子废弃物兑换，参与环境主题论坛，并在现场发起了“减少电子废弃物环境污染”的倡议。

6.6.1.3.2 索尼爱心林

植树是索尼在华 CSR 活动的一个缩影，作为一家负责任的公司，索尼（中国）从小事做起，一点一滴为社会做出贡献。公司通过员工参与积极支持中国当地社区的环保事业，在北京、上海、西安等地多年坚持参加春季植树活动。“索尼爱心林”是每年春季举行的植树活动，也是索尼公司应对二氧化碳排放导致的全球变暖现象而开展的绿色公益活动。每年的植树活动都会邀请员工及其家属一起参加，这也是一个让孩子们亲身体验环保、感受人与自然共生的好机会。孩子们也学着爸爸妈妈的样子把身边的垃圾随身带走。十余年的志愿者植树活动，不仅让志愿者体验到创造绿色的快乐，更是进一步增强了参与者的环保意识，让植树造林、净化环境、提升空气质量变成了人们的自觉追求。

6.6.1.4 环境零负荷

“环境零负荷”的愿景目标是索尼集团在 2010 年发布的，是索尼集团在环境问题上的长期目标。“环境零负荷”目标是指，在集团各个业务活动和产品的整个生命周期范围内，索尼集团将致力于2050年实现“对环境的负担为零”的终极愿景。索尼把自己的环境使命分成气候变化、资源、化学物质和生物多样性四个领域，所有的环境相关指标都围绕这四个领域来展开。

索尼的主要业务是电子产品的生产制造，环境零负荷并不是物理意义上的零负荷，而是在索尼各个领域所定义的零负荷。索尼把整个产品生命周期分为六个阶段，从技术开发、产品规划设计、采购、运行、物流到回收循环利用的整个产品生命周期中，与上面提到的四个领域组合起来进行全方位的管理。任何公司的业务运营都不可能完全不产生二氧化碳或不使用资源。但是，通过循环利用或使用可再生资源，以及植树等环保活动，可以补偿其业务活动对环境的负担。索尼的“零负荷”正是这样补偿后计算出来的。

为了实现2050年“环境零负荷”这一长远目标，索尼倒推计算出每5年需要达成的目标，设定绿色管理项目。

索尼在华工厂都在开展节能、节水、减少废弃物等活动，让这些活动可持续性地开展下去，对于索尼实现环境目标有着重要作用。近年来，世界各国对回收的关注度越来越高，索尼通过以下三大支柱开展其回收活动：一是根据各国法律法规，建立并运行回收体系；二是在索尼产品中探索使用再生材料；三是在再生材料（塑料）领域开发尖端技术。

索尼创造性地研发了Sorplas这一可再生塑料的尖端技术，将塑料的可再生使用率大幅度提升。据了解，Sorplas有一个非常突出的特性，是世界上再生塑料含有量最高的再生塑料，含有99%的再生塑料材料，剩下的1%是由索尼独有的阻燃剂组成。目前，市场上的再生塑料是由30%的再生塑料和55%的一次性塑料以及剩下的15%的阻燃剂组成，存在着大量的浪费。索尼通过自主的技术创新，在废弃的PC塑料上添加上索尼自主开发的阻燃剂，就诞生了索尼的可再生塑料，可以大量应用到各类电子产品中。目前索尼的电视、摄像机、照相机、笔记本电脑等产品上，都开始使用这一可再生塑料，这将会大大提升电子产品的塑料循环使用率。正是通过这些围绕产品材料、产品性能的创新性环保投入，索尼在构建可持续发展社会的同时，也在为自身的消费电子事业发展注入新的活力。

本案例参考文献：

[1] 曹鹏程．为企业发展履行社会责任．人民日报，2007-08-28（07）．

[2] 董莉．坚守社会责任 索尼中国树立 CSR 新标杆．中国企业报，2010-12-14（07）．

[3] 洪森．索尼不会减少对企业社会责任的投入．中国电子报，2009-04-21（06）．

[4] 索尼（中国）有限公司．索尼中国企业社会责任报告．2012—2015．

[5] 文剑．索尼“走向零负荷”季报披露：5 年能耗再减 30%．中国企业报，2015-09-15（07）．

[6] 许意强．索尼“环境零负荷”加速消费电子环保进程．中国企业报，2013-12-03（12）．

[7] 周云．全方位管理 实现“环境零负荷”．中国电子报，2013-12-03（08）．

6.6.2 基于社会责任视角下海航集团竞争优势的构建

6.6.2.1 公司简介与企业社会责任发展规划

6.6.2.1.1 公司简介

海航集团成立于 1993 年 5 月，经过 20 多年的努力，已从单一的地方航空运输企业发展成为以航空、实业、金融、旅游、物流为支柱的大型企业集团，业务范围从南海明珠初步发展到全球布局。2014 年，营业收入约 1 500 亿元，总资产约 5 000 亿元，员工人数达 11 万。2015 年 7 月，海航集团以营业收入 256.46 亿美元首度登榜《财富》世界 500 强，位列第 464 位。

6.6.2.1.2 企业社会责任发展规划

经过 20 多年的发展，海航集团社会责任工作取得了较好的成绩，但其发展潜力还没有充分发挥出来，仍有发展空间。同时，海航集团集团也认识到，企业承担社会责任是一种正能量，有助于增加企业的竞争力。为了将社会责任工作做得更好，海航在 2014 年制订了《海航集团社会责任 2015—2017 发展规划》（简称《规划》）。该规划分为三个阶段，2015 年为社会责任规范年，2016 年为社会责任提升年，2017 年为社会责任融合年，具体内容可参看图6-2。同时，《规划》将从组织治理、人权与劳工实践、公平运营实践、消费者问题、环境、社区参与和发展等六大方面进行提高。

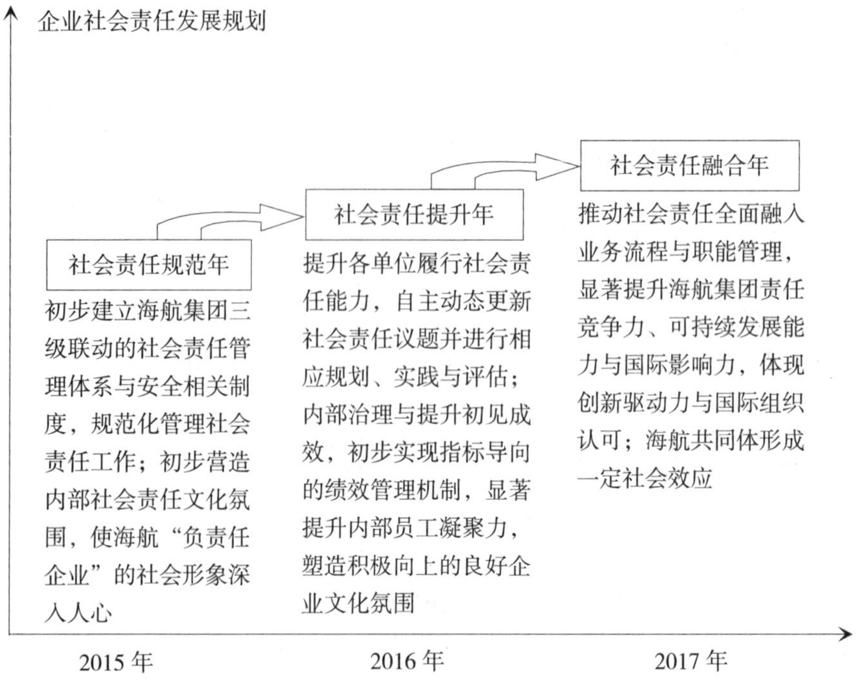

图 6－2　海航集团社会责任 2015—2017 发展规划

6.6.2.2　海航与利益相关者责任

6.6.2.2.1　员工责任

（1）保障员工权益。

海航集团严格按照《劳动法》《劳动合同法》《妇女权益保障法》等国家法律法规和《海航集团劳动合同管理办法》的要求规定，全面实行劳动合同制度，员工合同签订率 100%。海航集团在招聘、薪酬、福利、晋升等方面不因种族、肤色、宗教、性别、国籍、民族、年龄等而产生任何歧视行为，努力实现人尽其才、人尽其用。截至 2014 年年底，海航员工达 11 万人，其中境外员工超过 7 000 人。海航旗下法国蓝鹰航空公司、土耳其 myCARGO 航空公司的当地员工比率分别达 99.8% 和 98.8%。海航集团注重维护女职工合法权益，严格执行计划生育政策，实行产假、哺乳假、计划生育奖励假，发放独生子女费和独生子女医疗费。2013 年，海航集团重新制定《员工患病、工伤及意外事故监控管理办法》，加强对员工疾病、工伤及意外事故的监控，进一步完善员工权益保护。公司将安全教育列入员工培训大纲，定期组织各类安全教育活动。海航对一线员工根据岗位性质提供劳动保护，对在特殊条件下工作的人员不定期进行环境危险性评估，设立特殊岗位津贴。2014 年，海航集团各单位根据自身行业特点，发布了《关于进一步完善劳动保护相关工作的业务通告》，要求从预防职业病出发，为员工劳动提供全面保护。在薪酬福利制度上，海航的薪酬激励机制坚持集团“大众成就、大众分享”的理念，制定具有竞争力的薪酬福利制度，让员工共享集团发展成果，同时建立了与 CPI 联动的员工薪酬动态调整机制，实行突出业绩导向与绩效考核挂钩的浮动奖金制度。公司为全体员工缴纳社会保险和住房公积金，连续多年保证员工 100% 参保，并额外缴纳商业补充医疗保险，2013 年全年共投入社会保障资金 3 亿余元。公司还为员工提供多样的福利保障，包括企业年金、优惠机票、过节费、生日祝贺、结婚礼金、病伤生育探望、丧事慰问、员工体检、带薪休假、探亲假报销 80% 路费、援边人员驻地补贴、关爱下一代奖励基金、住房补贴等，并确立了向生产一线、技术工种、经营部门、专业人员倾斜的原则。

（2）构筑幸福生活。

①心灵工程。2007 年，海航集团启动了以“海航是我家，关爱你我他”为主题的心灵工程，目的是提高海航人的精神风貌和心灵修养，培养海航人为党和国家做贡献的精神追求，打造一支更有责任感、领导力和创造力的人才队伍。通过制定心灵工程手册，明确员工工作生活、身心健康、精神文化、职业发展等方面共 46 项具体指标，并对各产业集团执行情况进行检查、评估。

②员工关爱站。海航集团建立了以集团总部为一级关爱站、各产业集团总部为二级关爱站、各成员企业为三级关爱站的组织机构，以解决员工在日常工作生活中遇到的各项困难，营造一个相互关爱的生活、工作环境。海航推行员工关爱站工作月报表制度，每月将为员工办的实事、解决的具体问题、尚未完成的工作登记建档，月底向产业集团关爱站报告，各产业集团每月第一个周末向集团总部关爱站报告，以督促具体工作的落实。

③困难员工帮扶。海航集团设立员工互助基金，建立困难职工帮扶机制，为遭遇重大疾病、伤亡、自然灾害的员工或家庭成员提供支持。通过建立困难员工档案，加强困难员工帮扶力度。截至 2014 年年底，已为全集团 800 余名困难员工建立档案，为集团驻琼地区近 3 000 名员工办理省医疗互助活动相关手续，共向 293 名困难员工发放 489.3 万元救助金，人均资助近 1.67 万元。

坚持在节假日期间和特殊时期开展慰问活动，2014 年共慰问一线、退休及困难员工超过 14 万人次，发放慰问金和慰问物资 600 余万元。

④丰富多彩的文体生活。海航集团工会组建了足球、篮球、网球、羽毛球、乒乓球、台球、英语、游泳、合唱团等多个员工社团协会组，并积极组织会员代表海航集团参加各类社会比赛，丰富员工的文化生活。海航集团在每年节假日开展形式多样的员工活动，2013 年，海航集团员工活动经费投入 3 200 余万元。另外，集团工会在 2014 年共投入近 300 万元，在北京、天津、海口、广州、满洲里等员工较为集中的办公地点建立了 9 处职工之家，以不断丰富员工的业余生活。2014 年全年，海航集团共举办各类员工文体活动 1 000 余场次。

（3）员工培训体系。

海航集团建立员工职业生涯管理制度，为员工提供跨产业、跨专业、跨级别的职业发展通道。对不同发展阶段的员工，提供有针对性的职业发展计划。海航集团建立“集团总部—产业集团—成员公司”分层人才培养体系、师资管理体系与培训效果评估体系，通过新员工萌芽成长计划、青年创业者计划、HPT（高潜质人才）选拔培养、中高层干部培养等系列项目，为员工搭建了多样的人才成长平台。海航 E-learning 平台，实现了企业文化、管理、专业技能、通用技能等课程的电子化。表 6 - 3 反映了海航员工培训情况（2009—2012 年），据表 6 - 3，海航在 2009—2012 年间的培训投入呈增长的趋势，2009 年培训投入 3.47 亿元，2012 年增长到 6.45 亿元，比 2009 年增长了 85.9%。另外，特业培训费、管理类培训费、人均管理类课时和培训人次在 2012 年比 2009 年均有不同程度的增长。2013 年，集团培训投入 7.14 亿余元。2014 年，员工培训达 16 339 次，人均培训时间为 76 小时。

表 6 - 3　海航员工培训情况（2009—2012 年）

年份	培训投入（亿元）	占营业收入比例（%）	特业培训费（亿元）	管理类培训费（万元）	管理类培训课时（万课时）	人均管理类课时（小时）	培训人次（万人次）
2009	3.47	7.70	3.16	1 209.50	8.00	—	18.20
2010	5.70	8.80	3.64	1 394.24	9.89	7.8	13.50

（续上表）

年份	培训投入（亿元）	占营业收入比例（%）	特业培训费（亿元）	管理类培训费（万元）	管理类培训课时（万课时）	人均管理类课时（小时）	培训人次（万人次）
2011	5.77	5.18	4.28	1 317.91	8.04	4.85	18.54
2012	6.45	5.05	4.92	1 515.60	9.55	5.91	67.42

数据来源：《海航集团社会责任白皮书》(2012)。

海航集团也建立了有海航特色的企业文化培训体系。公司成立20多年来，所有海航新员工入职培训的第一课都会由董事局主席陈峰亲自讲授传统文化，要求所有员工入职后都能背诵“同仁共勉”十项原则。海航每年投入企业文化培训的资金超过5 000万元，通过培训加深了员工对传统文化的了解，提升了员工的个人修养和内涵，也形成了海航积极向上、勤勉工作、善待同事和客户的良好企业氛围。

6.6.2.2.2　国家责任

（1）支持国家战略。

海航身在商道，心系国家和人民，始终将自身价值的实现与国家振兴、民族兴旺联系在一起。海航秉持大局观念，从实际出发创造性地贯彻党中央、国务院关于深化改革、扩大开放、促进发展、保持稳定的一系列决策和部署，实现企业自身的发展，并以自身发展推动国家发展和社会进步，成为中国特色社会主义的积极建设者。海航围绕国家“一带一路”战略迅速行动，开通了乌鲁木齐、福州、北部湾、三亚等航班，使之成为中国与欧亚大陆、海峡两岸、东盟的纽带，对我国提出的“一带一路”战略行动发挥着积极的作用；海航支持国家战略还体现在积极配合国家外交行动上。2011年年初，一次自新中国成立以来规模最大的撤离海外公民行动震动世界。海航积极贯彻党中央、国务院尽快接回派驻人员和滞留在外中国公民的指示精神，自1月31日开始执行埃及撤侨保障工作，自2月26日开始执行利比亚撤侨保障工作，至3月5日共执行38个航班，安全保障4 870人撤离埃及和利比亚，圆满完成撤侨航班保障任务。为此，海航获得中国民航局撤侨航班保障“先进集体”和“先进个人”荣誉称号。此外，海航服务国家战略，更体现在助推国家“走出去”

战略，成就跨国巨型集团上。海航加快国际化步伐，以凸显国际化企业形象。海航于2012年投资加纳非洲世界航空公司（Africa World Airlines），为中国民航“走出去”打下了基础。2014年，渤海租赁并购全球第八大集装箱租赁公司Cronos，成为世界第一大集装箱租赁公司，增持西班牙NH酒店股权至29.5%，成为最大股东。海航酒店集团与NH酒店集团达成合资公司协议，NH品牌正式进入中国市场。

（2）促进社会就业。

早在2000年前后，海航事业扩张，曾经重组了陕西省航空公司、新华航空、吉林旅游集团近10个厅一级的公司，受重组的企业往往多有冗员。这类国企重组，裁撤冗员几乎是所有重组方无法回避的议题。然而，海航选择将这些富余人员进行妥善安置，做到了没有一人下岗，没有一人分流，使其能找到自己事业的舞台。2009年4月和11月，为响应国家劳动就业政策和促进高校毕业生就业的号召，海航先后两次举行大规模的校园“千人招聘”活动，跨越中国多个省市，面向全国高校毕业生提供人力资源、财务、行政、审计、法律、房地产、IT等20多类职位，共招收优秀大学毕业生近2 000名。

（3）企地战略合作。

海航致力于深化政企合作，与政府建立良性互动关系，在合理利用政府优惠政策推动企业发展的同时，勇担社会责任。截至2014年年底，海航集团与国内约120个不同级别的地方人民政府和开发区管委会签署战略合作协议，积极与各地方政府建立战略合作平台，充分发挥海航自身优势，在航空、金融、地产、机场、旅游、物流等领域展开合作，支持地方产业升级、结构优化、城市建设，促进地区社会经济发展。

（4）依法诚信纳税。

依法纳税是企业的法定义务，一个合法经营、诚信经营的企业，必定是依法纳税的企业。海航在不断加强自身发展，使创造的物质财富越来越多的同时，依法向国家缴纳的税收也随之越来越多。

6.6.2.2.3　维护股东利益

海航集团主要通过健全治理制度来维护股东的权益。首先，根据“产权清晰、权责明确、政企分开、管理科学”的现代企业制度，建立起规范运行的内部治理机制和良性互动的外部治理机制。海航集团及下属各成员公司按照法人治理结构的要求，完善股东大会、董事会、监事会和CEO团队等结构建设，形成了决策机构、监督机构、执行机构间分工明确、相互独立、相互制衡的法人治理结构。其次，完善企业与股东之间的互信沟通机制。建立股东大会、董事会、监事会的业务互信沟通制度，完善主要股东日常沟通管理规定，及时向股东汇报企业重大经营信息，并发布定期报告或临时公告，通过专设股东大会会议现场、投资者日常咨询电话、独立董事邮箱、独立董事工作日等方式保障股东知情权。再次，落实现金分红机制，保障股东收益分配权。海航鼓励旗下参控股的上市公司根据中国证监会、证券交易所相关要求和股东诉求，修订公司章程利润分配条款，明确分配方式和分配比例等，积极完善股东回报机制。又次，完善独立董事的监督机制。在集团各上市公司、部分合资企业董事会中设立代表中小股东利益的独立董事，制定并实施《独立董事制度》《独立董事年报工作制度》《独立董事日常工作制度》等规定保障独立董事履职，由独立董事对公司治理、经营管理、信息披露等工作进行监督。最后，完善外部审计机制。海航每年定期接受外部会计事务所审计，并将审计结果报送股东审议，以有效发挥中介机构的监督作用。在对待投资者关系上，海航重视投资者关系管理，设立专门机构、配备专门人员维护良性互动的伙伴关系，确保主要股东和战略投资者对海航发展的信心，为海航创造稳定的经营环境，使其经营战略得到持续贯彻。海航上市公司主要通过披露年报、公告、股东大会、一对一沟通、网站、邮寄资料、现场参观、电话咨询等各种方式加强与投资者的沟通。

6.6.2.2.4　环境责任

海航秉持绿色发展理念，将企业发展的责任、使命同改善人类居住的自然环境相结合，给人们带来生活便利，使人们更好地与自然环境和谐相融。海航倡导文明、节约、绿色、低碳消费理念，追求合理利用自然资源，着力推进技术进步，倡导建立节能减排文化，大力支持环境公益事业。海航致力于建设有竞争力的成本控制体系，改进节能措施并提高管理水平，将绿色环保、节能减排作为企业生产发展的重要指标。海航强调，节约能源、降污减排、绿色发展不仅是海航实现可持续发展的必然选择，也是海航创建资源节约型、环境友好型企业的历史使命。秉持环境友好、实行绿色采购、确保绿色发展，同样是海航发展的生命线。海航在公司内部发动员工建言献策，制定相应规章制度，增强资源节约意识和节能环保意识，共建绿色海航，积极投身环保公益工作。

（1）绿色办公。

为推动公司节能减排工作的推进，海航集团在2008年成立了节能减排工作组，负责制定节能降耗规划，并向全集团发出《节能降耗倡议书》。海航集团各部门和实体企业积极响应号召，认真贯彻行政办公节支及节能减耗工作，倡导文明、节约、绿色、低碳的办公方式，以达到节能降耗、绿色办公的目的。

（2）绿色航空。

自2006年以来，海航航空就认识到节能减排的重要性，并逐步完善公司的能源管理体系，落实各项节能减排措施。2008年，率先引进国际航协的燃油效率差距分析理念和方法，优选一批重点节能减排项目，2013年节油3万吨，自2008年至2013年累计节油近15万吨，降低CO_2排放约46万吨。2010年，开始建设飞行数据集成应用系统，为燃油消耗的精细化管控提供数据基础。2013年，率先引进了GB/T23331能源管理体系国标，从技术改造、流程管理、员工意识三方面全方位打造绿色航空。表6－4是海口美兰国际机场在引用各类节能减排项目后在2014年获取的节能减排成效统计情况。

表6－4　2014年美兰国际机场节能减排成效统计

序号	项目名称	实施效果或收益（每年节约）
1	引进BKS中央空调管理专家系统	100万度电
2	引进成熟的照明设备节电器	40万度电
3	推广使用绿色节能灯具	10万度以上电
4	在滑行道直线段推广使用反光标志棒	10万度电，同时减少维护成本约4.2万元
5	实施航后助航灯光巡视维修节能控制项目	3万度电
6	推行航班间隔时段灯光运行管理模式	1万度电
7	及时启、关候机楼门窗，利用海南热带季风气候对流通风，减少空调设备能源消耗	150万度电

（续上表）

序号	项目名称	实施效果或收益（每年节约）
8	登机桥设落地侧开窗、通风百叶和隔热弧形顶	电力开支近20万元
9	敞开旅客到达夹层通道	电力开支近30万元
10	安装太阳能园林灯	电力开支近3万元
11	实现污水回收再利用	近30万吨灌溉水
12	引入自动喷灌技术	约8万吨水

数据来源：《海航集团社会责任报告》（2014）。

（3）绿色酒店。

海航集团坚持为消费者提供健康、适用和高效的使用空间，最大限度地节约资源、保护环境和减少污染。海航集团通过积极的探索，在酒店里实施多种方法达到节能减排的目的，如节能电器、节水系统、垃圾分类回收等。比如，海航旗下的NH酒店集团2011年发起了创新性的“软木塞计划”（Cork 2 Cork）。该项目实施范围包括位于西班牙、意大利、德国、法国、比利时和荷兰等国的NH酒店，通过对软木塞的回收再利用，减少对环境的污染。目前，该项目已回收1 994千克的软木塞，并将其加工为约8 000平方米的底板和墙面涂料，并用于酒店翻新和新酒店建设。

（4）绿色采购。

为响应国家绿色环保倡议，海航积极调整采购策略，优先选择节能降耗的新产品，扩大可循环利用产品的采购额，减少对一次性用品的采购，以实际行动促进环境质量的改善。以航空和酒店用品为例，一次性用品的采购额从70%逐步降低到了50%。此外，海航重新修订了供应商管理流程，对供应商引入环节进行规范，明确要求生产制造类供应商在引入环节需提供企业的环境保护和社会责任信息，必须符合国家环保部关于水环境保护、大气环境保护、土壤环境保护、核辐射与电磁辐射保护等标准和法律法规。

6.6.2.2.5　消费者责任

（1）不断拓展航空服务路线。

海航航空以航空运输企业群为主体拓展全球布局，以航空维修技术

（MRO）、通用航空（航校）、商旅服务（销售）、地面支援、航空物流等配套产业为支持打通全产业链，通过金融投资和新兴业务带动，致力于成为立足中国、面向全球、服务品质与企业规模均进入全球行业前列的大型国际航空集团。控股或参股的成员公司包括：海南航空、天津航空、香港航空、祥鹏航空、西部航空、香港快运、大新华航空、乌鲁木齐航空、福州航空、法国蓝鹰航空、加纳 AWA 航空、扬子江快运、myCARGO、海航技术、海航货运、海航销售、myTECHNIC、海航航校、澳大利亚国际航校等。旗下公司机队规模居国内前三，截至2014 年年底，海航开通国内外航线600 余条，通航城市200多个，年旅客运输量5 900 万人次。

（2）确保产品安全。

创业伊始，海航就秉持"安全问题是高压线"的基本理念，为确保其安全品质不遗余力。海航全面开展ISO9000 质量体系认证，率先引进国际航空运输协会运行安全审计认证（IOSA）的先进理念和手段，致力于创建最安全的航空企业。海航强化安全培训和安全教育，在集团航空运输类企业试点推广安全风险管理，创立以风险识别、风险评估、风险控制为主要内容的安全风险管理模型，实现对安全危险的系统管理。这些措施确保了航空安全。从表6－5可看到，人为原因运输航空事故征候、公司责任航空器地面事故征候和公司责任通用航空事故征候在2011—2014 年间已逐渐降到最低限度，在2014 年，这些指标数据的值均为0，表明海航各项安全指标优于行业安全指标。

表6－5　海航集团航空安全部分指标数据

指标	单位	2011	2012	2013	2014	2013 同期民航平均水平
人为原因运输航空事故征候	万时率	0.014	0.062	0.043	0	0.049
公司责任航空器地面事故征候	万架次率	0.055	0.046	0	0	0.036

（续上表）

指标	单位	2011	2012	2013	2014	2013 同期民航平均水平
公司责任通用航空事故征候	万架次率	0	0.138	0	0	0.089
机场责任事故征候	万架次率	—	0	0	—	0.033

数据来源：《海航集团社会责任报告》（2013、2014）。

海航作为中国民航第一家安全管理体系（SMS）建设试点单位，始终坚持创建积极的安全文化氛围，充分运用风险管理理念缓解核心风险，在安全航空工作上取得了良好的成效。

自 1993 年成立至 2014 年底，海南航空一直保持良好的安全记录，连续安全飞行时间超 700 万小时，期间多次获得中国民航安全生产“金鹰杯”“金鹏杯”。2011 年获得中国民航总局颁发的“民航飞行安全三星奖”，以零事故率位列德国专业航空杂志《国际航空》“全球 60 家最安全航空公司”第 12 位。2012 年 1 月，海南航空以零事故率位列《国际航空》“全球最安全航空公司”第 5 位。2013 年 1 月，德国喷气客机事故评估中心公布 2012 年度世界十大最安全航空公司排行榜，海南航空名列第八位。2015 年 1 月，德国航空事故数据评估中心（IACDEC）公布全球最安全航空公司榜单，海南航空股份有限公司再次登榜并名列第八位。这是海航第三次进入该榜单前十名，也是中国内地排名最高的航空公司。

（3）顾客体验和增值服务。

2014 年 4 月 21 日，海航在广州白云机场推出全新自助行李托运服务，成为全国首家正式推出全程自动行李托运体验的航空公司。从打印行李条到完成行李托运，全程最快仅需 20 秒，旅客全程需要做的只是将拴好行李条的行李放入设备即可。该系统突破了传统的人工柜台行李托运流程，既提升了客户体验价值，又大大提升了旅客出行效率与机场运营效率。

海航高度重视客户反馈，积极回应客户需求，为特殊旅客群提供个性化、差异化的服务体验。为回应特殊旅客的需求，海南航空 2012 年 7 月正式下发执行《海南航空 Care More 服务保障流程》，确立全面而完善的特殊运输服务原则，制定了针对视听语障碍旅客、孕妇旅客、儿童旅客、婴儿旅客、老年旅客等特定旅客的乘机保障流程，并完善了婴儿摇篮、客舱轮椅、儿童座椅、担架等四种设备的保障流程，深入体现了海航仁爱无疆的服务精神。2014 年，美兰机场成功申请了为联合国儿童基金会与中国疾病预防控制中心妇幼保健中心联合发起的“母爱 10 平方”活动认证单位。5 个私密的哺乳空间分布在国际、国内航站楼出发厅、隔离区、到达厅等区域，并配备温馨的母婴室服务设施和清晰的标识指引，为选择母乳喂养的妈妈提供了便利。

6.6.2.2.6 社区参与和发展

海航秉持扶危济贫的慈悲胸怀，采取实际行动回馈社会。海航强化公益项目管理，出资创建海南省慈航公益基金会，创立公益品牌项目，采取行动扶贫救困、捐资助学、抗震救灾、医疗救助倾力支持社会公益事业。从 1993 年创业截至 2014 年年底，海航向自然灾害地区、贫困地区、残疾人联合会、慈善总会、红十字会、青少年发展基金会、妇女发展基金会、中华见义勇为基金会、环境保护协会等地区、单位或个人捐款捐物价值逾 9 亿元。其中，海航于 2014 年的公益慈善总投入超 8 000 万元。

（1）“海航光明行”活动。

高原地区是白内障高发地区，由于交通落后、医疗条件极差，青藏高原地区的白内障患者无法及时接受治疗，导致不能参加工作，加重家庭负担，影响居民的生活质量。2003 年全国防盲技术指导组发起了推动防盲治盲的“光明行动”，海航第一时间投入光明行，希望通过自身的努力为更多的人带去光明和快乐。2004 年 7 月，“海航—青藏高原 10 年光明行”活动正式启动，海航集团与全国防盲技术指导组、北京同仁医院一起，对生活在我国高原地区的白内障患者免费实施复明手术。自项目启动以来，“海航光明行”足迹遍及青海班玛、囊谦以及四川理塘、内蒙古兴安盟、新疆库尔勒市、甘肃临洮、湖北宜昌等地。2010 年随着海航海外事业的发展，“海航光明行”活动也随之走向非洲津巴布韦、马拉维、莫桑比克等地。截至 2015 年 7 月，“海航光明行”活动为 5 381 名贫困白内障患者进行了复明治疗，帮助他们实现了重见光明的愿望。

（2）扶贫救困。

①至善井。海南虽四面靠海，但地势中间高四面低，不利于降水的储存，

河水直接入海；西部多玄武岩地区，石头留不住水，老百姓多用水缸储水，不利于卫生，而农业生产更是靠天吃饭。2003 年，海航在创业 10 周年之际制订“至善井”计划，帮助民众解决饮用水和农业灌溉难题。截至 2014 年 12 月，海航集团已在海口、琼海、临高等 18 个市县完成 91 口至善井，受益人口达 20 多万人。

②“海航送爱回家”。春节是中国人最重要的节日，但有些远在外地的大学生、海外勤工俭学留学生、西部计划志愿者、进城务工人员、留守儿童及家属，由于经济条件差很难回家与家人团聚，鉴于此，海航集团联合海南省慈航公益基金会发起“海航送爱回家”公益活动，通过免费提供机票的方式，帮助这些人员春节回家团圆。据统计，从 2012 年到 2014 年三年间共有 349 人受到“海航送爱回家”公益活动的帮助。

③抗震救灾。

从 2008 年汶川地震，2010 年玉树地震，舟曲泥石流，海南特大暴雨，雅安地震，至 2014 年的“威马逊”台风对海南的袭击，海航集团积极投入到救援救灾中，利用自身优势开通救灾航班，运送紧急救灾物资和救灾人员，为挽救生命，减少人民损失争取宝贵的时间，同时海航集团及各成员企业主动为受灾群众捐款捐物。

6.6.2.2.7 教育援助

海航强调授人以渔的原则，关心祖国下一代的成长，关注中国教育事业的发展，致力于资助贫困学生上学、修建学校、设立高校奖学金和奖教金等工作，积极推动教育事业的发展。据不完全统计，2000 年集团成立以来，至 2014 年，海航共支持教育援助项目 47 项，总投入超过 6 400 万元，涉及全国著名高校、海南省、西部地区、中部地区等，尤其在海南省、四川省、西藏自治区、青海省等开展项目多、投入资金量大。自 1996 年起，海航向海南省、四川省、北京市、陕西省、西藏自治区、青海省、甘肃省等地的学校捐资进行基础设施建设和教学条件改善等，并在海南省、甘肃省等地援建希望小学，大力支持教育事业发展。海航积极在全国各地设立奖教金、奖学金和贫困大学生助学金，奖励学业优秀的学生，并资助贫困学生完成学业。其中，2011 年，海航集团设立“海航·宝岛奖助学金”，旨在为品学兼优或家庭贫困海南学子提供学业支持，至今已有三年。2014 年海航集团继续投入 150 万元帮助海南省200名家庭困难学生完成了他们的求学梦。

6.6.2.3 业绩效应

业绩主要是社会责任业绩和经济业绩。社会责任业绩主要反映在获奖上。自1993年创业以来，海航集团形成了颇具特色的社会责任模式，致力于满足社会需求、引导社会发展、促进社会进步、引领社会潮流，勇担社会责任，并因此获得了国内外高度的认可，七次荣获“中华慈善奖”（至2015年8月底），2010—2014年连续五年荣获“中国企业社会责任榜杰出企业奖”“2013年度绿色环保企业奖”“社会责任优秀企业奖（2011）”“2014年度最佳责任企业”“2014中国企业社会责任卓越奖”“金蜜蜂企业社会责任·中国榜”领袖型企业奖（2015），并荣获国务院颁发的“全国就业先进企业”（2012），联合国颁发的“南南奖—企业社会责任奖”（2012），联合国全球契约中国颁发的“中国企业十大绿色行动奖”（2015）等多项奖励。

在积极履行社会责任的同时，海航经济规模和竞争力也取得了长足的发展和提升。营业收入从1993年的1.17亿元增长至2014年的近1 500亿元，年均增长约38%。总资产从1993年的12.4亿元增长至2013年的逾5 000亿元，年均增长约31.4%。机场数量由2002年的2家增至2013年的16家，成为国内第三大机场集团。2002年首次入选“中国企业500强”，位列第322名，2014年，海航的营业收入位列中国企业500强第120位，这是海航连续13年入选“中国企业500强”。值得一提的是，2015年7月22日，美国《财富》杂志发布2015年《财富》世界500强排行榜，海航集团以年度营业收入256.464亿美元，首次跻身《财富》世界500强榜单，位列第464位。这是海航集团首次入选该榜单，也是整个榜单中唯一从航空运输起家的中国企业。

6.6.2.4 简评

1993年5月，从仅有1 000万起家、一架飞机起飞和10多人创业的海航集团，仅用了22年的时间便发展成为一家年收入1 500亿元、总资产逾5 000亿元，并进入世界500强的大型企业，其发展速度之快令人难以想象。为此，人们不禁要问，什么原因促使海航发展如此之猛，其成功可带给我们怎样的启示呢？如果你对海航的发展理念和宗旨有所了解，就不难回答这个问题，那就是“责任”。海航以“爱党爱国、举业为民、感恩社会、和谐发展”为基本价值观，以“大众认同、大众参与、大众成就、大众分享”为企业精神，以

“为社会做点事、为他人做点事、人生不留遗憾”为企业理念，以“盈利为天下人福祉、取之于社会、回馈于社会”为企业宗旨，努力实现跨越式发展，积极支持社会公益事业。海航的发展理念和宗旨从本质上看就是“担当责任”。海航要承担的责任包括经济责任、法律责任、社会责任和环境责任。承担责任成了海航的发展动力和成功的主要因素。

本案例参考文献：

［1］陈峰．论传统文化与现代公司管理：从海航的成长与发展谈起．首都经济贸易大学学报，2005（2）：27－32.

［2］陈姗姗．海航集团董事长陈峰：予人玫瑰，手留余香．第一财经日报，2011－11－09（T06）.

［3］陈姗姗．海航集团：企业社会责任融入文化和制度建设．第一财经日报，2014－12－29（T06）.

［4］陈姗姗．计利当计天下之大利．第一财经日报，2014－12－31（A10）.

［5］陈伟光，黄晓慧．海航，愈国际愈强大．人民日报，2013－04－27（02）.

［6］陈怡．2014，海航集团逆市飞扬．海南日报，2015－04－27（A01）.

［7］官蕾．爱与担当，助海航飞得更高更远．海南日报，2012－03－31（A04）.

［8］门洪华．承担责任成就梦想：关于海航集团社会责任20年的总结与思考．攀登，2013（12）：98－103.

［9］门洪华．海航：新时代文化的实践者．中国经济时报，2011－07－01（04）.

［10］彭文浩，林晓鹏．海航社会责任：小翅膀承载起大责任．中国民航报，2015－03－20（04）.

［11］王永强．海航陈峰：“出”“人”之间．中国经营报，2013－01－14（D05）.

［12］中共中央党校国际战略研究中心．诚担社会责任　践行和谐哲学．人民日报，2010－05－11（13）.

［13］中共中央党校海航课题组，门洪华，孙英春．海航之路．人民日报，2009－07－09（19）.

参考文献

[1] 艾德乐．德国联邦政府企业社会责任行动方案概要．WTO 经济导刊，2012（4）．

[2] 包海波．日本企业的知识产权战略管理．科技与经济，2004（2）．

[3] 陈维春．美国企业社会责任的理论沿革（上）．WTO 经济导刊，2007（10）．

[4] 陈维春．美国企业社会责任的理论沿革（下）．WTO 经济导刊，2007（11）．

[5] 陈宇学．美国环保 NGO 的作用．（2013－07－13）．http：//www.china.com.cn/xxsb/txt/2007－12/12/content_9376867.htm．

[6] 陈妍．美国企业人力资源管理模式及借鉴意义．安徽电子信息职业技术学院学报，2008（5）．

[7] 池喜生，易图强．中外企业文化特点比较．商业时代，2015（19）．

[8] 戚昌文，邵洋．发达国家—发展中国家的专利战略比较研究．科研管理，1996（3）．

[9] 符颖．论失效专利的开发与利用策略．研究与发展管理，2005（3）．

[10] 冯珩，高山行．专利竞赛中企业的创新动力研究述评．科研管理，2002（6）．

[11] 冯晓青．美、日、韩知识产权战略之探讨．黑龙江社会科学，2007（6）．

[12] 冯晓青．企业防御型专利战略研究．河南大学学报（社会科学版），2007（5）．

[13] 冯晓青．企业专利有偿转让战略研究．发明与创新，2007（6）．

[14] 冯晓青．企业专利战略基本问题之探讨．河南社会科学，2007（3）．

[15] 冯晓青．企业专利战略及其运用．渝州大学学报（社会科学版），2001（3）．

[16] 冯晓青．企业专利战略若干问题研究．南京社会科学，2001（1）．

[17] 高容．基于人力资源的企业竞争优势的构建．湘潭大学社会科学学报，2003（3）．

[18] 范连颖．日本企业人力资源管理模式的优点及启示．科技与管理，2006（1）．

[19] 方洪波．美国企业人力资源管理及其启示．现代管理科学，2010（3）．

[20] 方奕．战略视角的企业社会责任．华东师范大学学报（哲学社会科学版），2010（6）．

[21] 冯旭芳．德国企业参与职业教育实践教学和培训模式对我国的启示．职教论坛，2008（18）．

[22] 富田秀实，贾志洁．传承百年的日本 CSR 企业社会责任（CSR）在日本——历史变迁（上）．WTO 经济导刊，2008（11）．

[23] 富田秀实，贾志洁．与时俱进的日本 CSR 企业社会责任（CSR）在日本——历

史变迁（下）. WTO 经济导刊，2008（12）.

[24] 郭毅夫，赵晓康. 商业模式创新与竞争优势：基于资源基础论视角的诠释. 理论导刊，2009（3）.

[25] 眭文娟，谭劲松，张慧玉. 企业社会责任行为中的战略管理视角理论综述. 管理学报，2012（3）.

[26] 韩菁. 简析韩国企业文化的特点. 东北亚论坛，2002（2）.

[27] 胡田野. 论我国公司社会责任的制度完善——兼论对欧盟国家公司社会责任实践的借鉴. 政法学刊，2008（2）.

[28] 黄海艳，施国庆. 保持竞争优势的关键：人力资源转化成人力资本. 湖北社会科学，2002，（8）.

[29] 何京. 德国企业管理的活力. 经营与管理，2007（4）.

[30] 侯立新. 日本企业的专利管理. 企业改革与管理，2009（5）.

[31] 纪光欣，王凯. 论美国企业的"创新文化". 经济与管理评论，2006（2）.

[32] 季岩，李富明. 美国企业文化与竞争力. 技术经济与管理研究，2003（4）.

[33] [美] 加里·S. 贝克尔. 人力资本. 梁小民译. 北京：北京大学出版社，1987.

[34] 金精镇，陈燕. 韩国的企业文化特性研究. 南京社会科学，2002（10）.

[35] 金秀荣. 感受德国的企业文化（上）. 中外企业文化，2002（19）.

[36] 金秀荣. 感受德国的企业文化（下）. 中外企业文化，2002（21）.

[37] 金永红. 日本企业知识产权战略管理及其对我国的启示. 科技与经济，2008（2）.

[38] [美] 克利斯托弗·巴特利特，休曼特拉·戈歇尔. 人力资本构建竞争优势. 钟孟光编译. 管理人，2007（3）.

[39] 孔欣，宋桂琴. 日本企业文化特点与利弊分析. 广西财经学院学报，2006（5）.

[40] 李长海. 欧美日企业社会责任前瞻. WTO 经济导刊，2014（7）.

[41] 李正. 法、美、日三国企业社会责任信息披露的经验及借鉴. 财务与会计（综合版），2008（3）.

[42] 李光. 借鉴德国"双元制"经验 转变企业人才战略观. 生产力研究，2004（2）.

[43] 李俊霞. 德国人力资源开发的经验. 现代人才，2011（3）.

[44] 李伟. 企业发展中的专利：从专利资源到专利能力. 自然辩证法通讯，2008（4）.

[45] 李振华. 调查显示危机冲击欧洲企业社会责任.（2013-04-08）. http://eu.mofcom.gov.cn/article/zxhz/hzjj/201304/20130400080749.shtml.

[46] 李正权. 企业怎样创造更多的顾客价值. 大众标准化，2015（1）.

[47] 李仲生. 美国的人力资源开发与经济发展. 中国人力资源开发，2006（2）.

[48] 林波，殷格非. 欧洲：企业社会责任国家战略及意义. WTO 经济导刊，2012（4）.

[49] 林波. 日本 CSR 新趋势：注重国际标准的本地化应用. WTO 经济导刊，2012 (7).

[50] 林坚. 日本企业文化的特色及其启示. 辽东学院学报（社会科学版），2009 (3).

[51] 林曦. 推进企业社会责任——欧洲经验与启示. 学习与实践，2011 (11).

[52] 刘光明. 企业文化教程. 北京：经济管理出版社，2008.

[53] 刘俊海. 强化公司社会责任的法理思考与立法建议. (2012 - 07 - 12). http://www.iolaw.org.cn/showarticle.asp? id = 70.

[54] 刘绮霞. 现代日本企业文化战略及其启示. 中南财经政法大学学报，2012 (5).

[55] 刘晴茹. 中美企业社会责任异同探析. 法制与社会，2015 (3).

[56] 刘容. 报德思想与日本企业社会责任. 东北财经大学学报，2007 (6).

[57] 刘婷. 美欧日企业社会责任实践比较研究. 商业时代，2010 (15).

[58] 刘永安. 美国企业人力资源管理对我国企业的启示. 企业经济，2005 (12).

[59] 乔德福. 论人力资本的特征及其作用. 中国人力资源开发，2003 (3).

[60] 刘昌黎. 日本知识产权战略. 日本研究，2003 (1).

[61] 马菊萍，陈丽珍. 解读韩国企业文化. 中外企业文化，2005 (6).

[62] 迈克尔·波特. 竞争战略. 陈小悦，译. 北京：华夏出版社，2005.

[63] 毛杰. 2008 年以来欧盟国家税制改革的举措与趋势："欧洲 2020 战略"启动后的新变化. 国际税收，2015，(7).

[64] 菲利普·科特勒，凯文·莱恩·凯勒. 营销管理. 梅清豪，译. 上海：上海人民出版社，2006.

[65] 詹姆斯·柯林斯，杰里·波勒斯. 基业长青. 真如，译. 北京：中信出版社，2006.

[66] 米远超. 德国企业文化的特征. 黑龙江科技信息，2013 (32).

[67] 单永贵. 美国成功企业的人力资源开发与管理. 职业时空，2002 (5).

[68] 任声策. 企业专利许可策略及其决策机理分析. 科技进步与对策，2009 (22).

[69] 石伟. 组织文化. 上海：复旦大学出版社，2004.

[70] 宋文辉. 美国政府与非政府组织跨部门的合作关系. (2015 - 04 - 23). http://www.chinareform.org.cn/society/organise/Experience/201504/t20150423_223676.htm.

[71] 孙华庆. 欧洲企业社会责任考察报告. (2011 - 12 - 26). http://www.miit.gov.cn/n11293472/n11294912/n11296332/14472990.html.

[72] 孙连越. 德国企业人力资源开发与职业教育的新发展. 职教论坛，2004 (9).

[73] 孙明华. 中韩企业文化比较研究. 天津大学学报（社会科学版），2011 (2).

[74] 孙玉芸. 美国知识产权战略的实施及其启示. 企业经济，2011 (2).

[75] 谭克诚. 论企业社会责任的美国模式——对当前主流企业社会责任研究范式的

一个述评. 经济问题探索，2014（2）.

［76］唐东方，冉斌. 商业模式：企业竞争的最高形态. 企业管理，2009（11）.

［77］特雷斯·迪尔，阿伦·肯尼迪. 企业文化：现代企业的精神支柱. 唐铁军，等译. 上海：上海科学技术文献出版社，1989.

［78］王晨. 德国企业人力资源管理的演变. 山东工商学院学报，2008（4）.

［79］王丹，聂元军. 英国政府推进企业社会责任的实践和启示. 改革与战略，2009（12）.

［80］王敏，唐建杰. 美国企业文化特点探析. 中外企业文化，2015（6）.

［81］王庆喜，宝贡敏. 企业资源理论述评. 南京社会科学，2004（9）.

［82］王俞德. 浅议企业文化的凝聚功能. 化工管理，2013（1）.

［83］王绍媛. 日本知识产权战略特点与借鉴. 现代日本经济，2009（6）.

［84］王伟毅，李乾文. 创业视角下的商业模式研究. 外国经济与管理，2005（11）.

［85］王斋. 德国大众汽车集团企业文化. 石油政工研究，2013（1）.

［86］吴判童，刘海建. 韩国企业文化及其特征评介. 外国经济与管理，2007（7）.

［87］西奥多·W. 舒尔茨. 人力资本投资. 蒋斌，等译，北京：商务印书馆，1990.

［88］郗芙蓉. 辩证认识企业文化的特征. 商业研究，2008（4）.

［89］肖丽萍. 法国企业社会责任政策的起源、发展和实践. 南昌大学学报（人文社会科学版），2015（1）.

［90］肖丽萍，孙艳玲. 欧盟中小企业社会责任政策对我国的启示. 现代经济探讨，2015（6）.

［91］徐炜，张飞. 日本企业社会责任管理研究. 技术经济与管理研究，2012（7）.

［92］薛福连. 德国企业管理的主要特色. 现代班组，2006（2）.

［93］薛会. 美国、德国、日本企业文化管理异同探析. 河北广播电视大学学报，2009（2）.

［94］闫磊. 欧盟加力扶持中小企业. 经济参考报，2014-10-17（04）.

［95］杨起全，吕力之. 美国知识产权战略研究及其启示. 中国科技论坛，2004（2）.

［96］杨莹，陈柳钦. 竞争论维度下的企业专利战略管理. 知识产权，2007（3）.

［97］姚树荣，张耀奇. 人力资本含义与特征论析. 上海经济研究，2001（2）.

［98］叶茂. 日本企业人力资源管理的特点及启示. 知识经济，2010（11）.

［99］殷格非，孙继荣. 德国：将企业社会责任提升至国家战略. WTO 经济导刊，2010（1）.

［100］尹开国，李庚秦. 企业社会责任与财务战略选择. 财务与会计，2009（9）.

［101］于沛. 日本的专利战略. 创业，2003（8）.

［102］张博. 美国企业人力资源管理的特点. 中国培训，2005（7）.

［103］张飞，徐炜．国外企业社会责任实施现状——以美国、英国、日本为例．中国企业改革发展三十年，2008．

［104］张鹏，李新春．专利制度与技术创新之间关系的思考．自然辩证法研究，2002（6）．

［105］张佃友．美国和日本企业人力资源管理的启示．中国劳动，2005（8）．

［106］张士海，蔡根女．企业人力资本形成的模型化研究．华中农业大学学报（社会科学版），2003（4）．

［107］赵利光．专利技术资本化的经济价值分析．技术经济，2003（4）．

［108］赵艳荣，叶陈毅，李响．基于战略视角的企业社会责任管理研究．企业经济，2012（9）．

［109］折晓叶，陈婴婴．资本怎样运作——对“改制”中资本能动性的社会学分析．中国社会科学，2004（4）．

［110］中国科学院．美国知识产权战略的特点及启示．中国发明与专利，2009（2）．

［111］钟耕深，孙晓静．商业模式研究的六种视角及整合．东岳论丛，2006（2）．

［112］钟宏武．日本企业社会责任研究．中国工业经济，2008（9）．

［113］钟宏武．日本企业社会责任概况及启示．WTO经济导刊，2008（4）．

［114］钟宏武，张唐槟．政府推进企业社会责任的角色定位．人民论坛，2010（2）．

［115］朱根发．实施专利战略刻不容缓．现代商贸工业，2003（3）．

［116］VERSCHOOR，CURTIS C，张凌宁．美国消费者眼中的企业社会责任．WTO经济导刊，2009（5）．

［117］ABRNATHY W J，WAYNE，K. Limits of the learning curve. Harvard business review，1974，52（5）．

［118］ADLER P S，CLARK，K B. Behind the learning curve：a sketch of the learning Process. Management science，1991，37（3）．

［119］AFUAH，A，TUEEI，C. Internet business models and strategies：text and cases. Boston：McGraw－Hill，2001．

［120］ALCHIAN A. Reliability of progress curves in airframe production. Econometrica，1963，31（1）．

［121］ALCHIAN A，DEMSETZ，H. Production，information costs，and economic organization. American economic review，1972，62（5）．

［122］AMIT R. Cost leadership strategy and experience curves. Strategic management journal，1986，7（3）．

［123］AMIT R，SCHOEMAKER P. Strategic assets and organizational rent. Strategic management journal，1993，14（1）．

[124] ARCHIE B. CARROLL. A three-dimensional conceptual model of corporate performance. Academy of management review, 1979, 4 (4).

[125] ARROW K J. The economic implications of learning by doing. Review of economic studies, 1962, 29 (3).

[126] ARTHUR J B. Effects of human resource systems on manufacturing performance and turnover. Academy of management journal, 1994, 37 (3).

[127] BAHK B H, GORT M. Decomposing learning by doing in new plants. Journal of political economy, 1993, 101 (4).

[128] BAILEY CD. Forgetting and the learning curve: a laboratory study. Management science, 1989, 35 (3).

[129] BARNEY J B. Strategic factor markets, expectations, luck, and business strategy. Management science, 1986, 32 (3).

[130] BARNEY J B. Firm resources and sustained competitive advantage. Journal of management, 1991, 17 (1).

[131] BAIN J S. Barriers to new competition. Cambridge: Harvard University Press, 1956.

[132] BAIN J S. Industrial organization. New York: John Wiley Press, 1958.

[133] BALOFF N. Extension of the learning curve: some empirical results. Operational research quarterly, 1971, 22 (4).

[134] BECKER B, GERHART B. The impact of human resource management on organizational performance: progress and prospects. Academy of management journal, 1996, 39 (4).

[135] BOHN R E. Noise and learning in semiconductor manufacturing. Management science, 1995, 41 (1).

[136] BOHN H R. Social responsibilities of the businessman. New York: Harper & Brothers Press, 1953.

[137] BRANDENBURGER A, STUART H. Value-based business strategy. Journal of economics and management strategy, 1996, 5 (1).

[138] BRUMRNER J J. Corporate responsibility and legitimacy: an interdisciplinary analysis. New York: Greenwood Press, 1991.

[139] CHESBROUGH H. Business model innovation: it's not just about technology anymore. Strategy & leadship, 2007, 35 (6).

[140] CHIN J, LANG Y. Management of intellectual property rights strategic patenting.

Journal of intellectual capital, 2001, 2 (1).

[141] CONNER K. A historical comparison of resource-based theory and five schools of thought within industrial organization economics: do we have a new theory of the firm?. Journal of management, 1991, 17 (1).

[142] DAFT R. Organization theory and design. New York: West Press, 1983.

[143] DEJONG J. The effects of increasing skill on cycle time and it's consequences for time standards. Ergonomics, 1957, 1 (1).

[144] DIERICKX I, COOL K. Asset stock accumulation and sustainability of competitive advantage. Management science, 1989, 35 (12).

[145] DUDLEY L. Learning and productivity changes in metal products. American economic review, 1972, 62.

[146] GALE B T. Managing customer value: creating quality and service that customer can see. New York: Free Press, 1994.

[147] GHEMAWAT P, SPENCE A M. Learning curve spill-overs and market performance. Quarterly journal of economics, 1985, 100 (100).

[148] GINARTE J C, PARK W G. Determinants of patent rights: a cross-national study. Research policy, 1997, 26 (3).

[149] GRONROOS C. From marketing mix to relationship marketing: towards a paradigm shift in marketing. Management decision, 1994, 32 (2).

[150] HALL G, HOWELL S. The experience curve from the economist's perspective. Strategic management journal, 1985, 6 (3).

[151] HAMEL G. Leading the revolution. Boston: Harvard Business School Press, 2000.

[152] HANDEL M. Trends in job skill demands in OECD countries. OECD social, employment and migration working papers, 2012, (143).

[153] HIRSCH W Z. Progress functions of machine tool manufacturing. Econometrica, 1952, 20 (1).

[154] HIRSCHMANN W B. Profit from the learning curve. Harvard business review, 1964, 42 (1).

[155] HOFFMAN. An examination of the sustainable competitive advantage concept: past, present, and future. Academy of marketing science review, 2000, 4 (10).

[156] JARMINN R S. Learning by doing and competition in the early rayon industry. RAND journal of economics, 1994, 25 (3).

[157] JENNY D, MORGAN M P, TIM M. Patenting strategy of entrepreneurial oriented

firms in New Zealand. International entrepreneurship and management journal, 2005, 1 (1).

[158] KONCZAL E F. Models are for managers, not mathematicians. Journal of systems management, 1975, 26 (1).

[159] LENGNICK - HALL C A. Customer contributions to quality: a different view of the customer-oriented firm. Academy of management review, 1996, 21 (3).

[160] LIEBERMAN M. The learning curve and pricing in the chemical processing industries. The rand journal of economics, 1984, 15 (2).

[161] LILIEN G L, MORRISON P D, SEARLS K, SONNACK M, HIPPEL E VON. Performance assessment of the lead user idea-generation process for new product development. Management science, 2002, 48 (8).

[162] LIEBERMAN M. The learning curve, diffusion, and competitive strategy. Strategic management journal, 1987, 8 (5) .

[163] LIPPMAN S A, RUMELT, R P. Uncertain imitability: an analysis of interfirm differences in efficiency under competition. Bell journal of economics, 1982, 13 (2).

[164] MASON E S. Price and production policies of large scale enterprises. American economic review, 1939, 29 (1).

[165] OSTERWALDER A. The business model ontology—a proposition in a design science approach. Switzerland: Universite de Lausanne Press, 2004.

[166] PETROVIC O, KITTL C, TEKSTEN R D. Developing business models for e-business. In the proceedings of the international conference on electronic commerce, VienLna, Austria, 2011.

[167] PISANO G P. Knowledge, integration, and the locus of learning: an empirical analysis of process development. Strategic management journal, 1994, 15 (Winter Special Issue).

[168] PRAHALAD, C K, V RAMASWAMY. Coopting customer competence. Harvard business review, 2000, 108 (1 - 2).

[169] PORTER, M. Competitive strategy. New York: Free Press, 1980.

[170] REED R, DEFILLIPPI R. Causal ambiguity, barriers to imitation, and sustainable competitive advantage. Academy of management review, 1990, 15 (1).

[171] RUMELT R P. Diversification strategy and profitability. Strategic management journal, 1982, 3 (4).

[172] RUMELT R P, LAMB R (ed) . Toward a strategic theory of the firm. Competitive strategic management. Prentice - Hall: Englewood Cliffs, NJ. , 1984.

[173] RUMELT R P, TEECE (Ed) . Theory, strategy and entrepreneurship. The

competitive challenge. Cambridge, MA: Ballinger, 1987.

[174] SPENCE A. M. The learning curve and competition. Bell journal of economics, 1981, 12 (1).

[175] TIKKANEN H, LAMBERG J, & PARVINEN P. Managerial cognition, action and the business model of the firm. Management decision, 2005, 43 (5).

[176] WERNRRFELT B. A resource-based view of the firm. Strategic management journal, 1984, 5 (2).

[177] WILLIAMSON, Oliver E. The economic institutions of capitalism: firm, markets, and relational contracting. New York: Free Press, 1985.

[178] WRIGHT T. Factors affecting the cost of airplanes. Journal of aeronautical sciences, 1936, 3 (4).